2024
长江航运发展报告

交通运输部长江航务管理局　编

人民交通出版社

北 京

图书在版编目（CIP）数据

2024长江航运发展报告 / 交通运输部长江航务管理局编 . — 北京 : 人民交通出版社股份有限公司, 2025.6. — ISBN 978-7-114-20579-8

Ⅰ . F552.75

中国国家版本馆 CIP 数据核字第 2025JS6530 号

2024 Changjiang Hangyun Fazhan Baogao

书　　　名 : **2024长江航运发展报告**
著　作　者 : 交通运输部长江航务管理局
责任编辑 : 齐黄柏盈
责任校对 : 赵媛媛
责任印制 : 张　凯
出版发行 : 人民交通出版社
地　　　址 : (100011)北京市朝阳区安定门外外馆斜街3号
网　　　址 : http://www.ccpcl.com.cn
销售电话 : (010)85285857
总 经 销 : 人民交通出版社发行部
经　　　销 : 各地新华书店
印　　　刷 : 北京市密东印刷有限公司
开　　　本 : 787×1092　1/16
印　　　张 : 15.25
字　　　数 : 312千
版　　　次 : 2025年6月　第1版
印　　　次 : 2025年6月　第1次印刷
书　　　号 : ISBN 978-7-114-20579-8
定　　　价 : 238.00元

（有印刷、装订质量问题的图书，由本社负责调换）

主 编 单 位

交通运输部长江航务管理局

参 编 单 位

上海市港航事业发展中心

江苏省交通运输厅

浙江省港航管理中心

安徽省交通运输厅

江西省高等级航道事务中心

山东省交通运输厅

河南省交通事业发展中心

湖北省港航事业发展中心

湖南省水运事务中心

重庆市港航海事事务中心

四川省航务海事管理事务中心

贵州省交通运输厅

云南省航务管理局

陕西省交通运输厅

上海组合港管理委员会办公室

长江航运公安局

上海海事局

长江海事局

江苏海事局

长江航道局

长江口航道管理局

长江三峡通航管理局

舟山市港航和口岸管理局

上海航运交易所

重庆航运交易所

编审委员会

编制工作组

组　长　彭书华

副组长　刘　涛

编　写　胡　裕　胡　方　易巧巧　姜丰怡　杨子桐　陈　洁
　　　　　胡　勋　张妍妍　金　卓　李　伟

成　员　姜卓俊　吴　颖　闫　璐　于　聪　姜　毅　周永盼
　　　　　卢巧琳　马　静　陈红梅　刘梦婕　石琢珍　陈德蔚
　　　　　吴自扬　刘冬冬　沈金峰　王亚北　林青涛　段喜缤
　　　　　刘振华　朱元章　朱　帆　李　丹　高　谦　莫云萍
　　　　　黎　智　贺美洋　南　婧　郭　君　陈筱雯　刘佳琦
　　　　　刘小波　梁　馨　程赣军　张　兴　刘尊稳　施雨倩
　　　　　冯　凯　李　恒　郭　君　刘海嵩　邓中辉　谢　静
　　　　　张海泉

前言

　　2024年，在全球经济复苏与地缘政治因素交织、国内经济在政策精准调控下展现强大韧性的背景下，长江航运充分发挥运量大、能耗小、运价低的比较优势，呈现出"量质齐升、绿色智慧、协同创新"的良好发展态势，交出了一份高质量发展的亮眼答卷。其战略支撑能力持续提升，区域协同发展格局进一步向纵深拓展，成为服务国家战略实施和区域协调发展的重要引擎，为构建新发展格局注入了强劲动能。

　　一年来，基础设施提质升级。长江水系14省市❶全年水运建设投资高达1368亿元，有力保障了港航基础设施的提质升级。全年新增高等级航道472公里，长江干线武汉至安庆段6米水深航道整治工程竣工，长江中游荆江河段航道整治二期工程开工，岷江、湘江、汉江、赣江、京杭运河及长三角高等级航道网等高等级航道建设取得新成效。全年新增内河港口吞吐能力3.0亿吨，重点港口基础设施建设和升级改造加快推进。

　　一年来，运输服务效能凸显。长江水系14省市全年完成水路客运量1.71亿人次、货运量70.5亿吨，有力保障了"人享其行、物畅其流"。长江干线港口货物吞吐量突破40亿吨大关，较公路运输节约物流成本超5000亿元，集装箱铁水联运量同比增长21%，中欧班列与长江航运的联动运输时效提升40%。

　　一年来，安全韧性持续增强。全流域协同治理体系深入构建，水上交通安全与应急搜救协调机制持续完善，推行"一企一策""一渡一策""一水道一策""一桥一策"等精准防控措施，开展安全生产治本攻坚三年行动等专项活动，严查船舶超载运输、内河船舶超航区航行、长江干线"三无"船舶、内河船涉海运输等违法行为，有力保障了水上安全生产形势总体稳定，长江干线运输船舶等级事故数量创有记录以来新低。

　　一年来，绿色转型标杆引领。武汉至安庆段6米水深航道整治工程等项目实现工程与

---

❶　长江水系14省市指上海市、江苏省、浙江省、安徽省、江西省、山东省、河南省、湖北省、湖南省、重庆市、四川省、贵州省、云南省、陕西省。其中，山东省通过京杭运河与长江互联互通，从航运角度出发，本报告将山东省列入长江水系。

生态双赢，船舶"零排放"模式覆盖长江干线并向支流拓展，长江经济带11省市岸电使用量同比增长54%，全球首个内河液化天然气（LNG）接收站投运，甲醇双燃料散货船等新能源船舶应用取得突破。

一年来，智慧航运创新突破。"131"智慧长江建设成效显著，信用监管入选全国数字化监管典型案例；长江航运智能管理平台初步实现智能化监管服务，数字孪生示范初见成效；"长江 e+"公共服务平台初步形成集中、统一、高效的服务体系，基础设施数字化转型加快推进，长江干线海事监管与服务保障一体化全线贯通。

一年来，区域联动机制创新。长江水系14省市协同推进行业地方联动、干线支流联动、上中下游联动，促进不同运输方式优势互补、无缝衔接，逐步形成跨区域"规划共绘、市场共治、服务共享"的协同格局，统一开放运输市场加速推进。

2025年是"十四五"规划收官与"十五五"规划谋划之年，长江航运将围绕支撑国家重大战略实施和保障重点领域安全，以"安全、便捷、高效、绿色、经济、包容、韧性"七大维度为指引，以"打通内河航运堵点卡点"为方向，聚焦主干线通道优化和高等级航道网络完善、港口枢纽能级提升和运输服务品质提高、安全风险防控、智慧绿色转型等核心任务，更好发挥内河水运比较优势，更好服务降低全社会物流成本，加快打造现代化的内河航运样板。

《2024长江航运发展报告》系统梳理了基础设施、航运服务、安全发展、绿色发展、协同发展、创新发展和行业管理等七大领域的突破性成果，全面展现了长江水系14省市水运高质量发展轨迹，深度解码中国式现代化内河航运实践路径。该报告由交通运输部长江航务管理局联合长江水系上海、江苏、浙江、安徽、江西、山东、河南、湖北、湖南、重庆、四川、贵州、云南、陕西等14省市交通运输主管部门，以及上海组合港管理委员会办公室、长江航运公安局、上海海事局、长江海事局、江苏海事局、长江航道局、长江口航道管理局、长江三峡通航管理局、舟山市港航和口岸管理局、上海航运交易所、

重庆航运交易所等专业机构编撰，长江航运发展研究中心具体承办。报告全面展现长江航运服务国家战略的"硬核担当"，为长江航运未来发展提供重要的参考和指导。

交通运输部长江航务管理局
2025 年 4 月

目录

综 合 篇

省 域 篇

专 题 篇

附　　录

综合篇

第1章

发展环境

1.1 经济形势和政策

1.1.1 宏观经济形势与政策

2024年7月，党的二十届三中全会胜利召开，对进一步全面深化改革、推进中国式现代化作出系统性部署。在这一年，国际形势风云变幻，外部压力持续加大，国内发展也面临诸多困难与挑战。党中央、国务院保持战略定力，沉着应对复杂局面，综合施策推动经济回升向好。全年经济社会发展主要目标任务顺利完成，高质量发展取得扎实进展，新质生产力稳步培育，改革开放持续向纵深推进。我国经济实力、科技实力、综合国力不断增强，中国式现代化迈出新的坚实步伐，展现出强大的韧性与活力。

加强和创新宏观调控，推动经济回升向好。 一年来，围绕加力提效实施宏观政策、扩大国内有效需求、加大助企帮扶力度等关键方面，政府部门因时因势加强和优化宏观调控，确保政策效能充分释放。特别是2024年9月26日中央政治局会议果断部署一揽子增量政策，强化存量政策与增量政策的协同合力，有效提振了市场预期和社会信心。在财政货币政策方面，积极有力实施相关政策，扩大支出规模，加大对重点领域的财力保障力度。围绕扩大有效需求，发行超长期特别国债支持"两重"建设（国家重大战略实施和重点领域安全能力建设），并出台"两新"行动方案（大规模设备更新和消费品以旧换新行动方案）。同时，深入实施国有企业改革深化提升行动，加快改善民营经济发展环境，出台全国统一大市场建设指引。这些举措有力地增强了经济发展的动力与活力。全年我国国内生产总值（GDP）达到134.9万亿元，同比增长5%，三次产业占比优化为6.8∶36.5∶56.7。从分季度数据来看，经济运行呈现前高、中低、后扬的态势，各季度增速分别为5.3%、4.7%、4.6%、5.4%。

加快构建现代化产业体系，新质生产力稳步发展。 积极推进科技强国和数字中国建设，全面启动实施国家科技重大专项，出台加快建设现代化产业体系的指导意见，强化质量支撑和标准引领，不断培育和发展新动能、新优势。大力推进制造业技术改造升级，实施《产业结构调整指导目录（2024年本）》，引导制造业向高端化、智能化、绿色化方向加速转型。制造业投资保持较快增长，增速达到9.2%。高技术制造业、装备制造业增加值分别增长 8.9%、7.7%，新能源汽车产量增长 38.7%，太阳能电池（光伏电池）产量增长 15.7%，服务机器人产量增长 15.6%。推动战略性新兴产业融合集群发展，"人工智能+"行业应用加快落地，新兴产业快速发展，未来产业有序布局。同时，制定实施数字经济高质量发展政策，印发《国家数据基础设施建设指引》，数字经济核心产业增加值占国内生产总值比重达到 10% 左右，数字经济成为经济发展的重要驱动力。出台《关于加快经济社会发展全面绿色转型的意见》，持续深入打好污染防治攻坚战，积极稳妥推进碳达峰碳中和，大力实施全面节约战略。美丽中国建设成效明显，全年全国万元国内生产总值二氧化碳排放比上年下降 3.4%，水电、核电、风电、太阳能发电等清洁能源发电量比上年增长 16.4%。

持续推动内需潜力释放，双循环发展格局深化。全年社会消费品零售总额达到 48.3 万亿元，同比增长 3.5%；全社会固定资产投资完成 52.1 万亿元，同比增长 3.1%。最终消费支出、资本形成总额对经济增长的贡献率分别为 44.5%、25.2%，消费和投资对经济增长的拉动作用显著。完善服务消费支持政策，全年服务零售额增长 6.2%。统筹用好中央预算内投资、地方政府专项债券、2023 年增发国债、超长期特别国债等，《中华人民共和国国民经济和社会发展第十四个五年规划和 2035 年远景目标纲要》中 102 项重大工程取得积极进展，政府投资作用充分发挥，民间投资也保持健康发展态势。全年货物进出口总额达到 43.8 万亿元，服务进出口总额为 7.5 万亿元。对共建"一带一路"国家进出口总额增长 6.4%，占我国进出口总额的比重首次超过 50%，货物和服务净出口对经济增长的贡献率达 30.3%。此外，中欧班列、中亚班列等多通道运输格局初步形成，全年中欧班列累计开行 1.9 万列，通达欧洲 26 个国家和地区的 229 个城市；中亚班列全年开行 1.2 万列。"丝路海运"命名航线通达 46 个国家和地区的 145 个港口，空中丝绸之路通航 56 个国家和地区的 107 个城市。同时，实施自由贸易试验区提升战略，22 个自贸试验区进出口额达到 8.45 万亿元，海关特殊监管区域全年实现进出口额 8.37 万亿元，同比增长 4.6%。西部陆海新通道年度班列开行量增长 5.1%，海铁联运外贸发运箱量增长 24%，辐射范围拓展至 125 个国家和地区的 542 个港口，我国对外贸易的多元化格局进一步完善。

推动物流降本提质增效，发展效能持续提升。中共中央办公厅、国务院办公厅印发《有效降低全社会物流成本行动方案》，多部门协同发力，一系列减税降费、降低成本、助企纾困举措陆续落地见效，物流运行环境持续改善，物流运行总体保持平稳。全年完成物流相关固定资产投资约 3.8 万亿元，国家物流枢纽总数增至 151 个。全年全国社会物流总额达到 360.6 万亿元，同比增长 5.8%。分季度看，一至四季度分别增长 5.9%、5.7%、5.3%、5.8%，物流需求呈现稳定增长态势。化工、建材、钢铁等主要耗能产业产量增速趋缓，粗钢产量超过 24 亿吨，钢材产量也超过 24 亿吨，水泥产量为 18.3 亿吨，相关的生产物流实物量同比分别下降 0.7% 和 9.5%。与之形成鲜明对比的是，智能制造、高技术制造等高端产业保持快速增长，集成电路、光电子器件等高技术产品物流量增速超过 15%，服务机器人、工业机器人等智能产品物流量分别增长15.6%、14.2%，反映出产业结构向高端化转型的趋势。进口物流保持稳定增长，但能源类进口物流量增速整体偏弱，消费品物流增速稳中趋升。全年物流业总收入达到13.8万亿元，同比增长4.9%；全年社会物流总费用为19.0万亿元，同比增长4.1%，社会物流总费用与GDP的比率为14.1%，比上年回落0.3个百分点，表明物流效率有所提升。从物流费用构成来看，运输费用10.3万亿元，增长5.0%；保管费用6.4万亿元，增长3.8%；管理费用2.3万亿元，增长1.3%。全年物流景气指数均值为51.7%，呈现"前稳后升"格局。

1.1.2　区域经济发展格局与创新实践

2024年，长江水系14省市在国家重大区域发展战略的强力引领下，积极践行新发展理念，全力推动区域协同发展、创新驱动与产业升级，将中国式现代化的省域实践推向深入，在全国经济版图中的核心地位愈发稳固。

区域协同发展，战略融合与务实推进。 在长江经济带发展与长三角区域一体化发展等战略框架下，区域间的战略协同深度推进。长三角一体化高质量发展深入推进，生态绿色一体化发展示范区改革授权持续深入推进，港口资源整合与轨道互联互通取得新成果。上海"五个中心"建设加速，进一步强化其在长三角乃至全国的核心引领作用。长江经济带共抓大保护、不搞大开发成效显著，进一步抓实抓好长江大保护工作三年行动计划付诸实施，长江十年禁渔成果突出，干流连续5年保持Ⅱ类水质，综合立体交通走廊构建速度加快，沿江高铁全线开工建设，为区域协同发展提供了坚实的生态与交通基础。同时，《新时代推动中部地区加快崛起的若干政策措施》《进一步推动西部大开发形成新格局的若干政策措施》等政策出台，推动东中西部地区形成差异化、协同化的发展格局。成渝地区双城经济圈建设扎实推进，综合交通、科技创新、产业发展等领域一批重大项目落地实施。区域务实合作步伐加快，《苏皖鲁豫省际交界地区协同推进高质量发展行动方案》出台，湘赣中南部地区积极与粤港澳大湾区开展合作，在产业对接合作、生态共保联治、公共服务共享等方面取得务实进展。交通一体化实现重要突破，长三角至成渝通行时间缩短至6小时。长江航运能级显著提升，武汉至上海洋山港"江海直达"船舶通航效率提高40%。世界级机场群初具规模，上海、成都国际航空枢纽旅客吞吐量稳居全球前十。政策协同不断深化，跨省政务服务"一网通办"覆盖90%的高频事项，企业异地注册实现"秒批"。统一市场建设加速，负面清单、环保标准、数据流通规则全面接轨，打破区域间市场壁垒，促进要素自由流动。产业链"链长制"跨区协作成效显著，汽车、集成电路等十大产业联盟产值占比超70%。

经济发展，总量提升与结构优化。 各地区积极落实中央一揽子增量和存量政策，以"两重""两新"政策为牵引，经济运行呈现稳中向好、稳中向新、稳中向优的良好态势。2024年，14省市地区生产总值预计突破80万亿元，占全国比重超过60%，成为全国经济稳定发展的重要支撑。区域发展亮点纷呈。长三角地区（沪苏浙皖）作为全国经济发展的重要引擎，贡献超40%的份额，上海国际金融、贸易、航运中心地位进一步强化，数字经济增加值占比超18%；江苏高端装备制造、生物医药产值同比增长12%，新能源产业规模突破4万亿元；湖北、湖南依托中部地区崛起政策，高新技术产业、绿色经济和服务业发展迅速，现代化产业体系加快构建，为中部地区经济发展注入新动力；成渝地区双城经济圈增速领跑，获批国家数字经济创新发展试验区，川渝电子信息、汽车制造双产业集群产值占西部比重超50%，成为西部地区经济增长的新亮点。14省市社会消费品零售总额增长5.5%，进出口总额增长4.4%。依托长江黄金水道与中欧班列联动优势，沿江省市全年进出口总额占全国的42%，跨境电商综试区覆盖90%以上地级市，绿色低碳产品出口占比提升至35%。数字技术赋能发展，沿江第五代移动通信技术（5G）基站覆盖率超95%，智慧港口、数字孪生流域管理系统全面推广，提升了港口运营效率与水资源管理能力。长江水系14省市主要经济指标见表1-1-1。

长江水系14省市主要经济指标　　　　　　　表1-1-1

地区	地区生产总值初步核算数（亿元）	地区生产总值初步核算数同比增速（%）	第一产业增加值（亿元）	第二产业增加值（亿元）	第三产业增加值（亿元）	固定资产投资同比增速（%）	社会消费品零售总额（亿元）	社会消费品零售总额同比增速（%）	货物进出口总额（亿元）	货物进出口总额同比增速（%）
上海市	53927	5.0	100	11638	42189	4.8	17940	−3.1	42681	1.3
江苏省	137008	5.8	5245	59180	72583	1.5	47662	4.6	56177	7.0
浙江省	90131	5.5	2586	34783	52762	0.4	37708	4.0	52641	7.4
安徽省	50625	5.8	3566	19607	27452	4.7	24088	4.7	8649	7.4
江西省	34203	5.1	2605	13689	17909	4.8	14333	4.9	4708	−17.2
山东省	98566	5.7	6617	39609	52340	3.3	37960	5.0	33806	3.5
河南省	63590	5.1	5491	24346	33752	7.0	27597	6.1	8202	1.2
湖北省	60013	5.8	5462	21574	32977	6.5	25277	5.1	7058	9.6
湖南省	53231	4.8	4890	19535	28797	2.8	21300	5.4	5637	−8.7
重庆市	32193	5.7	2136	11691	18367	0.1	15677	3.6	7154	0.4
四川省	64697	5.7	5620	22817	36260	2.4	27415	4.2	10457	9.4
贵州省	22667	5.3	2972	7098	12598	0.6	9342	3.7	862	13.5
云南省	31534	3.3	4193	10330	17011	−7.7	11896	2.9	2488	−3.9
陕西省	35539	5.3	2622	14519	18398	5.2	11274	4.8	4541	12.3
合计	827924	—	54105	310416	463395	—	329469	5.5	245061	4.4
全国	1349084	5.0	91414	492087	765583	3.1	483345	3.5	438468	5.0

数据来源：根据各省市2024年国民经济和社会发展统计公报和2025年政府工作报告整理。

1.2 交通运输发展

1.2.1 交通运输形势与政策

2024年，平稳向好的经济形势带来了庞大的交通运输需求，一系列经济增量政策持续释放交通发展红利。交通运输行业紧扣加快建设交通强国这一目标，综合立体交通网服务能力和水平进一步提升，展现出强大的发展韧性和市场活力，为经济社会高质量发展提供了更加有力的交通运输保障。

政策引领，交通强国建设有力推进。国家高度重视交通运输在经济发展中的关键作用，将降低运输成本作为服务实体经济的重要举措，交通运输部、国家发展改革委印发《交通物流降本提质增效行动计划》，为交通运输改革提供了清晰的执行路径。各地推动综合交通运输一体融合发展，致力于建立全国统一的交通运输市场，促进行业绿色智慧转型，推动交通服务实体经济高质量发展。围绕重点领域、优势领域、急需领域和关键环节，交通强国建设试点取得系统性成果。财政部、交通运输部印发《关于支持引导公路水路交通基础设施数字化转型升级的通知》，明确了支持引导交通运输传统基础设施数字化转型升级的总体思路和实施内容，推动智慧公路、智慧航道、智慧港口、智慧枢纽等建设加快发展。

联网补网强链，重大工程建设进展显著。国家综合立体交通网持续完善，总里程突破600万公里，"6轴7廊8通道"主骨架已基本成型，覆盖全国超过80%的县。2024年，铁路运输业投资增长13.5%，全国铁路营业里程达16.2万公里，其中高铁营业里程4.8万公里，高铁网络不断加密；《关于推进2024—2025年铁路专用线等重点项目建设的通知》支持重点铁路专用线进港区、进园区、进厂区，全国铁路专用线新增59条，重点港区、物流园区铁路专用线覆盖率提升至78%。航空运输业投资增长20.7%，全国运输机场总数增至263个，网络覆盖范围有所扩大。在水路运输领域，《交通运输部关于新时代加强沿海和内河港口航道规划建设的意见》有效推动了全国港口航道布局规划的落地实施，上海港集装箱吞吐量突破5000万TEU，长江干线港口吞吐量突破40亿吨，均创历史新高。农村公路网络加快完善，改善了农村地区的交通条件，进一步激发了乡村振兴潜力。低空经济作为新兴产业逐渐崭露头角，在通用航空、无人机物流、空中旅游等领域的发展，为交通运输行业注入了新的活力。

多领域协同发展，运输服务提质增效。设备更新推动服务升级，《交通运输大规模设备更新行动方案》实施老旧营运船舶报废更新、标准提升等七大行动，推动新一轮交通运输设备更新换代和运力结构调整。《船舶制造业绿色发展行动纲要（2024—2030年）》提出，到2025年，船舶制造业绿色发展体系初步构建，绿色船舶产品供应能力进一步提升，船用替代燃料和新能源技术应用与国际同步，LNG、甲醇等绿色动力船舶国际市场份额超过50%。《关于加快提升新能源汽车动力锂电池运输服务和安全保障能力的若干措施》促进新能源汽车动力锂电池安全、便捷、高效运输。交通运输、仓储和邮政业增加值比上年增长7.0%，在服务业各细分行业中呈现增长态势，在增加值、生产指数和企业营业收入方面均有不同程度的增长，显示出行业的蓬勃生机。全年完成营业性货物运输总量578亿吨，同比增长3.8%；完成货物周转量261948亿吨公里，同比增长5.6%；港口完成货物吞吐量176亿吨，同比增长3.7%，其中外贸货物吞吐量54亿吨，同比增长6.9%。港口集装箱吞吐量33200万TEU，同比增长7.0%。全年完成营业性旅客运输总量171亿人次，同比增长8.5%；完成旅客周转量33886亿人公里，同比增长13.6%。各项指标的增长，反映了交通运输行业的市场需求旺盛和行业发展的良好态势。2024年各种运输方式完成旅客和货物运输量及其增长速度见表1-1-2。

2024年各种运输方式完成营业性旅客和货物运输量及其增长速度　　表1-1-2

指标	货物			旅客		
	单位	绝对数	增长速度（%）	单位	绝对数	增长速度（%）
运输总量	亿吨	578.3	3.8	亿人次	170.8	8.5
铁路	亿吨	51.7	2.8	亿人次	43.1	11.9
公路	亿吨	418.8	3.8	亿人次	117.8	7.0
水路	亿吨	98.1	4.7	亿人次	2.6	0.8
民航	万吨	898.2	22.1	亿人次	7.3	17.9
管道	亿吨	9.5	−0.5	—	—	—
周转量	亿吨公里	261948.1	5.6	亿人公里	33885.5	13.6
铁路	亿吨公里	35861.9	−1.6	亿人公里	15799.1	7.3
公路	亿吨公里	76847.5	3.9	亿人公里	5117.0	8.0
水路	亿吨公里	141422.9	8.8	亿人公里	54.7	1.7
民航	亿吨公里	353.9	24.8	亿人公里	12914.7	25.3
管道	亿吨公里	7461.9	2.1	—	—	—

联运衔接更加紧密，运输组织模式创新。跨运输方式信息互联共享稳步推进，铁路与港口基础设施衔接水平提升，全国沿海港口和长江干线主要港口铁路进港率已超90%。着力创新交通物流组织模式，大力推进铁水联运、公铁联运，以及江海联运、水水中转和"散改集"，加快推进多式联运"一单制""一箱制"发展，多式联运业务快速发展，全年集装箱铁水联运量约1335万TEU，同比增长15.4%。全年水路货物周转量增长8.8%，水路货物周转量占比提高1.5个百分点，公路货物周转量占比下降0.6个百分点。

1.2.2　区域交通运输发展

综合立体交通走廊建设。聚焦实现更高水平一体化融合发展，统筹铁路、公路、机场、水运等基础设施建设，重大项目加快落地实施。铁路网络加密升级，沪渝蓉沿江高铁全线开工，川藏铁路雅安至林芝段建设加速，沪苏湖高铁建成通车，形成沿江高铁"双通道"格局；岳阳华容煤炭铁水联运线等一批区域性高铁、城际铁路、市域（郊）铁路、铁路专用线支线相继建成投产。公路体系提质增效，持续推进国家高速公路省际待贯通路段建设和繁忙路段扩容改造，加快推进沿江地区重点公路项目建设，沪渝高速公路广德至宣城段改扩建工程等项目建成，沪昆高速公路昌傅至金鱼石（赣湘界）段改扩建工程加快建设，沪渝高速公路武汉至黄石段改扩建、武汉至重庆高速公路天门荆门界至二广高速公路段及天门西段等项目开工，长江经济带高速公路网密度达4.2公里/百平方公里；建成沪昆高速公路昌傅至金鱼石段等智慧公路示范项目。航空枢纽能级跃升，武汉天河国际机场第三跑道、重庆江北国际机场第四跑道完成验收，上海浦东国际机场四期工程启动，长沙黄花国际机场T3航站楼主体封顶；成渝双城经济圈机场群货邮吞吐量突破1300万吨，居全国首位。水运体系全面升级，长三角世界级港口群建设稳步推进，小洋山北侧集装箱码头工程完成主体结构施工，上海港集装箱吞吐量突破5150万TEU，宁波舟山港货物吞吐量达16.9亿吨；建成长江干线武汉至安庆段6米水深航道整治工程、长江上游朝天门至涪陵段航道整治工程，开工建设长江中游荆江河段航道整治二期工程，黄金水道实现扩容升级。

综合交通枢纽建设。货运枢纽提质扩容，宁波、金华、武汉、重庆、成都、昆明、连云港—徐州—淮安、长沙—株洲—湘潭等国家综合货运枢纽深入实施补链强链，上海和苏州—无锡—南通、南昌—九江、赣州列入国家综合货运枢纽补链强链第三批支持城市名单，长江干线15个港口、32个港区已实现铁路进港。客运枢纽智慧升级，沪宁沿江高铁武进站、连镇铁路灌南站、沪昆高铁娄底南站、武汉至仙桃城际铁路仙桃站、玉磨铁路普洱站等综合客运枢纽持续提升一体化换乘衔接水平，长三角初步形成"半小时通勤圈""1小时生活圈""3小时高铁圈"。

内河航运发展全面起势。在交通运输部的统筹协调和部省联动的有力推动下，地方政府加大对内河航运的投入和支持力度，内河航运高质量发展迎来关键机遇期。长江航务管理局（简称"长航局"）联合长江水系14省市发布《推进长江航运高质量发展倡议》，形成"六个坚持"战略框架。江苏启动"水运江苏"三年行动计划，加快建设畅通高效的内河航道网、协同一体的长三角世界级港口群北翼、经济开放的水运物流网。安徽省出台《关于高质量打造江淮干线水运大通道的意见》，加快推进江淮运河航道扩能升级、连线成网。山东省出台《关于支持小清河航运高质量发展的若干措施》，构建"六个新"发展框架。河南省实施内河航运"11246"工程，推动内河航运跨越发展。湖北省印发《关于加快湖北省港航业高质量发展的实施意见》。这些政策的叠加效应正加速长江航运向高质量发展转型，推动形成"干支联动、区域协同、绿色智能"的发展新格局。

第2章
基础设施

2.1　基础设施概况

2.1.1　内河航道

内河航道里程。 14省市基本形成以长江干线及主要支流、京杭运河及长三角高等级航道网、淮河干线及主要支流为主体，涵盖西南诸河、珠江水系、黄河水系相关航道，干支衔接、通江达海的内河航道体系，其中长江水系与淮河水系之间通过京杭运河、江淮运河相沟通。截至2024年底，14省市内河航道通航里程9.75万公里，等级航道里程5.04万公里，同比分别增加325.5公里、471.8公里。2024年长江水系14省市内河航道通航里程及构成见图1-2-1。

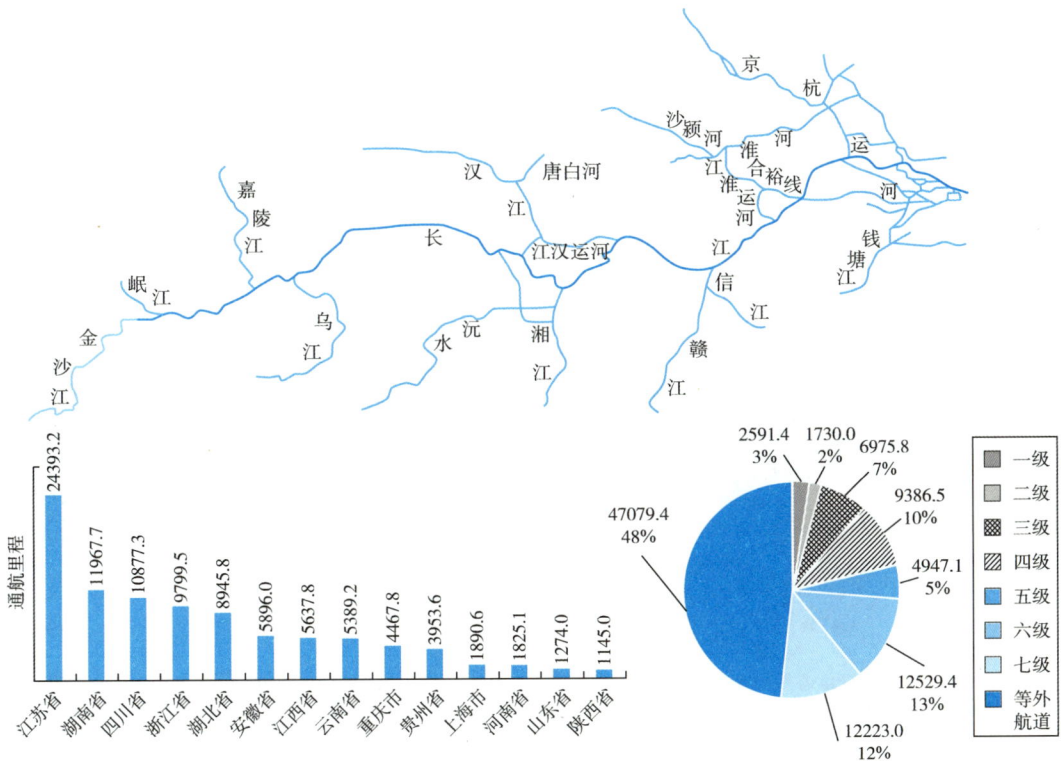

长江水系14省市内河航道通航里程（单位：公里）　　　分等级内河航道里程情况（单位：公里）

图1-2-1　2024年长江水系14省市内河航道通航里程及构成

高等级航道里程。截至2024年底，14省市三级及以上高等级航道达11297公里，占内河航道通航总里程的11.6%；全国港口与航道布局规划的高等级航道达标率为58.6%。2020—2024年高等级航道里程情况见图1-2-2。

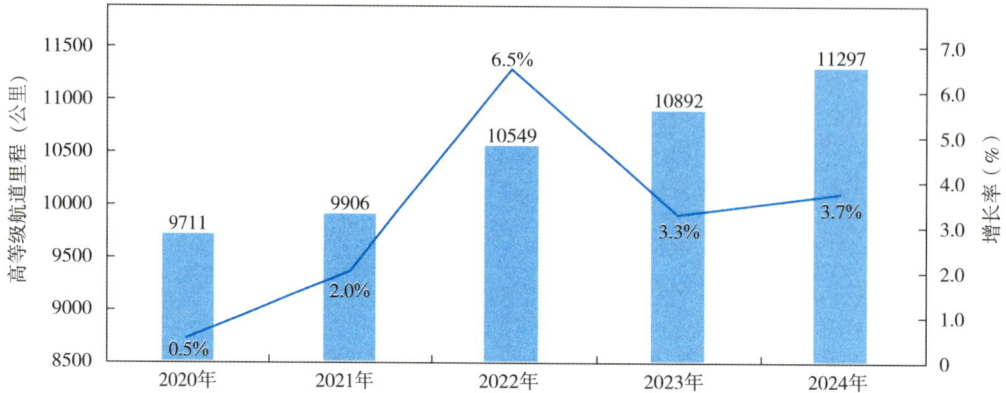

图 1-2-2　2020—2024年高等级航道里程情况

2.1.2　港口

泊位能力。截至2024年底，14省市港口共拥有生产用码头泊位17450个；散货、件杂货年综合通过能力79.6亿吨，集装箱年综合通过能力11592万TEU。其中，内河港口共拥有生产用码头泊位14877个，散货、件杂货年综合通过能力50.6亿吨，集装箱年综合通过能力4140万TEU；沿海港口共拥有生产用码头泊位2573个，散货、件杂货年综合通过能力29.0亿吨，集装箱年综合通过能力7452万TEU。长江干线港区拥有生产用码头泊位2747个，散货、件杂货年综合通过能力25.4亿吨，集装箱年综合通过能力3002万TEU。长江干线万吨级及以上泊位487个（江苏453个、安徽26个、江西1个、湖北7个）。14省市港口生产用码头泊位数和能力情况见表1-2-1、图1-2-3。

14省市港口生产用码头泊位数和能力基本情况　　　　　　　　　　　表 1-2-1

区域	泊位长度（米）	泊位数（个）	泊位设计年通过能力					
			散货、件杂货	集装箱		旅客	滚装汽车	
			万吨	万TEU	万吨	万人次	万标辆	万吨
14省市总计	1401191	17450	796358	11592	98728	38919	2266	25159
其中:沿海	421355	2573	290281	7452	62614	18429	1653	19629
其中:内河	979836	14877	506077	4140	36114	20490	613	5530
其中:长江干线	366123	2747	254159	3002	25217	4470	575	4888

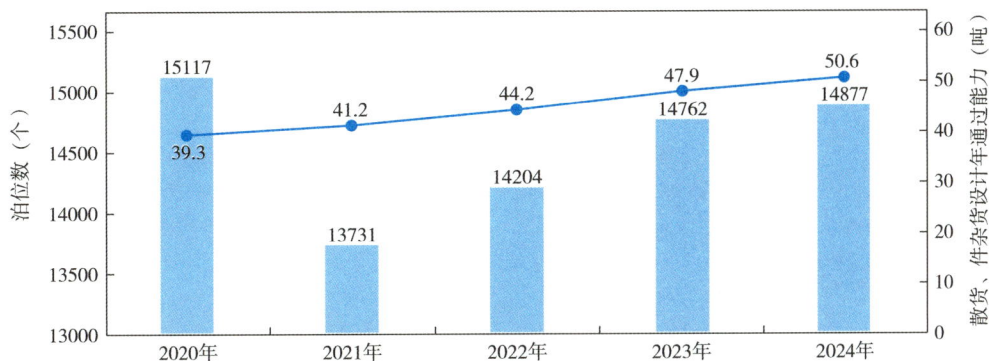

图 1-2-3　14省市港口内河生产用码头泊位数和能力变化情况

泊位结构。截至 2024 年底，14 省市内河港口生产用码头泊位中，按泊位能力等级划分，500 吨级以下泊位占 38%，下降 1 个百分点；500~1000 吨级泊位占 34%，保持不变；1000~5000 吨级泊位占 20%，保持不变；5000 吨级以上泊位占 8%，上升 1 个百分点；5000 吨级以上泊位主要分布在长江干线，支流则以千吨级及以下泊位和自然岸坡泊位为主。按泊位用途划分，客运/客货泊位占 12.5%，多用途泊位占 3.3%，通用件杂货泊位占 12.4%，通用散货泊位占 47.8%，专业化泊位占 16.3%，其他泊位占 7.8%。14 省市内河港口码头泊位结构情况见图 1-2-4、图 1-2-5。

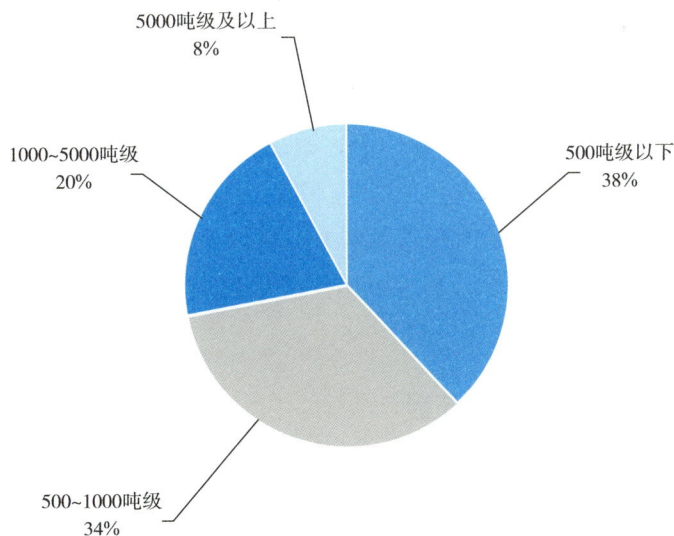

图 1-2-4　14省市内河港口码头泊位能力结构

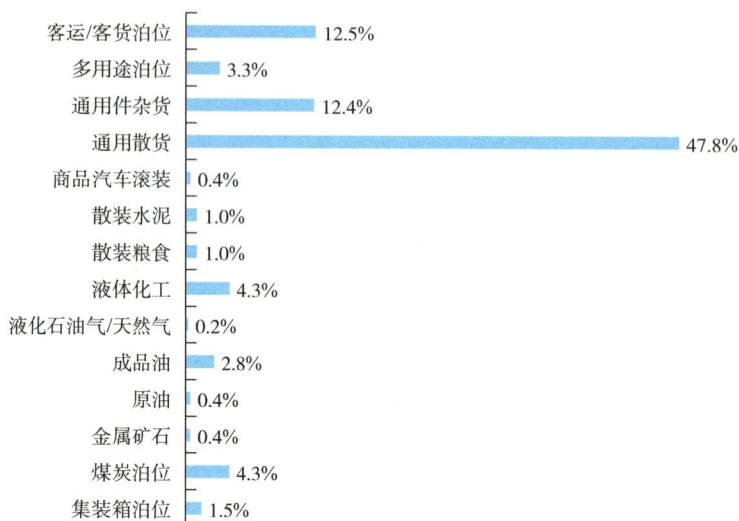

图1-2-5 14省市内河港口码头泊位用途结构

2.2 基础设施建设

2.2.1 水运建设投资

2024年，14省市水路交通固定资产投资1368亿元，同比增长6.4%，沿海港口与内河建设正成为基础设施领域的新热点。分区域看，东部地区（上海、江苏、浙江、山东）投资增长0.7%；中部地区（安徽、江西、河南、湖北、湖南）投资增长17.6%；西部地区（四川、重庆、贵州、云南、陕西）投资增长13.3%。从投资金额上看，2024年水运建设投资前三的省份分别为浙江、江苏和山东，浙江省建成万吨级及以上泊位9个、内河千吨级航道25公里、内河500吨级及以上泊位57个；江苏省沿江沿海新增万吨级泊位14个、内河新增千吨级泊位64个；山东省新增万吨级以上泊位13个。湖北、河南、贵州等中西部省份正加速推进内河建设，其中河南、贵州投资增长率分别达147.7%、112.6%。2024年各地水路固定资产投资情况见图1-2-6。

2.2.2 长江干线航道扩能升级

航道系统治理。 以"区段标准统一"为目标，合理挖掘长江干线航道通行潜力，通过重点航道整治工程建设，积极推进"延上游、畅中游、深下游"工作，持续释放黄金水道通航效益。长江上游朝天门至涪陵河段航道整治工程全面建成并投入试运行，涪陵至丰都段航道整治工程有序推进；长江中游荆江河段航道整治二期工程全面开工建设，长江干线武汉至安庆段6米水深航道整治工程、新洲至九江河段航道整治二期工程通过竣工验收。上游羊石盘至上白沙段、合江门至界石盘段、界石盘至九龙坡段等生态航道建设工程前期工作加快推进；下游贵池水道、太子矶水道、安庆水道等航道整治工程可行性研究持续推进，下游12.5米深水航道完善工程完成工程可行性研究报告初稿，长江口北港航道整治工程前期研究有序开展，长江口南槽航道治理二期工程可行性研究报告通过交通运输部审查。2024年长江干线航道整治项目基本情况见表1-2-2。

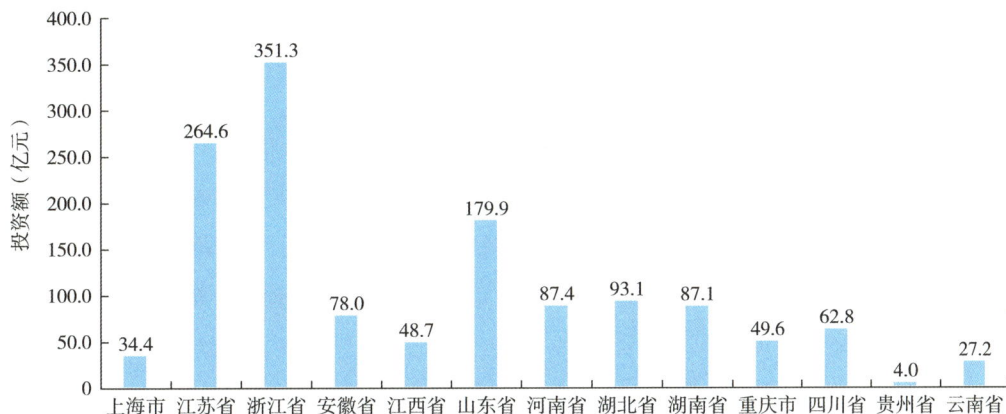

图1-2-6　2024年各地水路固定资产投资情况

2024年长江干线航道整治项目基本情况　　　　　　　　　　表1-2-2

序号	项目名称	开工时间	项目进展
1	长江中游新洲至九江河段航道整治二期工程	2018年9月	竣工验收
2	长江干线武汉至安庆段6米水深航道整治工程	2018年10月	竣工验收
3	长江下游江心洲至乌江河段航道整治二期工程	2019年12月	试运行
4	长江上游朝天门至涪陵河段航道整治工程	2020年12月	交工试运行
5	长江上游涪陵至丰都河段航道整治工程	2022年9月	续建
6	长江中游荆江河段航道整治二期工程	2024年9月	开工建设

区段标准逐步统一。 长江干线上游宜宾至重庆段航道水深提高至2.9~4.5米，其中重庆九龙坡至朝天门、重庆寸滩至涪陵河段最小维护水深分别提高至3.5米、4.5米，三峡库区4.5米水深航道上延至重庆主城；中游宜昌至武汉段航道水深提高至3.8~4.5米，其中宜昌至松滋、城陵矶至武汉段航道水深提高到4.5米，松滋至荆州段航道水深提高到4.3米试运行；武汉至安庆段航道水深提高至6米，中洪水期航道水深提高0.5~1米；下游安庆至南京段航道水深提高至6~10.5米；南京以下为12.5米深水航道，长江口主航道以外的南漕航道保持6米水深。岳阳城陵矶以下河段常年开通海轮航道，海轮航道布置及尺度与主航道一致。

锚地、停泊区布局建设。 截至2024年，长江干线已建港口锚地115处、停泊区280处、待闸锚地15处（普货9处、危化品6处）。长江沿线各省市及海事部门针对锚地资源紧张等问题，通过新增临时停泊区、优化管理机制、推进一体化建设等措施，全面提升锚泊服务能力。镇江港高资海轮锚地疏浚工程完成并投入使用，芜湖港裕溪口东梁山锚地明确为公用锚地，南通九圩港临时停泊区、南官河口待闸专用停泊区设立并运行。加强长江干线危险品锚地规划与建设，增设安庆五里庙危化船舶公用锚地，宜昌罗家河专用危险品锚地正式启用。三峡通航船舶秭归旧州河锚地建设工程、长江宜都段孙家河锚地工程等加快推进，九江港彭泽港区棉洲圩公用锚地建成。

2.2.3　航道网络建设

长江支流航道建设。在有序推进长江干线航道扩能升级的同时，相关交通运输主管部门会同有关研究机构，加强对金沙江高坝通航、荆汉运河工程等前瞻性问题的研究，进一步加大内河航道建设资金保障力度，加快赣江、汉江、沅水、乌江、嘉陵江、岷江等处于全线达标攻坚阶段的重点航道建设，着力打通省际国家高等级航道堵点、卡点。长江支流航道建设基本情况见表1-2-3。

长江支流航道建设基本情况　表1-2-3

序号	支流航道	建设情况
1	金沙江	中游库区航运基础设施综合建设项目二期工程(航道整治工程)、溪洛渡至水富高等级航道建设工程有序推进；乌东德库区库尾航道整治工程开工；向家坝库区航道建设工程宜宾段、凉山段以及乌东德、白鹤滩、溪洛渡翻坝转运设施建设项目前期工作加快推进
2	岷江	龙溪口枢纽至宜宾合江门航道整治一期工程交工并投入试运行，二期工程初步设计获批；龙溪口库区沐溪河旅游航道基本完成航道工程建设；尖子山、汤坝、老木孔、东风岩航电枢纽工程建设有序推进，张坎航电枢纽工程完成工程可行性研究报告编制
3	嘉陵江	利泽枢纽船闸正式通航，涪江重庆段航道整治开工，渠江风洞子航运枢纽工程、涪江双江航电枢纽工程加快推进，三星船闸工程可行性研究报告获批
4	乌江	白马航电枢纽、白马至彭水枢纽航道整治工程建设有序推进，乌江渡至龚滩三级航道工程开工，乌江沙沱、思林二线1000吨级通航设施工程完成工程可行性研究报告审查
5	湘江	永衡航道项目一期、二期工程竣工验收，三期工程有序推进；长沙综合枢纽三线船闸、长沙至城陵矶一级航道建设工程开工
6	沅水	常德至鲇鱼口2000吨级航道、沅水洪江至辰溪500吨级航道建设加快推进，桃源枢纽二线船闸建设工程开工
7	汉江	兴隆枢纽2000吨级二线船闸、兴隆至蔡甸段2000吨级航道整治等项目开工；崔家营枢纽二线船闸、雅口枢纽二线船闸、碾盘山枢纽二线船闸和碾盘山至兴隆段航道整治工程二期、丹江口至襄阳段不衔接段航道整治等工程前期工作加快推进；《汉江汉中至洋县段航道通航方案研究》谋划江汉中段水运发展；唐白河航运开发项目和唐白河双沟航运枢纽建设有序推进
8	赣江	建成赣抚尾闾综合整治工程主支枢纽船闸，南昌枢纽实现蓄水通航；龙头山枢纽二线船闸、新干枢纽至南昌二级航道等项目加快推进
9	信江	智慧船闸信江试点建设已基本完成
10	合裕线	南淝河航道改造工程竣工验收，巢湖船闸扩容改造工程开工

京杭运河。山东境内，小清河复航工程全面投入运营，枣庄段整治工程通过交工验

收，济宁以南全线达到二级航道通航标准，柳长河段17公里航道"三升二"工程完工并复航，实现2000吨级船舶直达泰安东平港区；微山三线船闸工程、新万福河复航二期工程等项目有序推进。江苏境内，绿色现代航运综合整治工程、宿迁段综合整治工程、施桥船闸至长江口门段整治工程建成，谏壁一线船闸扩容改造工程有序推进，徐州—宿迁—连云港的徐圩港区疏港航道整治工程开工。浙江境内，嘉兴秀洲段综合保护与治理工程可行性研究报告获批。

长三角地区高等级航道网。长三角三省一市持续深化区域航道网络协同衔接，加快推进内河航道整治工作，改善航道条件，推动高等级航道成网畅联。长三角地区千吨级航道里程达4995公里，高等级航道网正加快形成。长三角地区高等级航道网建设情况见表1-2-4。

长三角地区高等级航道网建设情况　　　　　　　　　　表1-2-4

	航道	建设进度
四横	淮河干线、沱浍河、宿连航道	淮河干流(三河尖—蚌埠闸)整治工程、淮河航道临淮岗复线船闸工程、沱浍河航道临涣船闸工程、宿连航道整治二期工程连云港段建成交工，宿连航道整治二期工程宿迁段有序推进
	通扬线、新江海河、水阳江、姑溪河、秦淮河、通州湾疏港航道	通扬线姜堰段航道整治工程竣工验收，通扬线南通崇川区段航道整治、秦淮河航道整治二期、通海港区至通州湾港区疏港航道整治等工程有序推进，姑溪河当涂闸枢纽工程开工
	黄浦江、赵家沟、大芦线、油墩港、罗蕴河、苏申外港线、苏申内港线、长湖申线、湖嘉申线、杭申线、杭平申线	长湖申线苏浙省界至京杭运河段建成交工，芜申线溧阳城区段航道整治工程主体建设完成；大芦线二期及东延伸(河海直达)航道整治工程、油墩港航道整治工程、苏申内港线暨吴淞江(省界—老白石路)整治工程3标及省界—油墩港段工程、杭申线(嘉兴段)航道整治工程等有序推进
	钱塘江、杭甬运河	钱塘江中上游衢江(金华段)航运开发工程航道工程和姚家、游埠两枢纽及船闸工程竣工验收；钱塘江三级航道整治工程(金华段)开工，杭甬运河等"四改三"项目前期工作加快推进
三纵	沙颍河、江淮运河、芜太运河、锡溧漕河、丹金溧漕河	沙颍河漯河至周口航道"四升三"项目开工，阜阳复线船闸工程可行性研究报告获批；锡溧漕河无锡段三级航道整治工程剩余项目加快推进
	徐宝线、芒稻河、锡澄运河、德胜河、曹娥江	曹娥江清风船闸及航道工程交工验收；锡澄运河航道整治工程有序推进，无锡市区段竣工通航；德胜河航道整治工程开工
	连申线、盐邵线、泰东线	连申线灌河至黄响河段航道整治工程加快推进，黄响河至淮河入海水道段航道整治工程开工
其他	浙北高等级航道网	浙北集装箱主通道碍航桥梁全面拆除，64TEU船舶实现常态化通航嘉兴港，下沙至乍浦航道具备三层集装箱船舶通航条件

跨区域运河联通工程。《交通运输部关于新时代加强沿海和内河港口航道规划建设的意见》印发，提出优化主干线大通道，有序推进长江干线、西江航运干线、京杭运河、淮河干流等干线航道扩能升级，构建横贯东西、辐射南北的水运主通道；深化湘桂、赣粤及浙赣运河前期研究论证工作。运河联通工程基本情况见表1-2-5。

运河联通工程基本情况　　　　　　　　　　　　　　　　　表 1-2-5

序号	运河	关键进展
1	湘桂运河	湖南与广西联合推进湘桂运河规划研究工作,江永、平乐先期开工建设,湖北编制《汉湘桂内河航运大通道湖北段工程实施方案》
2	赣粤运河	江西与广东联合开展预可行性研究
3	浙赣运河	浙江与江西合作推进,部分专题研究已完成
4	江淮运河	安徽印发《关于高质量打造江淮干线水运大通道的意见》,提出以江淮运河为主骨干,向北连接沙颍河、向南连接芜申运河,形成通江达海的江淮干线水运大通道;引江济淮东淝河一线船闸改造工程主体完工,引江济淮二期工程(水利部分)初步设计获批

2.2.4　港口规划建设

规划体系完善。各地加快推进港口总体规划调整和修编工作,宁波舟山港、南京港、武汉港等港口总体规划获部省联合批复,泰州港、铜陵港、雅安港、钟祥港洈河港区等总体规划获省级批复;常德港、湖州港总体规划通过部省联合审查,衢州港、阜阳港等总体规划通过省级审查。上海港、杭州港、嘉兴内河港、绍兴港、丽水港、荆州港、宜昌港、泸州港、乐山港等港口总体规划修编工作加快推进。江西省启动全省港口规划评估工作。湖北省出台《关于加快湖北省港航业高质量发展的实施意见》,推动武汉、襄阳、宜昌"金三角"港口群协同发展,打造"五主十重"现代化港口体系。

港口基础设施建设。各地以加快建设世界一流港口为目标,持续加大投资建设力度,推进港口码头基础设施建设和升级改造。一批重点工程的建成投运和重大工程的开工建设,推动港口综合能力跃升,优化港口码头资源供给。各省市港口码头及配套设施建设动态见表 1-2-6。

各省市港口码头及配套设施建设动态　　　　　　　　　　　表 1-2-6

地区	建设动态
上海市	小洋山北作业区项目建设加快推进,罗泾集装箱码头改造二期工程启动
江苏省	连云港港徐圩港区30万吨级原油码头、苏州太仓滚装码头、江阴港港口集团15万吨级通用码头等8个项目建成投产,新增年通过能力超8000万吨;更新港口老旧储罐及设施324个、港口作业机械344台。无锡(江阴)港外贸进口铁矿石码头扩能改造有序推进;南通如东国信15万吨级LNG码头、苏南运河码头、镇江丹阳陵口作业区码头、苏州白洋湾作业区码头、苏州吴江盛泽作业区码头等开工
浙江省	宁波舟山港梅山港区千万级集装箱泊位群形成,国能浙江舟山电厂三期扩建配套10万吨级码头、兰溪方下店作业区等项目建成,嘉兴港独山港区B25、26泊位和Ⅱ号内河港池投入使用。大宗商品储运基地、浙能乐清电厂三期配套码头、北仑灰库项目一期等项目有序推进;大榭集装箱码头二期工程开工
安徽省	安庆港宿松港区公用码头、芜湖港裕溪口港区滚装码头一期、亳州港蒙城港区等工程建成运行,新增万吨级泊位9个;芜湖港朱家桥外贸综合物流园区一期项目码头工程、安庆皖河新港一期工程加快建设;铜陵笠帽山液体散货码头工程、安徽港口物流公司金园码头扩建工程开工
江西省	鹰潭港九牛滩综合码头一期工程开港运营,九江安信物流公用码头、南昌龙头岗综合码头二期等项目建成,吉安港天玉码头一期项目开工

地区	建设动态
山东省	青岛港董家口港区12万吨级油品码头工程等项目建成投产,全省新增万吨级以上泊位13个,新增通过能力超过3000万吨
河南省	周口港益海嘉里粮油专用码头交工验收,周口港中部作业区(一期)工程开工
湖北省	荆州港容城港区新洲码头、宜昌港枝城铁水联运码头一期、武穴盘塘散货码头、黄石港富池作业区综合码头等8个项目建成并投入运营,新增万吨级泊位4个、5000吨级泊位11个、散杂货港口通过能力3547万吨、集装箱港口通过能力9万TEU;三峡枢纽江南成品油翻坝码头等项目加快建设,襄阳港老河口陈埠综合码头工程、钟祥港浰河港区综合码头一期工程、巴东港东瀼口作业区通用物流码头开工
湖南省	岳阳港虞公港区一期工程项目建成交工;株洲港渌口港区庙前砂石集散中心、湘西港二期散货码头工程、常德港津市港区散货物流集散中心工程等项目加快推进;岳阳港城陵矶港区松阳湖三期工程、岳阳港城陵矶现代化港口群道仁矶码头开工
重庆市	万州新田二期、涪陵龙头二期、长寿化工码头二期、九龙坡黄磏一期、兰家沱作业区改建等5个港口项目完工,寸滩港"货改客"工程等稳步推进
四川省	宜宾港志城作业区一期工程竣工验收,泸州港石龙岩作业区一期工程开港运行
贵州省	16个便民码头、3座渡口改桥等民生工程建成交工;瓮安港云中港区第一作业区主体工程建成投产,新增1000吨级泊位2个
云南省	东川港建成投用

集疏运体系建设。各地持续加快推进港区铁路专用线和疏港公路建设,加快解决进港"最后一公里"问题,港口集疏运体系不断完善。各省市港口集疏运体系建设动态见表1-2-7。

各省市港口集疏运体系建设动态　　　　　　　　　　　　　表1-2-7

地区	建设动态
上海市	沪通铁路二期外高桥装卸线建设和罗泾港区铁路专用线、南港铁路专用线前期工作加快推进
江苏省	洋口至吕四铁路联络线、滨海港铁路专用线完成验收,运河宿迁港铁路专用线、江都铁路专用线建设基本完成,盐城大丰港铁路专用线建设加快推进,徐圩港区铁路专用线前期工作加快推进
浙江省	铁路北仑支线复线、梅山港口疏港大道建设加快推进,梅山铁路专用线、六横大桥二期工程开工
安徽省	铜陵港江北港区铁路专用线、池州港东至经开区铁路专用线、安庆港长风港区铁路专用线建设稳步推进,皖河新港铁路专用线、石台非金属矿铁路专用线项目、贵池矿产品运输铁路专用线、池州江口港区铁路专用线前期工作加快推进
江西省	赣州港五云疏港公路建成,九江港红光铁路专用线开工
山东省	日照港岚山港区疏港高速公路主线基本建成,潍坊港疏港高速公路工程开工,青岛港董家口至五莲铁路及胶新铁路扩能改造工程前期工作持续推进
河南省	周口中心港集疏运铁路专用线、沈丘港口物流园专用线一期工程等项目前期工作加快推进
湖北省	襄阳小河港区疏港铁路专用线开通运营,荆州港松滋港区车阳河进港铁路专用线一期基本完工,汉江沙洋港疏港铁路等项目建设加快推进,荆州中心城区疏港铁路木沉渊作业区铁路专用线工程获批,全省已建成15条进港铁路,涵盖13个港区
湖南省	华容煤炭储运基地码头进港铁路专用线投入试运营,虞公港疏港公路建设加快推进,岳阳港虞公港区铁路专用线工程开工

续上表

地区	建设动态
重庆市	涪陵龙头港港铁专用线建成投用,谋划九龙坡黄磏港、渝北洛碛港、合川渭沱港等进港铁路专用线,谋划长寿川维物流铁路专用线改造、长寿港江南作业区重钢铁路专用线改造、永川朱沱港铁路专用线等
四川省	宜宾港进港铁路正式运营,泸州港、广元港等疏港公路建设有序推进

2.2.5 港口枢纽能级提升

港口功能优化提升。江苏、浙江、山东、湖北等地加快推进第一批港口功能优化提升交通强国专项试点项目建设。江苏省制定《苏南运河全线港口码头功能优化提升工作方案(试行)》,推动苏南运河全线港口码头功能优化提升;淮安黄码港产业园打造"港产园"一体化发展的内河临港经济示范样板;苏州市吴江区建设前港后产临港经济样板。浙江省推动宁波舟山港引航站成立运行,实现宁波舟山港引航管理统一、服务优化。湖北省武汉阳逻港规划临港片区,推进"港区西拓、城区东疏",新增中欧班列始发站;宜昌港依托三峡翻坝运输体系,发展商品车、粮食等特色货类多式联运。

共建辐射全球的航运枢纽。长三角四省(市)港口集团召开第一次联席会议,共同探讨推动智慧绿色港口建设与加快资本业务协同合作,共建长三角世界级港口群。上海港国际航线近350条,覆盖全球200多个国家和地区的700多个港口,港口连通度连续13年居全球首位。江苏省港口集团、浙江省海港集团开展区域码头股权重组和一体化运营。江苏省港口集团、湖北港口集团、重庆物流集团签订战略合作协议,推动资源共享、深化协同联动、拓展合作领域、完善合作机制。浙江省全面推进世界一流强港和交通强省建设工程,在打造世界级集装箱泊位群、亿吨级大宗散货泊位群、建设长三角海河联运枢纽港、布局内陆无水港以及与省外港口合作打造"江海直达+多式联运"双向物流新通道等方面取得重要进展。山东省加快推进世界一流海洋港口建设,出台《青岛国际航运中心建设三年行动方案(2024—2026年)》,青岛港全年建成投产、续建各类项目达14个。

港口码头标准化。完善标准化管理体系,交通运输部发布《港口标准体系(2024年)》,系统整合国家标准54项、行业标准127项及关联标准59项,覆盖港口规划设计、建设施工、运营管理等全链条,首次将智慧港口、绿色港口等新兴领域纳入标准框架。智慧港口标准化实现突破,山东省发布首个智慧港口标准体系,聚焦智慧基础、装备、管控、生产、服务、大脑六要素,建立支撑智慧港口规划、设计、建设、运营和维护的全生命周期标准体系。绿色港口标准化加快推进,从港口码头岸电设施、船舶受电设施改造、粉尘治理设施等方面健全技术标准、企业规范,促进港口绿色低碳转型;在管理效能和服务质效等方面持续提升,从资质审核、经营管理要求、作业流程、码头设施等方面进行规范指导,全面推进港口码头标准化建设。

第3章

航运服务

3.1 运输船舶与市场主体

3.1.1 运力规模与结构

运输船舶总规模。 截至 2024 年底，14 省市拥有运输船舶 9.00 万艘、净载重量 23114.79 万吨、载客量 49.48 万客位、集装箱箱位 239.37 万 TEU，同比分别下降 6.8%、增长 6.7%、下降 0.6%、增长 5.6%。其中，机动船 8.46 万艘、驳船 0.55 万艘，同比分别下降 6.5%、11.0%。运输船舶平均净载重量 2568 吨，增长 14.5%。2020—2024 年 14 省市水上运输船舶运力情况见图 1-3-1。

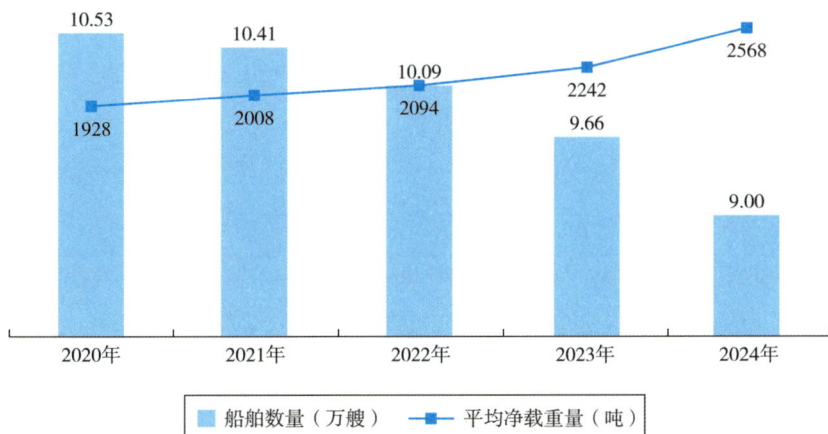

图 1-3-1　2020—2024 年 14 省市水上运输船舶运力发展情况

运输船舶构成。 按航行区域分，内河运输船舶 8.28 万艘、载客量 39.66 万客位、净载重量 12626.94 万吨，同比分别下降 7.4%、1.01% 和 0.9%；沿海运输船舶 6377 艘、载客量 9.27 万客位、净载重量 5919.30 万吨、箱位 43.17 万 TEU，同比分别下降 3.3%、增长 2.7%、增长 1.0% 和增长 43.5%；远洋运输船舶 834 艘、载客量 5456 客位、净载重量 4568.55 万吨、箱位 164.64 万 TEU，同比分别增长 30.5%、下降 18.9%、增长 49.4% 和增长 0.3%。14 省市分地区内河船舶艘数见图 1-3-2。

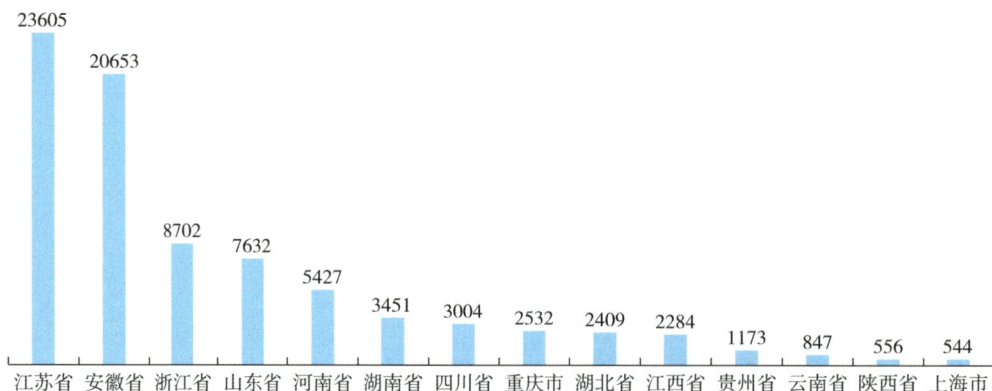

图1-3-2 14省市分地区内河船舶艘数（单位：艘）

客运船舶。客运船舶（包括客船、客货船，不含客运驳船）艘数8070艘、载客量49.48万客位，同比下降10.5%、0.6%。其中，内河客船7376艘、载客量39.69万客位；沿海客船688艘、载客量9.27万客位；远洋客船6艘、载客量5456客位。2020—2024年14省市内河客运船舶运力情况见图1-3-3。

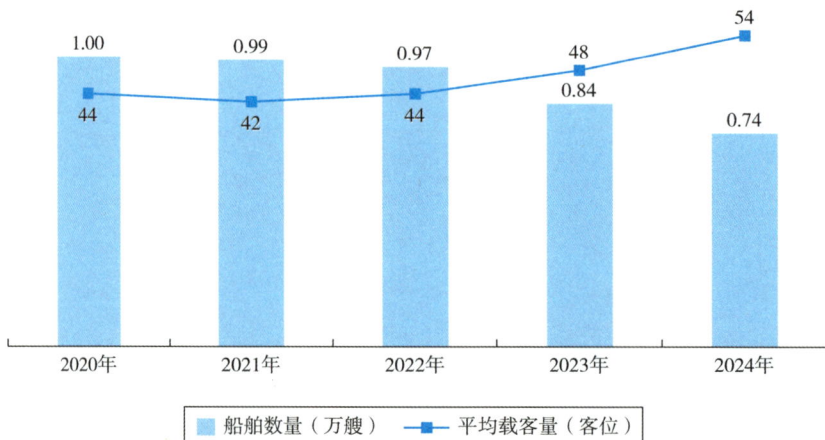

图1-3-3 2020—2024年14省市内河客运船舶情况

货运船舶。货运船舶（包括货船、驳船）艘数8.05万艘、净载重量23074.47万吨，同比分别下降6.4%、增长6.6%。其中，内河货船7.42万艘、净载重量12625.69万吨，同比分别下降6.7%、0.9%。2020—2024年14省市内河货运船舶运力情况见图1-3-4。

集装箱船舶。集装箱运输船舶（不包含多用途船、驳船）1157艘、箱位205.50万TEU，同比分别增长4.9%、4.2%。其中，内河集装箱运输船舶638艘、箱位7.27万TEU。14省市内河集装箱船舶艘数见图1-3-5。

船舶吨位结构。分类型来看，14省市内河货运船舶（包括货船、驳船）平均吨位1700吨，同比增长6.3%；内河客运船舶平均载客量53.8客位，同比增长4.3%；内河集装箱船舶平均箱位114TEU。长江干线内河货运船舶平均吨位2207载重吨，同比增长2.2%。

14省市分地区内河货运船舶平均吨位见图1-3-6。

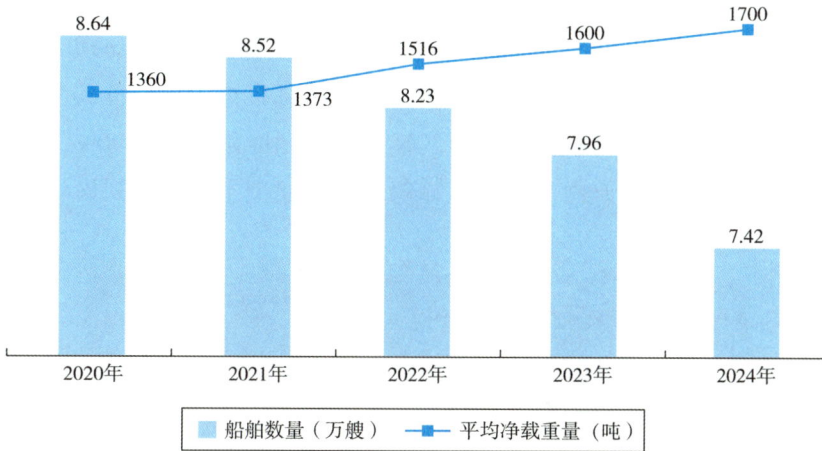

图1-3-4　2020—2024年14省市内河货运船舶运力情况

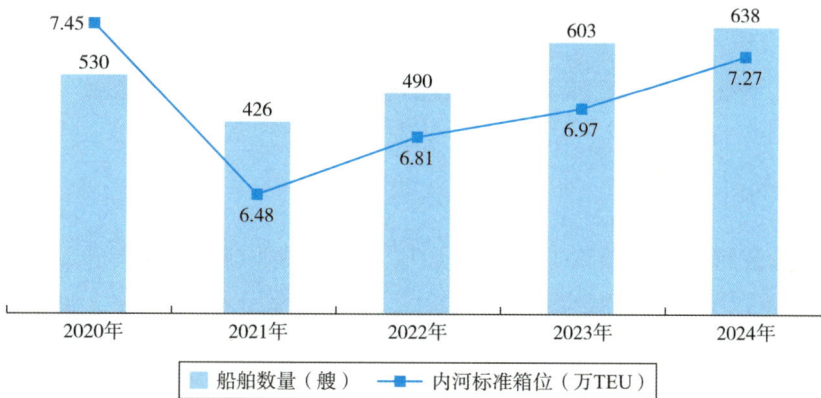

图1-3-5　2020—2024年14省市内河集装箱船舶艘数

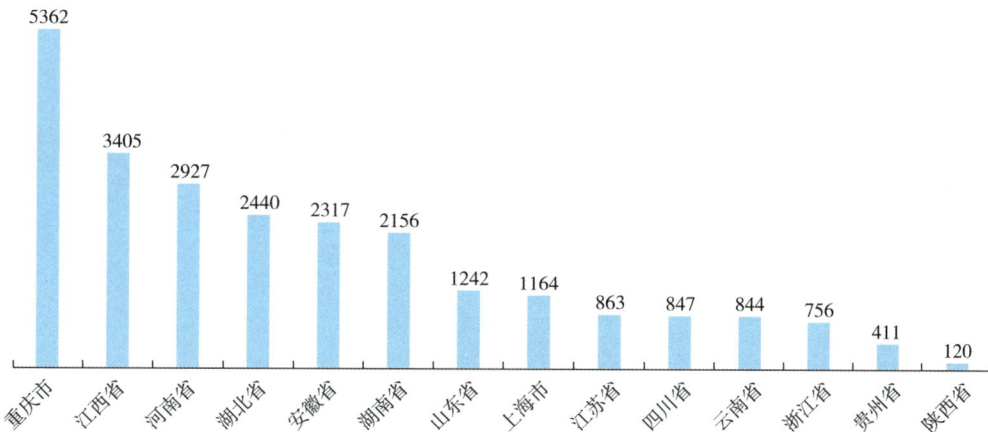

图1-3-6　14省市分地区内河货运船舶平均吨位(单位:吨)

船舶标准化建设。结合老旧营运船舶报废更新工作，积极引导船舶结构优化调整，推进船舶标准化。长江干线过闸运输船舶主尺度符合率达93%。首艘万吨级江海直达船直航重庆，见图1-3-7。湖南推进内河及江海直达绿色货船典型标准船型研究成果落地，208TEU集散两用纯电动标准船建成下水，被交通运输部批准为绿色低碳交通强国建设专项试点项目。重庆持续推进船舶运力结构调整，船型标准化率达到90%，单船运力平均吨位超5300载重吨。四川按照内河过闸运输船舶标准船型主尺度系列设计完成适用于嘉陵江的货船标准船型。

图1-3-7 舟山—重庆江海直达航线"创新15"轮

3.1.2 运输市场主体

市场主体总量特征。根据2024年水路运输及其辅助业核查数据，长江水系14省市内河运输企业共3732家，同比减少1.3%。其中，省际运输企业2553家，减少2.5%；省内运输企业1179家，增加1.4%。前五大省市（安徽、江苏、四川、重庆、湖北）运输企业集中度达63.7%。水路运输辅助业企业共2342家，增加12.6%，扩张加速。其中，船舶管理业445家，减少2.4%；船代820家，增加14.4%；客货代1077家，增加18.7%。个体工商户共8924家，减少3.6%，市场整合度提升明显。2023—2024年14省市运输市场主体结构演变情况见表1-3-1。

2023—2024年14省市运输市场主体结构演变情况 表1-3-1

主体类型	2023年	2024年	年均变化率(%)
内河运输企业	3782	3732	−1.3
其中:省际运输企业	2619	2553	−2.5
省内运输企业	1163	1179	+1.4
水路运输辅助业	2080	2342	+12.6
个体工商户	9255	8924	−3.6

专业化运输主体结构。截至2024年底，长江水系14省市共有省际液货危险品船运输企业142家，同比减少4家，平均运力规模为2.7万载重吨/家。其中，从事成品油运输企

业34家，从事化学品运输企业38家，从事成品油和化学品运输企业61家，从事成品油、化学品和原油运输企业4家，从事液化气体运输企业2家，从事成品油、化学品和液化气体运输企业2家，从事成品油、化学品、原油和液化气体运输企业1家。长江干线省际客船运输企业13家，与去年同期持平。其中，企业自有船舶运力规模在2000客位以上的企业4家，在1000~2000客位之间的企业4家，在1000客位以下的企业5家。川江及三峡库区滚装船运输市场共有Ⅰ型客滚船运输企业1家、Ⅱ型客滚船运输企业12家。

3.2 水路运输生产

3.2.1 水路客货运输量

旅客运输规模。14省市全年完成水路客运量1.71亿人次，同比增长0.7%。其中，内河客运量1.13万人次，同比增长0.1%。2020—2024年14省市内河客运量及发展趋势见图1-3-8。

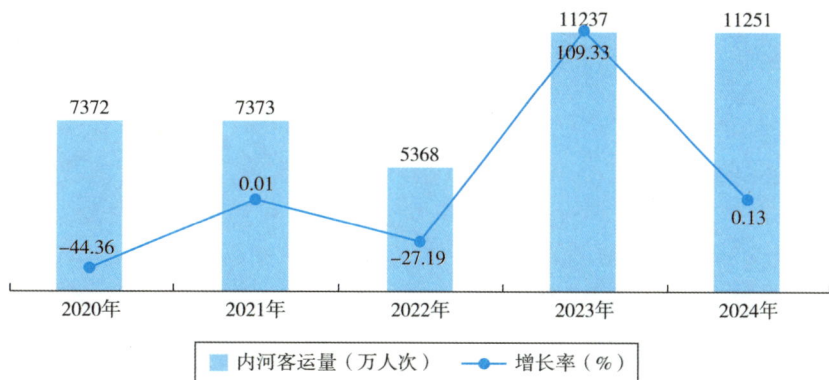

图1-3-8 2020—2024年14省市内河客运量及发展趋势

货物运输规模。14省市全年完成水路货运量70.5亿吨，同比增长4.8%，占全国水路货运量的71.8%。其中，内河货运量41.5亿吨，同比增长4.3%。2020—2024年14省市内河货运量及发展趋势见图1-3-9。

全年客货运走势分析。分季度发展来看，客运方面，与2023年度相比总体保持稳定，受节假日和天气环境因素影响，在第三季度达到最高，超过5300万人次。货运方面，与2023年度相比增长明显，在第四季度达到最高，超过19亿吨。2024年分季度客货运量见图1-3-10、图1-3-11。

3.2.2 细分运输市场

干散货运输市场。2024年长江干散货综合运价指数均值为605.8，同比下降7.2%，干散货运输市场呈"量增价跌"特征，市场船舶运力供给总体过剩，货运需求相对不足。

全年煤炭运价指数均值为619.1，同比下降7.0%，主要原因是沿江电厂煤炭库存整体偏高，长协价煤炭比例有所提升。全年金属矿石运价指数均值为427.1，同比下降7.9%，主要原因是钢铁行业以减产降库低需求为主。全年矿建材料运价指数均值为1127.5，同比下降10.7%，主要原因是房地产市场新开工面积不足，基建投资增速有所放缓。实施新一轮老旧营运船舶报废更新补贴政策，新能源船舶运力投放加快，供需失衡有所加剧。

图1-3-9　2020—2024年14省市内河货运量及发展趋势

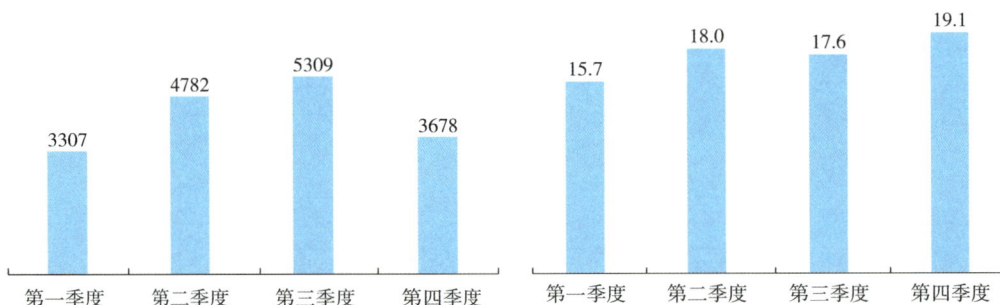

图1-3-10　2024年分季度客运量（单位:万人次）

图1-3-11　2024年分季度货运量（单位:亿吨）

液货危险品运输市场。全年长江散装液体危险品运价指数均值为987.8，同比下降3.6%。根据重点企业调查，平均运价为0.108元/吨公里，同比下降3.5%。新能源和替代能源渗透率不断提高，国内成品油市场需求疲软，市场供需端持续宽松运行，成品油水运需求不足、运价下跌，仅在三峡船闸检修时段过闸航线运价上涨。沿江地区炼化产能持续释放，沿江化工园区整合深化，乙烯、对二甲苯（PX）等基础化工品产能向大型园区集中，精细化学品运输量增加，水运市场需求总体保持稳定，运价整体保持平稳。

集装箱运输市场。全年长江集装箱运价指数均值为1005.8，同比下降1.0%。根据重点企业调查，平均运价为0.89元/TEU公里，同比下降0.2%。长江沿江地区制造业市场总体持稳运行，市场需求有所波动。尽管国际地缘冲突持续，贸易保护主义抬头，但我国开拓"一带一路"沿线新兴市场，沿江地区省市出口结构进一步优化，"新三样"出口保持明显增长。受船舶燃油、人工成本较高，运价较低等影响，航运企业经营效益没有好转。根据重点企业调查，企业盈利面与 2023 年同期持平。

载货汽车滚装市场。川江及三峡库区全年完成载货汽车运输量 20.80 万辆，同比减少 19.9%，完成驾乘人员运输 23.80 万人次，同比减少 14.6%。从载货汽车流向来看，2024 年下水航线完成运量 11.43 万辆，同比减少 17.6%，占总量的 55%；上水航线完成运量 9.37 万辆，同比减少 22.5%，占总量的 45%。根据重点企业调查，平均运价为 3.34 元/车公里，同比增长 0.3%。

旅游客运市场。长江干线全年省际游轮共计发船 5396 艘次，为 2023 年同期的 99.7%；完成客运量 123.51 万人次，为 2023 年同期的 89.8%。城市滨江游客流增长，重庆、宜昌、武汉、上海等地的游船经营火热。重庆"两江游"完成客运量 358 万人次，同比增长 3.4%，其中，夜游航班客运量 302.2 万人次，占 84.4%，白天航班客运量 55.8 万人次，占 15.6%。

3.2.3　干支流航道通航设施船舶通过量

三峡枢纽船舶通过量。2024 年三峡枢纽通过量达 1.59 亿吨，同比减少 8.5%。其中，三峡船闸运行 10169 闸次，通过量 1.53 亿吨，同比减少 8.9%；三峡升船机运行 4775 厢次，通过量 503 万吨，同比增长 5.1%。共保障 2600 万余吨重点民生物资便捷过坝、近 224 万人次旅客畅行三峡。三峡枢纽船舶交通流量、通过量情况见表 1-3-2、图 1-3-12。

三峡枢纽船舶交通流量情况　　　　　　　　　　　　　　表 1-3-2

三峡枢纽		上行	下行	合计	同比变幅(%)
三峡船闸	通过船舶艘次	18532	19404	37936	−11.19
	通过量(吨)	75692288	78358137	154050425	−8.86
三峡升船机	运行厢次	2835	1940	4775	2.51
	通过量(吨)	2562859	2467165	5030024	5.10
	客运量(人次)	283261	283181	566442	25.36
葛洲坝船闸	通过船舶艘次	22333	22323	44656	−9.68
	通过量(吨)	80265303	82831362	163096665	−8.44

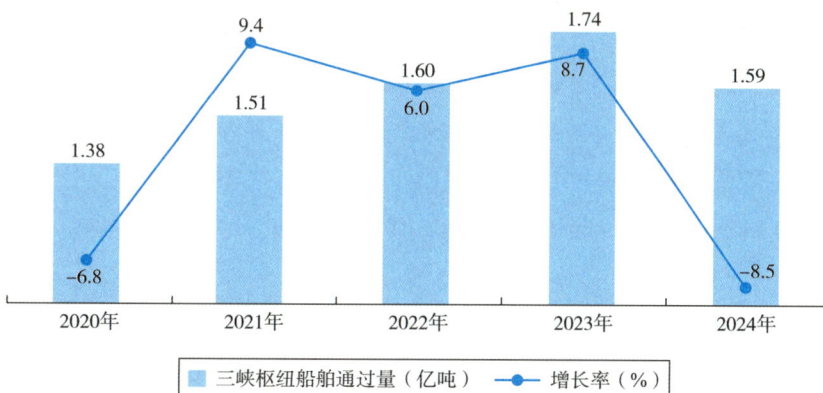

图 1-3-12　三峡枢纽船舶通过量情况

上游地区重要航道通航设施船舶通过量。主要包括金沙江、岷江、嘉陵江、乌江等。其中，2024年金沙江向家坝升船机通过船舶3012艘次，船舶通过量147万吨。嘉陵江新政船闸通过船舶328艘次，船舶通过量11万吨；小龙门船闸通过船舶440艘次，船舶通过量12万吨。乌江沙沱船闸通过船舶675艘次，船舶通过量35万吨；思林升船机运行1111闸次，通过船舶1113艘次。

中游地区重要航道通航设施船舶通过量。主要包括湘江、沅水、汉江、江汉运河、赣江、信江等。2024年湘江长沙船闸通过船舶45855艘次，船舶通过量5497万吨。汉江兴隆船闸通过船舶4263艘次，船舶通过量252万吨。赣江船闸通过船舶40332艘次，船舶通过量5167.9万吨。

下游地区重要航道通航设施船舶通过量。主要包括京杭运河、长三角航道网、合裕线、杭甬运河及钱塘江等。苏北运河十个梯级船闸累计开放闸次30.4万次，货运量3.27亿吨，其中煤炭运量1.05亿吨；运输集装箱73.2万TEU，同比增长25%。京杭运河微山船闸（一、二线）通过船舶73769艘次，船舶通过量9842.4万吨。合裕线裕溪船闸（一线、复线）通过船舶61766艘次，船舶通过量12063万吨。杭甬运河宁波段通过船舶15334艘次，货运总量达449.0万吨，其中煤炭运量达410.9万吨，同比增长12.0%，自通航以来首次突破400万吨。

淮河水系通航建筑物船舶通过量。主要包括淮河、盐河、沙颍河等。2024年，江淮运河过闸船舶6.06万艘次，船舶通过量1.34亿吨，月均过闸船舶及吨位数同比分别增长120%、133%。淮河（含盐河）高良涧船闸通过船舶54907艘次，船舶过闸量3962万吨。沙颍河颍上船闸（含复线）通过船舶20051艘次，船舶过闸量3153万吨。

3.3 港口生产

3.3.1 港口吞吐量

货物吞吐量规模。14省市全年完成港口吞吐量108.9亿吨，同比增长4.1%。其中，沿海港口51.2亿吨、内河港口57.7亿吨，同比分别增长4.8%、3.6%。完成外贸吞吐量29.5亿吨，同比增长6.3%。其中，沿海港口24.2亿吨、内河港口5.3亿吨，同比分别增长5.9%、8.2%。完成集装箱吞吐量18101万TEU，同比增长7.2%。其中，沿海港口14929万TEU、内河港口3172万TEU，同比分别增长7.8%、4.3%。14省市内河港口货物吞吐量见图1-3-13。

货物吞吐量区域分布。14省市港口货物吞吐量东部地区（上海、江苏、浙江、山东）87.7亿吨，中部地区（安徽、江西、河南、湖北、湖南）19.3亿吨，西部地区（四川、重庆、贵州、云南、陕西）2.0亿吨，分别占80.5%、17.7%、1.8%；外贸吞吐量东部地区

28.9亿吨、中部地区0.5亿吨、西部地区0.07亿吨，分别占98.0%、1.8%、0.2%；集装箱
吞吐量东部地区17197万TEU、中部地区758万TEU、西部地区146万TEU，分别占
95.0%、4.2%、0.8%。

地区	货物吞吐量（万吨）	外贸吞吐量（万吨）	集装箱吞吐量（万TEU）
上海市	7174	0	0
江苏省	304673	46364	2027
浙江省	40275	328	211
安徽省	69432	2042	284
江西省	28356	640	115
山东省	12536	4	29
河南省	1831	0	6
湖北省	75335	2036	261
湖南省	17999	473	93
重庆市	13497	535	108
四川省	4988	165	36
贵州省	7	0	0
云南省	1296	0	3
陕西省	0	0	0
合计	577399	52586	3172

图1-3-13　14省市内河港口货物吞吐量

内河港口吞吐量区域分布。东部、中部、西部地区货物吞吐量分别为36.5亿吨、19.3
亿吨、2.0亿吨，分别占63.2%、33.4%、3.4%；外贸吞吐量分别为4.7亿吨、5191万吨、
700万吨，分别占88.8%、9.9%、1.3%；集装箱吞吐量分别为2268万TEU、758万TEU、146
万TEU，分别占71.5%、23.9%、4.6%。2024年分区域内河港口货物吞吐量见图1-3-14。

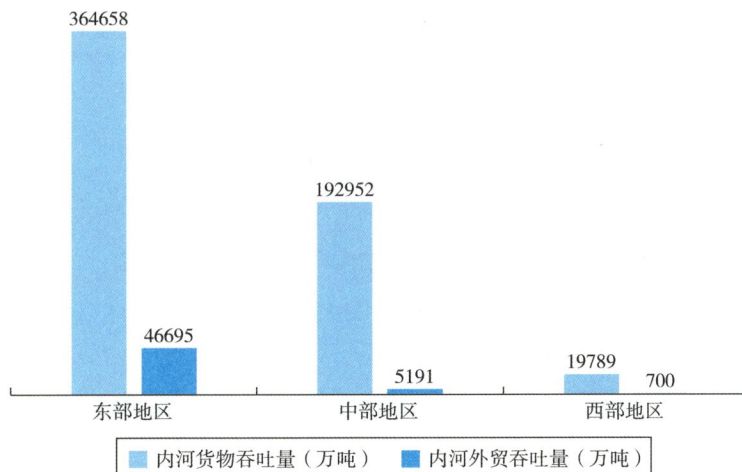

图1-3-14　2024年分区域内河港口货物吞吐量

内河货物吞吐量走势。分季度来看，内河港口货物吞吐量在第四季度达到最高，超
过15亿吨。外贸吞吐量逐季度增长，第四季度超过1.35亿吨。集装箱吞吐量在第二季度

达到最高，超过820万TEU。2024年分季度内河港口货物吞吐量、集装箱吞吐量情况见图1-3-15、图1-3-16。

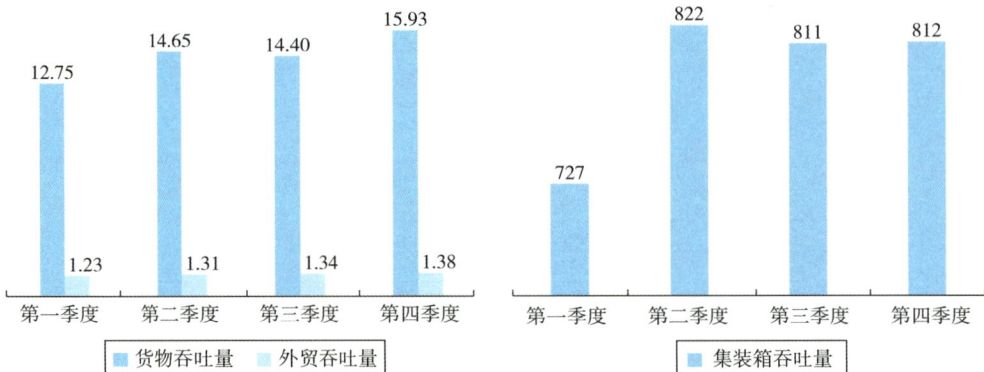

图1-3-15　2024年分季度内河港口货物吞吐量(单位:亿吨)　图1-3-16　2024年分季度内河港口集装箱吞吐量(单位:万TEU)

3.3.2　分货类吞吐量

港口分货类吞吐量。14省市内河港口货物吞吐量主要货类包括矿建材料、煤炭及制品、金属矿石、集装箱、钢铁、非金属矿石、石油及制品、粮食、滚装汽车等，占内河港口吞吐量的比重分别为32.1%、19.3%、15.5%、5.9%、5.5%、4.9%、2.5%、2.4%、0.5%。14省市内河港口主要货类吞吐量情况见图1-3-17。

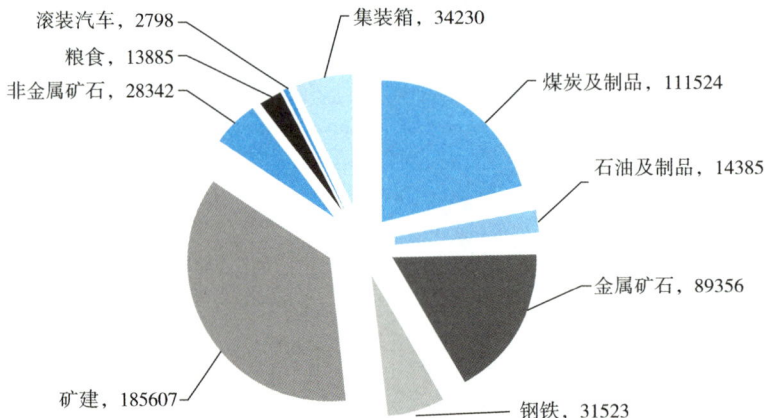

图1-3-17　14省市内河港口主要货类吞吐量(单位:万吨)

3.3.3　长江干线港口吞吐量

长江干线港口吞吐量。2024年，长江干线完成港口吞吐量40.1亿吨，同比增长3.7%。其中，外贸5.2亿吨，同比增长7.8%；集装箱2631万TEU，同比增长2.1%。吞吐量过亿吨的港口有17个，与2023年相比，增加黄石港。江苏省苏州港、泰州港、江阴港、镇江港、南京港分列前五，苏州港货物吞吐量超5亿吨。长江干线全国主要港口吞吐量完成情况、亿吨大港货物吞吐量及其变化见图1-3-18、图1-3-19。

港口货物吞吐量(万吨)

≥10000 <10000

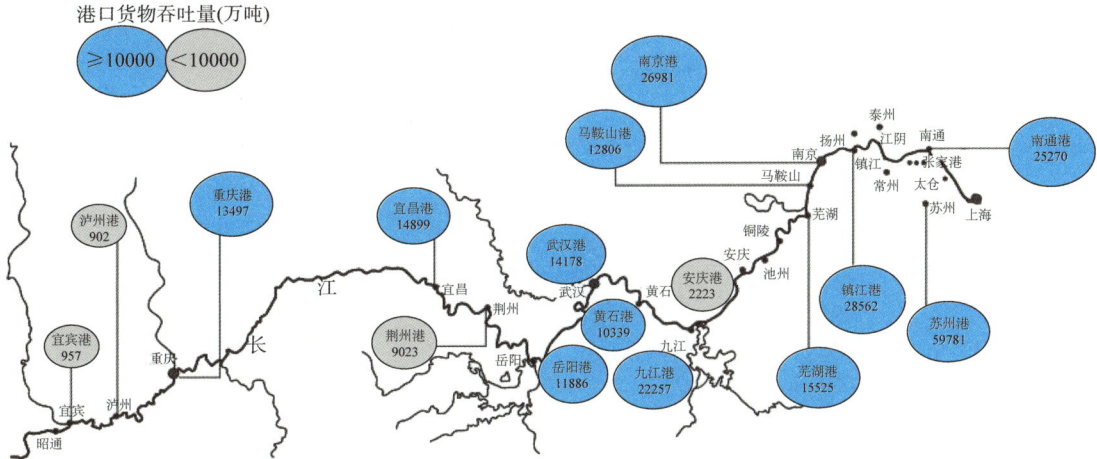

图1-3-18　长江干线全国主要港口吞吐量

港口	货物吞吐量		外贸货物吞吐量		集装箱吞吐量	
	全年(万吨)	比上年增长(%)	全年(万吨)	比上年增长(%)	全年(万TEU)	比上年增长(%)
苏州港	59781	1.5	20801	6.8	967	3.5
泰州港	42185	6.4	3376	14.3	36	5.4
江阴港	37900	0.3	6425	1.5	65	14.1
镇江港	28562	10.4	5182	7.6	43	8.1
南京港	26981	−1.9	4166	16.9	371	7.2
南通沿江港	25270	−2.3	3382	6.4	257	0.0
九江港	22257	10.8	546	20.5	101	15.2
芜湖港	15525	9.3	524	−3.9	163	14.9
池州港	14959	4.3	31	78.9	2	−11.4
宜昌港	14899	5.6	60	30.7	25	22.5
武汉港	14178	−1.4	1110	14.9	188	−32.8
重庆港	13497	−7.8	535	6.5	108	−9.6
扬州港	13483	0.9	1488	6.8	77	5.2
马鞍山港	12806	−4.2	1300	18.4	17	3.9
岳阳港	11886	14.5	356	7.1	68	−43.3
黄石港	10339	24.0	810	−4.2	6	12.0
铜陵港	10125	−1.5	51	25.4	5	25.6

图1-3-19　长江干线亿吨大港货物吞吐量及其变化情况

3.3.4　其他重点港口吞吐量

沿海港口货物吞吐量。14省市沿海港口主要包括上海港，江苏连云港港、盐城港、南通港沿海，浙江宁波舟山港、嘉兴港、台州港、温州港，山东滨州港、东营港、潍坊港、烟台港、威海港、青岛港、日照港等港口。其中，上海港（不含内河）全年完成货物吞吐量7.90亿吨，同比增加4.9%；集装箱吞吐量5151万TEU，同比增长4.8%，连续8年超4000万TEU，连续15年保持全球第一。上海港海铁联运集装箱到发量历史性地突破

90万TEU，同比增长超过30%；集装箱水水中转量达3169万TEU，同比增长11.5%。宁波舟山港完成货物吞吐量13.77亿吨，同比增长4.0%，连续16年位居全球第一；完成集装箱吞吐量3930万TEU，同比增长11.3%，位居全球第三。主要沿海港口吞吐量完成情况见图1-3-20。

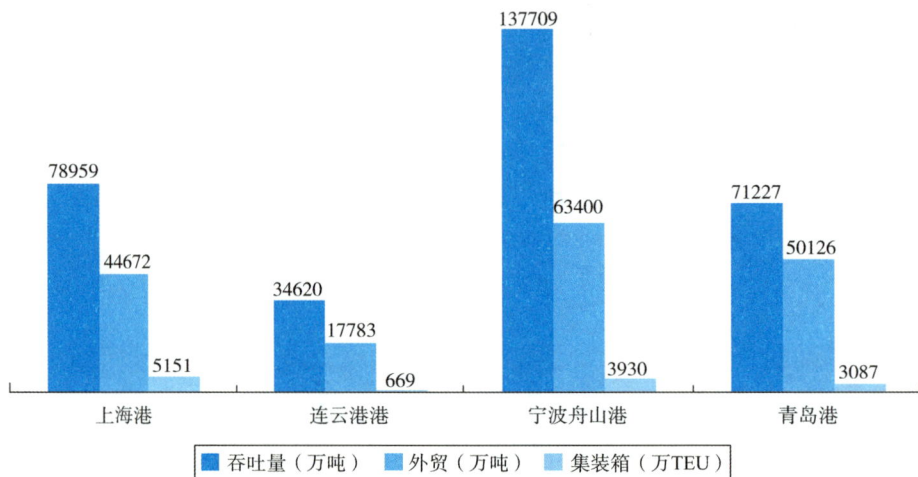

图1-3-20　主要沿海港口吞吐量完成情况

支流港口货物吞吐量。苏州内河港、湖州港、嘉兴内河港等港口吞吐量均超亿吨；济宁港、合肥港、长沙港、常德港、襄阳港等港口增长较快，均超过15%，其中常德港增幅达256.6%；苏州内河港、无锡港、上海内河港、杭州港、南昌港、蚌埠港等港口呈下降趋势，其中杭州港降幅最大。除无锡港、长沙港和常德港外，集装箱吞吐量均呈增长态势，其中杭州港增幅超过70%。2024年支流重点港口吞吐量完成情况见图1-3-21。

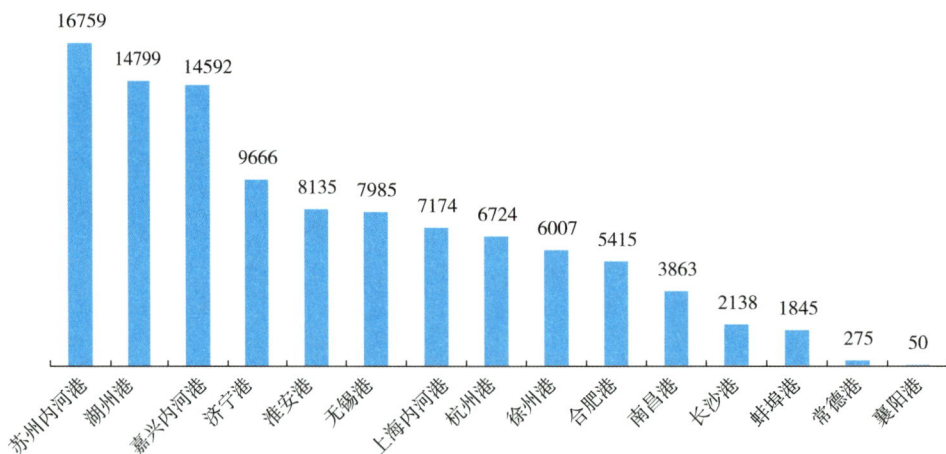

图1-3-21　2024年支流重点港口吞吐量完成情况（单位：万吨）

第4章
安全发展

4.1 安全生产形势

4.1.1 水上交通流量

长江干线主要断面日均交通流量。2024年，长江干线上游重庆朝天门断面日均流量107艘，城陵矶断面日均流量289艘，武汉长江大桥断面日均流量291艘，九江大桥断面日均流量571艘，芜湖长江大桥断面日均流量1186艘，南京长江大桥断面日均流量1015艘，润扬长江公路大桥（南线）断面日均流量856艘，镇江尹公洲断面日均流量1146艘，江阴长江公路大桥断面日均流量1325艘，南通狼山港区断面日均流量1528艘，太仓海事基地断面日均流量1468艘。长江干线主要断面日均交通流量见图1-4-1。

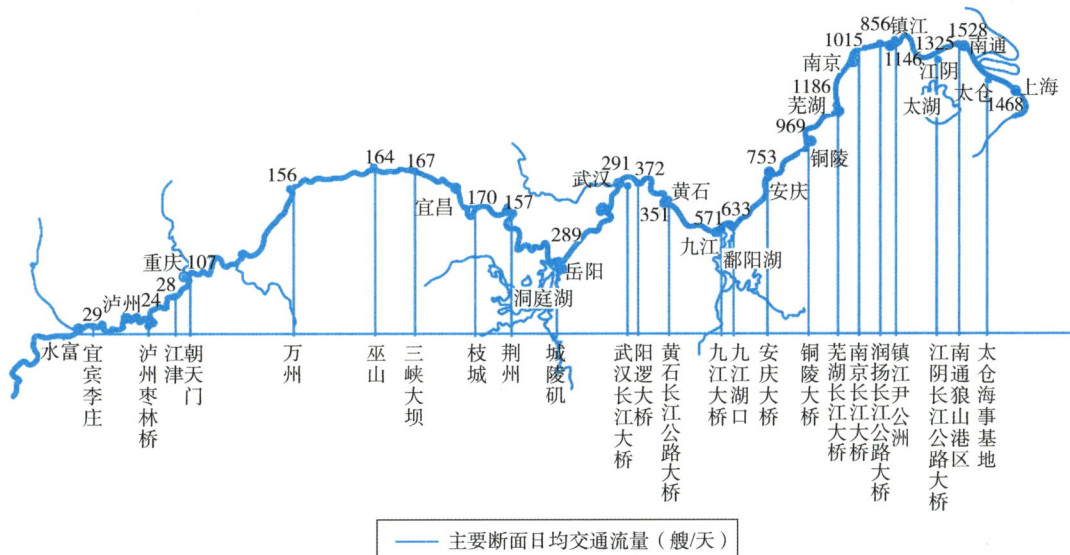

图1-4-1　长江干线主要断面日均交通流量

4.1.2 水上交通安全形势

长江航运安全形势稳中趋好。2024年，长江航运安全生产工作在智慧监管、协同治理等领域成效明显，事故指标低位运行，长江干线运输船舶等级事故创有记录以来新低。

14省市内河水域共发生运输船舶一般及以上等级事故13件，同比下降7.1%；死亡失踪15人，同比下降6.3%；沉船1艘，同比下降83.3%；直接经济损失935.5万元，同比下降47.1%。未发生一次性死亡10人以上的重大水上交通事故和重大船舶污染事故，未发生重大群体性事件。其中，长江干线累计发生运输船舶一般等级事故2件、死亡失踪4人、沉船1艘、直接经济损失930万元，同比分别下降67%、56%、75%、28%，三峡枢纽通航辖区实现了"零死亡、零沉船、零污染事故"安全管理工作目标。2024年水上交通事故四项指标基本情况统计见表1-4-1。

2024年水上交通事故四项指标基本情况　　　　表1-4-1

区域		四项指标				增长率(%)			
		一般等级以上交通事故（件）	死亡失踪人数（人）	沉船艘数（艘）	直接经济损失（万元）	一般等级以上交通事故	死亡失踪人数	沉船艘数	直接经济损失
交通运输部直属海事局辖区	上海海事局	5	3	0	800	−66.4	/	−100	61.6
	长江海事局	1	1	1	150	−50.0	−50.0	0	183
	江苏海事局	1	3	1	780	−80.0	−57.1	−66.7	−37.6
地方海事辖区	浙江地方海事	4	4	0	0	300	300	—	—
	安徽地方海事	3	3	0	0.5	/	50.0	−100	−99.3
	江西地方海事	1	1	0	4	/	/	−	/
	山东地方海事	0	0	0	0	—	—	—	—
	河南地方海事	0	0	0	0	—	—	—	—
	湖北地方海事	0	0	0	0	−100	−100	−100	−100
	湖南地方海事	2	2	0	0	0	−33.3	/	−100
	重庆地方海事	1	1	0	1	/	/	/	/
	四川地方海事	0	0	0	0	—	—	—	—
	贵州地方海事	0	0	0	0	—	—	—	—
	云南地方海事	0	0	0	0	—	—	—	—
	陕西地方海事	0	0	0	0	—	—	—	—

注："—"表示上年度和本年度四项指标相关数据为零，无同比；"/"表示上年度四项指标相关数为零，无同比。

4.2　安全生产风险防控

4.2.1　战略统筹与协同机制

政治引领与责任落实。长航局及各地交通运输主管部门深刻领会、坚决贯彻习近平总书记关于安全生产的重要指示批示精神，严格落实"党政同责、一岗双责、齐抓共管、失职追责"要求。以问题为导向，以事故剖析为切入点，深层次、多维度研究各类生产安全隐患、风险的发生机理和放大模式，提出预防预警措施，完善安全责任体系，以高标准、高水平、高要求的"三高"工作标杆延续长江航运安全生产工作的平稳态势。压实企业主体责任，深入开展"航运企业安全生产主体责任巩固提升年"活动，组织48家企业代表共计58人参加长江危化品运输企业主要负责人培训班。切实履行行业安全监管责任，印发安全生产工作责任清单，结合"三管三必须"指导方针构建完善长航系统安全责任体系。长江三峡通航管理局完善安全生产责任2个清单，汇编26个三峡通航典型事故险情案例。上海市印发《上海市港航行业企业落实安全生产主体责任综合检查工作指引》，江西省发布《关于进一步明确安全生产职责分工的通知》，推动安全生产履职尽责。

协同治理创新。长航局着力于动态管控重大风险、动态清零重大隐患，持续强化重要时段安全稳定工作；强化跨区域、跨部门、跨层级业务协同，会同长江水系14省市整治扰乱长江水路运输秩序的突出问题；推动水上交通安全与应急管理工作合作备忘录落地见效，及时组织召开长江水上交通安全与应急联席会议；持续深化区域安全信息共享、协同联动与融合发展，强化跨区域水上交通安全协同管理；推动重庆、武汉等重点地区建立危化品应急区域联动机制，增强区域间应对水上突发事件的协作能力。

4.2.2　安全生产体系

法规制度建设。完善法律规范体系，长航局印发《长航局安全管理约谈和挂牌督办办法》《长江航运安全生产警示约谈和挂牌督办办法》《长江航运突发事件信息报告和处理办法》，完成《长江三峡水利枢纽水上交通管制区通航安全管理办法》修订，配合开展《内河交通安全管理条例》《安全生产责任保险实施办法》等规章的制修订工作。完善安全生产制度体系，长江海事部门印发危化品船舶特别安全检查工作方案，健全重点时段水上交通安全监管工作机制和长江水上交通安全风险分级管控工作程序，进一步明确危化品船舶的安全营运标准和安全检查重点，规范化开展重点时段水上交通安全监管和安全风险分级管控，防范和遏制重特大事故发生。长江三峡通航管理局出台通航管理、防汛应急、地灾防范、重点物资运输保障、船舶申报等9项制度。上海市港航事业发展中心印发现场安全监管规范（2024版），试行港航行业安全生产举报管理办法，防控水运安全生产重大风险。江西省印发关于建立健全"夜游船"安全管理长效机制的指导意见，进一步加强"夜游船"安全风险防控。四川省发布关于加强枯水雾期水上交通安全监管工作的通知，加强监管危险性较大作业以及高等级航道维护保障等工作，保障枯水雾期水上交通安全。

监管设施升级。长江海事局着力推进"可视长江"建设，协调桥梁所在地交通运输、住建、通信等单位，完成60座桥梁智能视频监控系统（CCTV）补点，长江干线127座桥梁以及234座涉客涉危码头等重点区域实现CCTV全覆盖，建成CCTV统一视频监控平台，接入6600路视频资源。长江干线船舶自动识别系统完善工程、重庆至宜宾船岸甚高频（VHF）通信系统升级改造工程正式纳入国家发展改革委项目库。长江全线船舶交通服务系统（VTS）实现"一次报告、全程通行"，减少船舶报告100万次。长江干线四川段完成船舶自动识别系统（AIS）补点建设，搭建完成AIS数据融合及运行态势检测平台，实现180个基站的数据接入，并实现AIS秒级回传技术突破。建设长江航运三峡库区地质灾害信息系统，完成102处危岩体现场数据采集及虚拟现实（VR）全景呈现，实现10处重点监管部位可视化。长江海事部门研发"融合通信平台"上线试运行，实现船岸之间"叫得应""管得到"；研发船岸智能监控平台，安装"四客一危"船舶248艘，实现远程"可见可控"；强化无人机装备部署和平台开发，应用无人船开展安全巡查，无人监管力量明显提升。

风险防控机制。长航局修订完善风险分级管控和隐患排查治理制度，配合完成《内河运输船舶重大事故隐患判定标准》制定，对212家航运企业、220条渡线、244条水道、99座桥梁分别实施"一企一策""一渡一策""一水道一策""一桥一策"措施，以精准防控实现风险化解。抓好重大风险隐患全面排查整治行动，长江海事部门加快落实30条"硬措施"，有效管控重大风险116项、整改重大隐患4项，会同地方交通运输主管部门对104座码头开展靠泊能力评估和技术核定，推动24座码头通过加装系泊设施、释放预留能力等方式消除超靠泊能力作业隐患，对7座码头采取制定专项维护措施的方式防范超等级靠泊风险。完成湖北强舟滚装船运输有限公司重大事故隐患整改工作，开展航运公司安全管理人员不符合规定任职要求或履职能力严重不足专项整治行动。上海市印发《关于做好本市港航行业安全生产风险分级管控和隐患排查治理有关工作的通知》，对照港航领域14项重大风险内容，实施重大风险点"一张图"管理和动态跟踪监测。江西省编制水运行业安全风险辨识评估报告，完善安全风险"五个清单"，检查在建水运项目各类安全问题隐患389个并全部整改到位。

深化宣传教育。充分发挥行业主流媒体作用，全媒体多平台联动，探索利用网络平台、小程序开展安全生产宣传教育培训，开设"江小安"系列宣传栏目，组织播发26期高质量微信图文及视频作品，有效提升行业从业人员安全生产意识。通过安全生产月、汛期百日安全等活动，开展法律法规、安全知识、应急常识等宣传，组织开展辖区典型事故分析、内外典型案例警示等，将安全文化融入长航文化整体组织构架。长江三峡通航管理局编制安全警示教育手册，开展安全生产月、消防宣传月、安全生产知识竞赛等活动。上海市制定安全生产月活动方案，突出"人人讲安全　个个会应急——畅通生命通道"的活动主题，广泛宣传安全法规、安全知识、事故避险和自救互救方法等。安徽省港航部门通过"面对面"详细讲解的方式宣传《安徽省水上交通安全管理条例》等法规，增强游客的安全意识。江西省组织相关行业企业开展《交通运输领域重大事故隐患判定标准汇编》宣贯工作，进一步增强干部职工和企业员工的安全意识和能力。四川省印发《关于进一步加强水上交通安全生产宣传警示教育工作的通知》，指导各地完成 563 名企业主要负责人培训，发布水上交通安全事故警示通报 3 期。

4.3 通航安全保障

4.3.1 通航安全管理

航路优化与水域联动。长江海事部门完成客船、渡船长效管理机制修订，实施"一线一策"（省际客船）、"一船一策"（短途客船和两江游览船），优化合并渡线 36 条、撤销渡口 75 道。推动赤水河、岷江、嘉陵江、乌江、洞庭湖、汉江、鄱阳湖、枞阳小港航道等水域建立干支（江湖）联动机制，制定岷江、乌江、鄱阳湖干支交汇水域船舶航行指南，基本形成主要通航支流"一河口一规则"的管理模式。

水上水下活动管理。长江海事部门通过完善水工分级管理协同机制，强化对重大涉水工程的技术管理和协调工作，推动工程开工前落实新增水上交通安全支持服务设施建设，推动水工管理流程更加规范、对外服务标准更趋统一。建立长效沟通机制，研究制定长江干线重大涉航工程勘察设计信息共享机制，明确双方信息共享内容和共享方式，建立全施工周期联系制度。强化重大涉水工程和水上活动现场通航保障，在燕矶长江大桥先导索过江、长江中游荆江河段航道整治二期工程开工建设、G3 铜陵长江公铁大桥合龙等重要施工节点采取禁航、单向通航等措施保障施工通航安全，并完成武汉"7·16"渡江节和长江文化艺术节开幕式水上活动的安全保障工作。

船桥防撞专项治理。长航局严格落实桥梁通航安全管理规定，对限制性桥梁建立了"一桥一规范、一桥一策略"的治理模式，推动 37 座桥梁完善桥梁助航标志、70 余座桥梁启动桥墩防撞设施或主动预警系统建设。长江海事部门开展船舶碰撞桥梁隐患治理"回头看"专项检查，推动桥梁完善助航标志、提升防撞能力；推动川黔铁路白沙沱长江大桥启动拆除、黄石长江大桥加快改造进程；推动巫山神女长江大桥、燕矶长江大桥等项目建设单位制定消除桥梁对安全监管系统影响的补救措施。

4.3.2 安全监管与执法

重点领域安全监管。强化客运安全治理，深化渡船"116"机制和客船"1+7"长效管理机制，加强重点时段、重点渡口和客流高峰期现场监管，严格落实禁限航措施；强化渡运安全监管"五位一体"措施，进一步规范渡船航行避让行为。加强危化品运输监管，全面实施危化品货主（码头）高质量选船机制，运用市场手段实施联合惩戒和约束；实施载运散装液体危险货物船舶分级安全监管，对安全风险高的危化品船舶实施重点监控，实行到港必查；组织船舶检验机构开展液货船非法改建检验专项检查，检查船舶

3800余艘次，发现并整改船舶17艘。长江干线江苏段开展船载危险货物安全专项整治活动，全面推行液货作业码头"码头长"制度，辖区危化品码头、注册登记危化品船舶人工智能（AI）视频监控使用率达100%。严格水上过驳管控，全面管控长江沿线浮吊数量，除保障船舶过闸、干支联运、应急减载外，不新增过驳作业区；强化危险货物过驳审批、过驳货物来源等信息核查，开展过驳审批核查1800余次、过驳货物来源核查3000余次，严厉打击未经审批擅自过驳行为。

现场监督与执法联动。长航局组织建立海事、交通、公安联动机制，开展联合执法608次，依法取缔"三无"船舶，从严打击水上物流违法犯罪；协助长江航运公安局对"强胜6888""长运99""俞垛油8858""华青218"等8艘涉嫌物流犯罪船舶开展侦查，及时协调江苏、安徽等地主管部门加强对涉事企业、船舶的管理。长江海事部门建立运行长江中上游水域执法联勤联动机制，深入开展水上交通安全信息共享共治专项行动，组织实施第一批长三角区域水上交通安全信息通报特色事项清单，全年共发出通报信息2774例，接收信息1445例，采取相关措施795次。江苏海事局围绕水上交通安全信息共享共治签订50份区域合作协议，全年查处突出违法行为12278件，实施违法信息通报4781次，打造六圩河口水域跨部门"共享共治"全国示范样板。

安全生产专项工作。长航局印发《长航局安全生产治本攻坚三年行动方案（2024—2026年）》，聚焦安全责任落实、安全隐患治理、安全风险管控、安全科技支撑、安全综合监管、安全素质提升、安全体系建设、安全源头管控等8个方面，部署20项任务，细化46项措施。积极开展三峡库区地质灾害防范应对工作，组织开展三峡库区地质灾害防范应对演习演练13次，为74处地质灾害风险点制定"一点（域）一策"。江苏海事局推进船舶"全过程不违规不违法"示范创建，统筹开展预防船舶机电设备故障、"四类船舶"清理、"商渔共治2024"等专项行动，动态清零5项突出违法行为。

4.3.3 设施设备本质安全

基础设施运行安全防护。加强航道、通航建筑物等重要基础设施养护及安全风险评估，持续实施航道及通航建筑物日常运行监测。长江口航道管理部门针对长江口12.5米深水航道堵航碍航断航风险，深入开展重大风险措施研究，形成深水航道突发状况应急通航处置方案，探索采用"水深保证+船方计量+单价控制+疏浚量控制"的新模式，保障长江口深水航道、南槽航道安全稳定运行。长江三峡通航管理局开展重大工程施工期通航及施工安全风险研究，提高通航调度组织安全风险防控水平，一体推进葛洲坝一号船闸、三峡北线船闸大修，统筹实施16次两坝同步停航保养，设备完好率达99.78%。摸底梳理重要交通基础设施清单、重大风险和灾害影响清单，严格落实驻点督导、风险分级分类管理和重大风险"叫应"工作机制。

运输船舶安全管理。全面落实《运输船舶违法违规信息跨区域跨部门通报专项治理行动方案》要求，加强跨区域、跨部门、跨层级业务协同，推动实现风险联合监测、现场联合检查、线索联合处置、信用联合监管。长江海事部门开展客船专项检查、"夜游船"专项整治"回头看"等专项活动，淘汰老旧渡船34艘。江苏省全面提升水路客运船舶船岸靠泊安全管理水平，对照已建立的船岸靠泊问题清单，督促有关港航企业完成整改工作，促进水路客运规范运营。浙江省试行地方海事辖区内河运输船舶分级分类动态监管办法，构建船舶动态监管、精准执法的全链条监管体系。陕西省印发小型客船运输管理办法，降低客运安全风险、消除客运安全隐患。持续加强"三无"船舶监督管理，长江海事部门治理干支交汇水域"三无"船舶近400艘，保持长江干线"三无"船舶动态清零；湖南省共排查"三无"船舶1514艘，完成拆解361艘、上岸178艘；四川省动态清零打击"三无"船舶204艘。

船舶检验。落实《全国船舶检验通检互认实施方案》，长三角部分区域船舶检验通检互认工作试点成功向全国推广。长三角船舶检验一体化（马鞍山）工作站启用，基本完成船舶检验一体化工作站点布设；长江船舶检验一体化（宜昌）工作站平均单船执检时间压缩到1天。上海市试行内河小型船舶营运检验优化办法，优化内河小型船舶检验流程。浙江省构建检验超期协同监管机制，与渔业、海事等部门共享船舶检验信息，精准推送脱检违规航行船舶线索1775条；商渔船"电子审图"等功能启用推广，完成渔船"电子审图"2700余套、"建造检验"315艘。2024年，14省市共完成船舶检验登记95730艘次，完成船舶检验业务量144635艘次，新建船舶检验5022艘次。2024年14省市船舶检验登记和检验业务量统计见表1-4-2。

2024年14省市船舶检验登记和检验业务量情况　　　　表1-4-2

地区	船舶检验登记数（艘次）	船舶检验业务量（艘次）	其中：建造检验（艘次）
上海市	2678	2750	35
江苏省	—	36588	1454
浙江省	16634	18734	730
安徽省	22828	27837	161
江西省	3600	4096	58
山东省	12647	11825	665
河南省	6289	7188	574
湖北省	6329	7214	447
湖南省	7272	8779	298
重庆市	4438	6304	178
四川省	6593	7786	287
贵州省	2882	2834	28
云南省	2162	2507	97
陕西省	1378	193	10

工程质量安全监督。各地交通运输主管部门严格依法履行工程建设领域行业监管职责，落实《关于加强公路水运工程建设质量安全监督管理工作的意见》，制定水运工程施工安全治理能力提升实施方案，强化工程设计、建设管理、质量验收等环节责任落实，持续加强在建项目质量安全监督管理。项目建设单位围绕安全管理规范化、现场管理网格化、风险管控动态化、事故隐患清单化、工程防护标准化，开展自查自纠与整治提升行动。长航局开展水运工程施工安全治理能力提升行动，印发《工程建设领域安全生产季节性风险特征及防控对策》，推进在建工程项目质量安全暨建设市场综合督查。

平安工地建设。长航局和各地交通运输主管部门深入落实《关于加强公路水运工程平安工地建设的指导意见》，强化水运工程建设行业监管责任，督促建设、施工和监理单位严格落实平安工地建设责任，强化水运工程项目风险分级管控和隐患排查治理，开展常态化监督抽查和突出问题专项治理，做好平安工程申报推荐工作。完成长江中游荆江河段航道整治二期、涪陵至丰都段航道整治等在建项目的年度考核评价工作，开展在建项目风险隐患专项排查整治，做好施工安全治理能力提升、施工驻地和人员密集场所防灾、大型临时设施及结构工程防垮塌等专项行动工作，紧盯高风险重点部位和关键作业环节，持续强化安全监管。

平安百年品质工程创建示范。落实《关于做好平安百年品质工程创建示范 推动交通运输基础设施建设高质量发展的指导意见》，加快构建现代化工程建设质量安全管理体系，打造"安全耐久、经济绿色、传承百年、人民满意"的平安百年品质工程。长航局总结朝天门至涪陵河段航道整治工程创建示范经验，推进长江中游荆江河段航道整治二期工程创建示范项目申报，加强经验推广。

4.4 水上应急救助

4.4.1 应急救助体系建设

应急搜救机制完善。长航局推动沿江7省市完善水上交通安全与应急搜救水上协调机制，推动重庆、湖南、江西、安徽、江苏5省市建成并有效运行省级水上搜救联席会议制度（水上搜救中心）；推动建立长江中上游水域执法联勤联动和重庆、岳阳、武汉危化品应急区域联动机制。长三角水上搜救协作联动机制持续完善，上海海事局健全与地方水上搜救协作联动机制，江苏省成立全国首个省级水上应急救援协会。长江中游地区鄂湘赣3省建立水上应急联动机制。

应急预案体系优化。长航局制修订长江干线航道畅通、重点物资运输保障、建设工程等突发事件应急预案，初步形成长航局"1+8"预案体系（1项综合应急预案和航道畅通、重点物资运输、防汛、地质灾害防范等8项专项预案）；梳理长航局系统应急资源，完善应急资源"一张图"。湖北省推进《湖北省水路（内河）交通突发事件应急预案》《湖北省水上搜救应急预案》修编。四川省修订完成水上交通"1+7"总体预案体系。

基地装备和队伍建设。长航局加快推进长江万州、武汉、南京水上应急救助基地建设和宜宾、泸州、岳阳、安庆、如皋等一批监管救助（综合）基地建设，试点设置23个应急救助待命点，南京基地创建首个救助队伍品牌"鱼鹰救助特勤队"。强化搜救人才队伍业务能力培训，协调地方应急队伍支持水上搜救工作，长江海事局主导组建的水上应急专业人才库挂员达到228名。同时，鼓励支持社会救助力量发展，加大对专业救助力量、志愿者队伍的培育扶持力度，持续实施水上人命救助奖励制度。其中，湖北省荆州市成立全国首个内河水上搜救志愿者队伍。

4.4.2　应急救助能力提升

应急值班制度建设。长航局修订印发《长江航运突发事件信息报告和处理办法》，进一步规范应急值班值守和信息报告工作。定期组织局属单位开展应急通信联训联演，不断提升通信链路、设备完好程度和技术保障人员的熟练操作能力。认真贯彻落实交通运输部关于做好值班值守和应急待命的相关要求，长航局、局直属单位、分支机构、派出机构、一线应急单元实行五级24小时应急值班。在国家重大会议、庆典活动、法定节假日和汛期等特殊时段，全系统严格执行24小时领导带班、中层干部和专职人员在岗值班制度，对重要岗位专门安排骨干人员加强值班备勤。

安全应急实战演练。长航局指导局属各单位开展贴近实战、形式多样的应急演习演练，全年共开展或参与各类应急演习演练60余次，基层一线人员应急处置技能和实战能力不断提高；与北海救助局联合开展集结演练训练，开展长江航运新业态水上安全综合应急演习、深水打捞实战演练；联合长江流域气象中心首次开展海事气象水上应急联合演习，提升在极端气候条件下应急救助工作效能；在重庆、宜昌等地组织开展地质灾害应急联合演习；参与重庆市政府调度演练和巫山地质灾害应急演练。上海海事局开展长三角搜救一体化水上应急演练、交通行业安全保障应急演练。江西省开展"赣江应急-2024"水上综合应急演练，进行人员落水、消防应急、防汛等各科目演练。

应急处置和救助成效。长江海事管理机构全年实施水上搜救行动751次，救助1387人，救助成功率99.0%，救助遇险船舶109艘；有效处置化解了华容团洲垸溃堤险情、"7·2""星际领航"游轮搁浅、"7·16"巫山横石溪危岩崩塌等事故险情。长江航道部门完成了枝江水道碍航历史沉船（沉没近半个世纪）应急抢险打捞。四川省成功拦截处置大型漂浮物等险情3起，参与搜救转移群众30余人次。

4.5 维护行业稳定

4.5.1 平安长江建设

综合治理机制。长航局全面落实平安建设领导责任制，持续优化平安建设工作组织机构、职责分工，强化对平安建设工作责任的督促落实和考核评价，实现"五个不发生"的工作目标；组织局属有关单位全面加强水上安全监管和内部安全管理等工作，有效防范重点船舶、重点水域、重点部位和重要设施的安全风险；指导局系统单位加强消防安全隐患问题排查整改，集中开展了障碍物集中拆除等消防安全专项行动，持续夯实消防安全防护能力和基础，内部消防安全形势保持稳定。

维护政治安全。长江航运公安局以重大安保、重大活动为重点抓手，以"夏季行动""冬季行动"为牵引，深入开展治安突出问题整治和矛盾纠纷排查化解工作，全年共化解矛盾纠纷2053起，有效防范化解一批社会不稳定因素。

4.5.2 水上公共安全监管

长江水上公共安全。长江航运公安局扎实开展"平安长江2024"专项行动，全面加强"三打两防一建设"等重点工作，参与共建单位1585个，建成共建区88个，覆盖干线水域2112.7公里；加强与水利、农业农村、海事等部门联动协作机制建设，共开展联合执法3627次、整治问题乱点134个；抓实消防安全监管，全年长江干线水域火灾总数同比下降35.7%。不断健全常态研判、隐患排查、巡逻救援、警示宣传4项机制，持续推进涉险公共区域安全防护工作，全年成功救助溺水人员335人。

刑事犯罪活动打击。长江航运公安局保持对各类涉江突出违法犯罪活动的严打高压态势，重点加强案件攻坚工作。全年辖区治安类、刑事类警情及发案数均同比下降，群众安全感、满意度显著提升。全年共破获涉水运物流犯罪案件140起，抓获犯罪嫌疑人508人，打掉犯罪团伙24个；破获涉渔类刑事案件527起、涉砂类刑事案件15起，发案数同比分别下降8.8%、71.2%；成功侦破南通"2·5"盗窃案、上海"5·10"特大盗窃船用燃油案、安庆"6·17"特大盗窃水运物资案、泸州"10·26"故意杀人案等一批重大案件。

第5章

绿色发展

5.1 加快绿色化转型

5.1.1 决策部署落地落实

助力美丽中国建设。贯彻落实《中共中央　国务院关于全面推进美丽中国建设的意见》，以构建"安全、便捷、高效、绿色、经济、包容、韧性"的可持续交通体系为目标，重点推进绿色水运基础设施网络建设，加快推进行业绿色低碳转型发展。上海、江苏、浙江、湖北、四川等地统筹产业结构调整、污染治理、生态保护、应对气候变化，协同推进降碳、减污、扩绿、增长，加快交通运输等领域绿色低碳转型。

落实国家"双碳"目标要求。长航局及各地交通运输主管部门围绕"双碳"目标实施降碳、减污、扩绿、增长"四维协同"战略，推进航运业能源结构转型，加快构建进入碳市场制度框架，为全面绿色转型提供制度保障。长航局根据《合力推进"电化长江"总体工作方案》，制定2024年任务清单，会同上海、江苏、浙江、安徽、江西、山东、河南、湖北、湖南、重庆、四川、贵州、云南等13省市，持续推动落实"电化长江"倡议，江苏、安徽、湖北、湖南、四川等省相继发布支持政策。上海海事局船舶能效管理中心正式启用，同时发布《中国籍国际航行船舶碳强度管理履约实施指南》和《船舶能效管理整改行动计划工作指南》，完善中国籍国际航行船舶能效管理机制，并对国际航行船舶进行碳强度管理。

标准规范保障引导。长江海事部门制定发布《电池动力船舶轮机日志（试行）》《电池动力船舶检查指南》《电池动力船舶船员培训课程指南》。长江航道部门出版《长江干线绿色航道建设探索与实践》专著，修订发布航道相关生态设计指南、绿色施工指南、环保监理指南，出台《内河航道绿色建设技术指南》等3项行业标准。上海市制定《上海市内河小型纯电池动力船舶检验指南（2024）》。江苏省编制发布全国首个内河船闸绿色施工技术规范、低压岸电检测指南、港口岸电信息化建设指南。浙江省发布《船用直流配电板通用技术要求》团体标准。贵州省构建赤水河航道绿色养护的类别与养护标准，形成赤水河航道绿色养护方法集、工具箱和工艺库。配合中国船级社发布《船舶应用电池动力规范》《船舶应用混合动力系统指南》《船舶废气清洗系统设计与安装指南》《船舶应用天然气燃料规范》等标准规范和指南。

绿色航运试点示范。加快新能源、清洁能源、新型环保材料在长江航运的应用，推广应用《交通运输行业节能低碳技术推广目录（2024年度）》，强化绿色航道、绿色港口、绿色船舶、绿色运输组织方式协同发展。长航局组织开展"长江三峡通航综合服务区绿色智能建设关键技术研究及应用""长江上游生态敏感区非爆式环保清礁技术"等重点科技项目。长江干线船舶新能源和清洁能源应用与监控体系建设、湖北长江绿色智能客船推广应用试点、"电动湖南"电动货船示范等入选交通强国建设试点项目。上海市绿色电动箱船及充换电网络建设示范项目入选首批绿色低碳先进技术示范项目。

5.1.2 绿色基础设施建设

绿色航道建设。长航局统筹谋划、有序推进"长江干线绿色航道建设及应用"交通强国建设试点任务，绿色航道建设理论研究取得明显成效，航道工程建设与生态环保初步实现有机统一，航道建设信息化管理水平明显提升，生态技术和施工工艺在长江航道全面应用，在绿色航道建设方面形成了一批可复制、可推广的先进经验和典型成果。在长江上游生态航道工程中应用示范生态航道保护与生态环境修复关键技术，在荆江航道二期工程全面应用绿色航道成套技术，熊家洲和七弓岭生态护岸开工建设，建成武安段等绿色航道建设示范工程；加快重庆、武汉河段航标绿色养护示范段建设，在上海、南京全面启动航标绿色养护试验段建设，长江航道生态固滩面积超300万平方米。岷江龙溪口至宜宾合江门段生态示范航道建设全力推进。江苏省扬州港扬州港区新坝作业区绿色专用航道等推广新型低密度聚乙烯浮具和AIS航标等新材料、新技术。浙江省绍兴市创建美丽航道，已累计建成115公里。

绿色港口建设。江苏省开展港口设备提档升级行动，加快淘汰老旧作业机械设备，鼓励新能源和清洁能源等港口作业机械、港内车辆应用，全年改造港口老旧储罐20个；江阴港升级完善能源服务云平台，安装7台总装机容量16.8兆瓦风电机组，加快实现电能和清洁能源替代。浙江省国家电网宁波舟山港梅山风光储一体化项目正式投运，实现清洁能源在港口码头的高效利用和优化配置。山东省推进"风光储氢"一体化，投用沿海港口首座港区加氢站，建成全国首个"零碳港区"，清洁用能占比达62%。湖北省中远海运CSP武汉码头通过能源管理、环境管理体系双认证。四川省泸州港集装箱码头首次应用2台新能源无人驾驶集卡Q-Truck，宜宾港引进新能源无人驾驶集卡，建成3.4兆瓦光伏电站。云南省高质量完成绿美交通建设工作，打造绿美港口码头17个。江苏张家港港务集团港盛散货码头、山东日照港石臼港区南作业区、山东港口烟台港西港区30万吨级原油码头获评亚太绿色港口。14省市共7个码头获评2024年中国港口协会绿色港口，其中，张家港港务集团港盛散货码头获评5星级，6个获评4星级。江阴港口集团近零碳码头建设试点项目等3个项目入围交通运输部第一批公路水路典型运输和设施零碳试点项目名单。"南京港绿色智慧港口数据产品"成功获得数据产品登记凭证，南京港成为国内首家完成绿色智慧数据产品登记确权的港口企业。长江水系14省市重点港口各类能源消耗通过换算成标准吨煤后占比情况见图1-5-1。

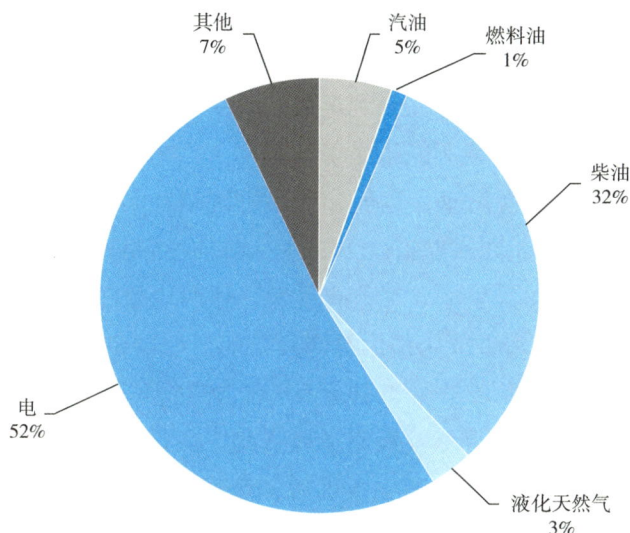

图 1-5-1　长江水系 14 省市重点港口能源消耗(换算成标准吨煤)结构情况

5.1.3　绿色船舶推广应用

LNG 动力船舶发展。 持续推进LNG动力船舶建设和改造，继续推行LNG动力船优先过闸政策。上海市全年累计交付8艘LNG船，再次刷新中国船企年度交付LNG船新纪录，确立了在全球超大型LNG领域的创新引领地位。江苏省交付中国首艘Mark Ⅲ Flex薄膜式LNG运输船和首艘江海全域、冬夏全季LNG加注运输船"海洋石油302"号。安徽省江海直达型14000立方米LNG加注运输船"淮河能源启航"号正式服务长江，成为国产化率最高的中国制造的LNG储运装备。山东省90米LNG动力船"济宁港航9001"下水，是自主研发生产的京杭运河首批清洁能源智能商品船。重庆市已建和在建LNG船舶20余艘，其中2艘为LNG单燃料动力船。四川省1艘LNG-柴油双燃料散货船"吉祥2022"号投入使用。

氢能源船舶应用推广。 江苏省无锡市投资建造中国首艘20.5米氢燃料电池海上交通船。浙江省嘉兴市打造全国首艘内河64TEU氢燃料电池动力集装箱船舶"东方氢港"号，湖州长兴至嘉兴乍浦新能源船舶运输示范航线实现首航。安徽省首艘氢能源公务船开工建造。山东省投资建造全球首艘7000马力（约5148.49千瓦）超大功率氢电混合动力拖轮，采用全球首创的"氢燃料电池+液冷锂电池"动力模式。江西省推进庐山西海氢能动力旅游船舶试点应用常态化营运，首艘商用氢燃料电池动力游览船"西海新源1号"下水。长江海事部门全力保障新能源船舶营运安全，完成长江首艘氢燃料电池动力船"三峡氢舟1"号年度检验。

纯电船舶应用推广。内河首艘纯电动双体港口作业船舶"电都绿动1"轮在湖北省宜昌市完成首航。长江首艘纯电动全回转拖轮"宁港电拖1"轮下水。江苏省2艘纯电动内河集装箱船投入运营，5艘纯电动内河集装箱船开工建造，"纯电动内河集装箱船舶规模化应用试点"入选第一批交通运输部绿色低碳交通强国建设专项试点任务。安徽省首艘110TEU电动船舶"港航船途01"轮在合肥至芜湖航线试运行，首艘内河3000吨级"油改电"普通货船试航。湖北省首艘新能源游船"夷水号"在清江画廊旅游码头正式启航。四川省嘉陵江1100吨级新能源电动货运船舶项目进展顺利，基本完成图纸设计工作。长江航道管理部门首艘纯电测量船"航道06202"完成首次远距离航行里程测试。

甲醇燃料动力应用推广。上海市"海港致远"号加注船在上海洋山港进行绿色甲醇船对船同步加注，标志着上海港成为国内首个具备船对船同步加注绿色甲醇能力的港口。江苏省国内首艘甲醇双燃料集装箱船"中远海运洋浦"轮开展试航工作；盐城市开建国内首批4艘15000吨级甲醇单一燃料江海直达散货船。浙江省国内首艘由现有主机改装为甲醇双燃料发动机的船舶"领先1"轮完成试航，是国内首次尝试对现役营运船舶进行主机甲醇双燃料改装。湖北省国内首艘绿色甲醇船舶"国能长江01"轮正式投入运营，是国内首艘万吨级甲醇双燃料综合电力推进内河散货船，全船动力系统实现了全面国产化。重庆市投资8艘130型甲醇-柴油双燃料集散两用船，其中首艘"民厚"轮已下水投运。

5.1.4　资源集约高效利用

航道疏浚砂综合利用。长航局构建智慧养护疏浚业务平台，搭建南京以下深水航道养护疏浚智慧管控平台，在铜陵、岳阳、武汉、荆州、宜昌等8个地方合力实施航道疏浚砂综合利用。长江航道管理部门与30个沿江城市签订疏浚砂综合利用工作备忘录，2024年累计利用超700万立方米，开展《长江干线航道绿色养护·精准疏浚工作指南》研究，总结凝练"长江智慧"和"长江方案"，指导长江等内河航道精准疏浚工作。长江口航道管理部门积极配合上海市有关部门，利用航道疏浚土分期实施横沙东滩滩涂整治，疏浚土资源化利用还被纳入部市合作项目，全力支持上海"五个中心"建设。四川省在香炉滩、井口两个水道首次实施长江航道四川段航道疏浚砂综合利用项目，用以解决重点工程、民生工程建设用砂紧迫问题。

航道资源保护。落实《长江河道非法采砂专项打击整治行动方案》，长航局、长江委、长航公安等涉水涉航部门强化部门协同与执法协作，联合开展全线采砂巡查，加强涉砂管理，保护航道及航道资源；航运部门参与采砂联合执法545次，检查涉砂船舶1962艘次，实施涉砂行政处罚136次。安徽省开展打击河道非法采砂"蓝盾2024-元旦、春节"整治行动。湖南省交通运输与水利部门建立采、运砂电子联单相关数据互通互用机制。

5.2　绿色服务设施建设运行

5.2.1　港口船舶岸电

全要素协同推进机制。长江水系港口和船舶岸电工作协调机制各成员单位协调推进交通强国长江干线港口和船舶岸电试点、运输船舶岸电系统受电设施改造和港口岸电设施建设改造等工作，完善船舶使用岸电政策，强化船舶靠港使用岸电监督检查，建成运行长江新能源和清洁能源船舶监控与服务平台，推广应用长江经济带船舶受电设施改造管理信息系统、长江经济带港口岸电设施服务系统及长江经济带港口和船舶岸电监管和服务信息系统，并统一集成到"长江 e+"运行，形成长江经济带港口和船舶统一基础数据、监管与服务闭环，初步形成长江干线船舶靠港使用岸电智慧监管服务体系。截至 2024 年底，岸电信息系统共关联长江经济带交通运输主管部门 870 个、海事管理机构 746 个、港口企业 2204 家、航运企业 3024 家、船舶 5.71 万艘，累计录入岸电桩（接电箱）14561 套，长江经济带岸电使用数据接入率总体已达到 96.71%，基本实现长江干线船舶靠港使用岸电全要素覆盖。

船舶受电设施改造。长航局与长江经济带各地交通运输主管部门协同发力，持续推进船舶岸电设施改造，完成运输船舶受电设施改造 3900 艘，完成率 100%，其中江西省提前 6 个月完成年度改造任务；积极协调中央预算内补助资金，河南省、山东省分别落实地方财政资金 1000 余万元和 800 余万元；确定《2024—2025 年长江经济带运输船舶岸电系统受电设施改造投资补助定额》调整方案。截至 2024 年底，长江经济带累计完成 1.8 万余艘运输船舶的受电设施改造。其中，长江干线省际游轮、内河商品汽车滚装船、载货汽车滚装船、集装箱船、川江及三峡库区大长宽比示范船、通过三峡—葛洲坝水利枢纽通航建筑物的 600 总吨及以上干散货船和多用途船、特定航线江海直达船的受电设施改造基本完成；1200 总吨及以上干散货船和多用途船以及海进江船的受电设施改造基本完成。长江经济带 11 省市船舶岸电系统受电设施改造完成情况见表 1-5-1。

长江经济带 11 省市船舶岸电系统受电设施改造完成情况统计表　　　　表 1-5-1

地区	计划数（艘）	分月改造计划数								调整数（艘）	完成数（艘）	完成率
		1—5 月	6 月	7 月	8 月	9 月	10 月	11 月	12 月			
上海市	10	2	0	0	0	1	2	1	4	10	10	100%
江苏省	467	101	62	14	19	26	34	57	154	395	395	100%
浙江省	135	20	24	6	5	6	4	23	47	135	135	100%
安徽省	2449	420	183	57	75	69	272	264	1109	2382	2382	100%
江西省	355	71	36	11	14	16	11	51	145	355	355	100%

续上表

地区	计划数（艘）	分月改造计划数								调整数（艘）	完成数（艘）	完成率
		1—5月	6月	7月	8月	9月	10月	11月	12月			
湖南省	351	89	36	11	10	9	29	38	129	321	321	100%
湖北省	236	55	22	6	8	9	17	30	89	236	236	100%
重庆市	11	2	0	0	0	2	0	2	5	4	4	100%
四川省	65	21	4	2	5	4	0	10	19	62	62	100%
合计	4077	781	367	107	136	142	369	476	1701	3900	3900	100%

注：根据各地报送的2024年长江经济带运输船舶岸电系统受电设施改造项目投资计划申请汇总。江苏省、安徽省、湖南省、重庆市、四川省调整改造计划，分别减调72艘、67艘、30艘、7艘、3艘。

港口岸电设施升级改造。长航局加大长江经济带港口岸电设施服务系统使用力度，着力解决岸电设施设置不合理、使用率不高等问题，全年完成41个泊位、41套岸电设施改造升级，岸电设施智能化率较2023年底提升6%。截至2024年底，长江经济带非液货生产经营性码头泊位中安装岸电设施的有10462个、标准接插件14772个，岸电设施泊位安装率达97.34%、标准接插件占比达87.64%，同比分别增长3.95%、5.60%，具备岸电泊位数较2023年增加398个。其中，长江经济带2000吨级及以上泊位的岸电设施标准率为100%，长江干线3000吨级及以上干散货泊位岸电设施安装率及标准率为100%，重庆至宜昌三峡库区重点大型客运码头、长江干线商品汽车滚装码头、集装箱码头（含多用途）泊位岸电设施覆盖率100%、岸电接插件标准率100%。

提高港口和船舶岸电使用率。江苏省印发《江苏省港口岸电信息化建设指南（试行）》和全国首个低压工频港口岸电检测指南。浙江省宁波市兑现港口岸电奖补资金1626万元。湖南省开展"湖南省内河运营船舶能耗在线监测试点及船舶使用岸电情况调查"项目，对船舶能耗与碳排放进行监测，推广船舶能耗在线监测分析系统。2024年，长江经济带11省市船舶靠港使用岸电约128.4万艘次、1600.2万小时、19054.1万千瓦时，同比分别增长20%、37%、54%，相当于节省燃油4.3万余吨、减少二氧化碳排放13.3万余吨，用电量较"十三五"时期最高峰翻近两番。长江经济带11省市2024年岸电使用情况见表1-5-2。

长江经济带11省市2024年岸电使用情况统计表　　　表1-5-2

地区	使用岸电船舶艘次	使用岸电小时数（小时）	使用岸电量（千瓦时）	平均每次用电小时（小时/艘）	平均每次用电量（千瓦时/艘）	平均小时用电量（千瓦时）
上海市	134876	2133465	55243482	15.8	409.6	25.9
江苏省	668696	7752007	67487418	11.6	100.9	8.7
浙江省	220903	2913835	30457244	13.2	137.9	10.5
安徽省	77157	899357	2562989	11.7	33.2	2.8
江西省	41283	435919	600289	10.6	14.5	1.4

续上表

地区	使用岸电船舶艘次	使用岸电小时数（小时）	使用岸电量（千瓦时）	平均每次用电小时（小时/艘）	平均每次用电量（千瓦时/艘）	平均小时用电量（千瓦时）
湖南省	6169	105869	2844048	17.2	461.0	26.9
湖北省	65711	934661	17587100	14.2	267.6	18.8
重庆市	51943	552655	12602701	10.6	242.6	22.8
四川省	10330	210966	696469	20.4	67.4	3.3
贵州省	1581	19318	27581	12.2	17.4	1.4
云南省	5338	43934	431412	8.2	80.8	9.8
合计	1283987	16001986	190540733	12.5	148.4	11.9

5.2.2 洗舱站

洗舱站建设运行。长江干线已建成13座洗舱站，全年洗舱作业1680艘次，接收化学品洗舱水10.8万吨，接收量同比增长31.7%。建成运行长江干线危险品船舶洗舱作业监管与服务信息系统，长江首个"信用+便利洗舱"应用落地南京。江苏、江西、湖北等地明确洗舱运营补助政策，推进洗舱站常态化运行。湖北省建成长江干线智能化程度最高、设施设备技术最先进的武汉、宜昌洗舱站，填补了长江内河智能洗舱空白。长江干线洗舱站建设与运营情况见表1-5-3。

长江干线洗舱站建设与运营情况　　　　　　　　　　　　　　表1-5-3

地区	化学品洗舱站建设与运营情况
江苏省	现有南京大厂、南京龙潭、江阴石利、阳鸿石化、中化南通5座洗舱站,洗舱作业786艘次,接收处置洗舱水40532吨
安徽省	现有安庆1座洗舱站,洗舱作业76艘次,接收处置洗舱水2219吨
江西省	现有九江1座洗舱站,洗舱作业56艘次,接收处置洗舱水1484吨
湖北省	现有宜昌、武汉、南油武汉3座洗舱站,洗舱作业142艘次,接收处置洗舱水7292吨
湖南省	现有岳阳1座洗舱站,洗舱作业37艘次,接收处置洗舱水907吨
重庆市	现有涪陵泽胜、长寿川维2座洗舱站,洗舱作业583艘次,接收处置洗舱水55331吨

5.2.3 水上服务区

水上服务区建设运行。2024年，长江干线新建南京七坝等3个水上绿色综合服务区，全国首个碳中和水上服务区——江阴水上绿色综合服务区正式投产。截至2024年底，全线水上绿色综合服务区累计达20个，累计服务船员64余万人次。其中，江苏9个，安徽3个，湖北3个，重庆2个，江西、湖南、四川各1个。支流服务区网络加快建设，上海市建成张华浜水上绿色综合服务区；江苏省扬州市建成邵伯船闸下游水上综合服务区，无锡市建成新安水上服务区，完成金坛、如皋2个近零碳水上服务区改造；浙江省海宁市前进水上服务区揭牌运营，嘉兴市龙皇庙水上低碳服务区成为浙江省首批"低碳"综合智慧服务区样板试点。

5.2.4 LNG加注站

LNG加注站建设运行。芜湖长江LNG内河接收（转运）站、鄂州港三江港区富地富江LNG加注码头、岳阳君山LNG加注站、九江港湖口港区LNG加注站投入运营，长江干线8座LNG加注站全年累计加注船舶447艘次、加气3933吨，同比分别增长33%、27%，见表1-5-4。张家港海进江LNG接收站、武汉白浒山LNG加注站等加快建设，泸州港LNG加注站项目正在开展选址工作。沿海地区，上海港国际航行船舶完成LNG加注46.2万立方米，同比增长75%，加注区域从上海洋山港拓展至上海全港；宁波舟山港首次将LNG加注业务拓展至梅山、穿山、大榭等港区，开展"船—船"或"罐—船"等多种加注模式。

长江干线船舶LNG加注站运营情况　　　　　　　　　　　　　　　　表1-5-4

序号	地区	站点名称	加注站类型	艘次	加注量（吨）
1	上海市	崇明加注站	岸基式	2	3
2	江苏省	镇江加注站	岸基式	0	0
3	安徽省	芜湖加注站	岸基式	205	1972
4	江西省	九江加注站	趸船式	1	8
5	湖北省	秭归加注站	岸基式	200	1577
6		鄂州加注站	趸船式	33	319
7	湖南省	岳阳加注站	趸船式	5	45
8	重庆市	麻柳加注站	岸基式	1	9
合计				447	3933

5.3　生态环境共保联治

5.3.1　船舶和港口污染防治

污染防治长效机制建设。严格落实船舶污染物船岸交接和联合检查制度，推行船舶港口污染防治网格化管理，推动完善船舶污染物全过程衔接和协作。长江海事部门持续完善向地方政府及有关部门通报船舶污染防治的工作制度，定期向地方通报船舶水污染物接收转运情况，强化船舶防污设备监管，加强对新建船舶严格按照船舶技术法规要求配备防污染设施检查；建立进出干支水域船舶清单，积极开展干支交汇水域船舶污染防治联合执法，建立运行干支联动船舶污染防治机制，开展船舶污染物交付接收全过程监管，实施船舶涉污"黑白灰名单"监管制度，强化船舶水污染物交付作业现场检查。江苏海事局发布《关于进一步推进全省船舶水污染物"船港城"一体化治理的实施意见》，实施"一零两全四免费"机制，发布《关于推进干散货船舶货物垃圾免费接收工的通知》，建立长江与京杭运河船舶污染防治协作机制，推广船舶污染防治"积分制"管理。浙江省出台地方海事辖区绿水积分记分标准。湖北省落实年度4000万元省级补助船舶污染防治资金补助政策，全省15个涉水地市基本实现船舶水污染物免费接收。湖南省印发2024年船舶和港口污染防治工作实施方案，发布《船舶水污染物移动接收服务规范》。重庆市船舶水污染物"零排放"长效化运行，起草《重庆市船舶水污染物接收资金补助实施方案》。

船舶水污染防治。 2024年，长航局联合各地开展"零排放"清零行动，实施内河船舶污水直排管系铅封行动，全年完成船舶电子铅封2876艘，累计完成船舶电子铅封3.42万余艘，出港船舶铅封率约99%，长江干线和辖区35条重要支流通航水域实现"零排放"治理全覆盖；长航局开展船舶防污染监督检查16.2万余次，船舶污染物交付接收作业现场检查5.6万余艘次，查处偷排超排船舶160艘次。上海海事局开展船舶各类防污染检查1.6万艘次，发现缺陷问题12083项，查处防污染违法案件3935起。三峡通航管理局深化"三控三全两禁止"船舶污染防治模式，巩固三峡库区"零排放"成果。鄂、渝两地首次协同立法，出台地方船舶污染防治条例，切实强化船舶污染协同治理力度。

船舶大气污染防治。 上海海事局根据《上海市2024年空气质量改善专项攻坚方案》的总体部署，启动船舶大气污染防治专项整治活动。长江海事部门落实《船舶大气污染物排放控制区实施方案》，实施船舶燃油质量监督管理，探索建设船舶大气污染物排放控制监测监管试验区，开展船舶燃油质量抽查超12000艘次。江苏海事局试点船舶污染生态环境损害异地赔偿，船舶燃油超标污染大气磋商案入选江苏省十大生态环境损害赔偿案例，该案件也是长三角地区首例船舶大气污染生态环境损害赔偿案。江苏省开发船舶尾气排放遥感监测系统，运用桥基船舶尾气排放遥感监测系统巩固尾气监管机制。浙江省部署23个船舶尾气岸基监测点位，配备6套便携式船舶尾气快检设备，创新400总吨以上内河船舶能耗数据和碳强度分析监测。

港口污染防治。 上海市持续深化部门联动，加强港口码头污染物防治"回头看"督导检查，印发《上海市码头堆场扬尘污染防治技术指南》。江苏省推进港口污染防治"回头看"，对长江、京杭运河沿线港口企业的生态环境突出问题进行核查；在港口粉尘监测领域创新性开展"前期建设、过程跟踪、事后溯源"全链条监管，打造"港口粉尘治理"江苏模式，全省2239家港口企业的4539套粉尘在线监测设备接入省级监测监管平台，成为全国唯一实现从事易起尘货种装卸码头粉尘在线监测全覆盖的省份。浙江省闭环整改港口污染隐患319个；嘉兴市首创基于"高空视频瞭望+物联网"的港口作业扬尘在线监管，实现港口作业"扬尘自动预警—监视储存—快速响应"的全过程全闭环管理。重庆市对辖区内重点港口码头的环境污染防治情况开展专项检查并强化问题整改。四川省印发《关于进一步加强水路交通领域污染防治工作的通知》，督促检查泸州、宜宾、乐山等市港口码头环保工作。

原油成品油码头和油船油气回收治理。海事管理机构与各地生态环境、交通运输等部门联合推动原油成品油码头按照相关强制性国家标准开展油气回收，巩固提升原油成品油码头挥发性有机物治理成效，抓好已建成油气回收设施的维护保养、运行管理。长江海事部门发布《关于开展油船油气回收装置安装运行监管工作的通知》，开展适用船舶筛选和现场监管，推动全部35艘新建150总吨及以上油船和现有8000总吨以上油船安装油气回收装置。江苏海事局压实企业主体责任，按标准要求完善油气回收设施建设，严格落实油气回收设施运行维护要求，坚持"水岸"油气协同联治，探索建立靠港油船准入机制。上海市制定发布《关于推进油船挥发性有机物排放控制现场监管工作的通知》，推进上海港原油成品油码头和油船挥发性有机物治理工作，督促企业严格按照相关规定开展油气回收工作。江苏省开展原油成品油码头和油船挥发性有机物治理，完成27个码头泊位、276个储罐的治理和现有4艘8000总吨及以上油船、3艘150总吨及以上新投入使用油船的油气回收设施改造。

5.3.2 污染物接收转运处置设施建设运行

污染物接收转运处置体系。推动码头严格落实船舶污染物船岸交接和联合检查制度，推行船舶港口污染防治网格化管理，实施"三必须一确认"污染物船岸交接和检查制度，辖区2121个泊位通过长江干线船舶水污染物联合监管与服务信息系统实现污染物交接船岸双方线上确认功能。推动港口接收设施与城市公共转运处置设施有效衔接，推动完善船舶污染物"船—港—城""收集—接收—转运—处置"全过程衔接和协作。长航局运用信息系统、大数据等技术手段加强污染物接收转运处置情况跟踪监管，定期向地方交通运输主管部门通报船舶水污染物接收转运情况，配合重庆市开展了港口船舶污染物接收转运处置能力评估，长江干线50余座船舶水污染物转岸码头规范运行。

监管与服务信息系统运行成效。持续推广应用船舶水污染物联合监管与服务信息系统，基本覆盖长江经济带到港中国籍营运船舶。截至2024年底，系统注册用户38.9万、船舶10.8万艘，共接收船舶垃圾2.0万吨、生活污水127.2万吨、含油污水15.6万吨，船舶水污染物转运处置率达96%以上。长江船舶水污染物联合监管与服务信息系统使用情况见表1-5-5。

长江船舶水污染物联合监管与服务信息系统使用情况　　　　　　表1-5-5

地区	长江船舶水污染物联合监管与服务信息系统使用情况					
	船舶垃圾		船舶生活污水		船舶含油污水	
	转运比例（%）	处置比例（%）	转运比例（%）	处置比例（%）	转运比例（%）	处置比例（%）
上海市	99.89	99.89	99.90	99.90	100	99.94
江苏省	99.39	99.15	99.56	99.41	99.66	99.55

续上表

地区	长江船舶水污染物联合监管与服务信息系统使用情况					
	船舶垃圾		船舶生活污水		船舶含油污水	
	转运比例 （%）	处置比例 （%）	转运比例 （%）	处置比例 （%）	转运比例 （%）	处置比例 （%）
浙江省	99.91	99.89	99.94	99.94	99.99	99.99
安徽省	100	100	99.98	99.98	100	100
江西省	100	100	100	99.97	100	100
湖北省	99.57	99.30	99.93	99.77	99.79	99.79
湖南省	99.66	99.62	99.49	99.48	99.54	99.54
重庆市	96.75	96.50	99.39	97.16	98.66	98.66
四川省	99.87	99.83	99.94	99.87	100	100
贵州省	99.69	98.88	98.82	98.82	96.88	96.88
云南省	99.88	99.88	99.93	99.93	100	100

5.3.3 突出生态环境问题整治

突出问题整改。各地对照长江经济带生态环境警示片中涉及水运的问题，压实部门监管责任，全面排查问题，建立任务台账，扎实推进整改，问题全部完成整改销号。长航局组成检查组，分片区对长江经济带交通运输生态环境突出问题整改情况开展现场督导检查。江苏省警示片披露的扬州恒润海工码头和一川镍业码头问题已完成整改销号，宝应内河码头违规运营问题的整改达到序时进度要求。湖北省警示片披露的黄冈码头污染和汉江枢纽生态调度问题已整改销号，中办督查调研报告反馈湖北交通4个问题正在持续整改中。重庆市警示片披露的施工废水直排问题已整改销号；第三轮中央生态环境保护督察典型案例通报涉及港口码头的9个点位，其中4个已基本完成整改，其余5个正在按照整改方案推进；重庆市中央生态环境保护督察报告通报的7个码头，其中3个已基本完成整改，其余4个正有序推进整改。四川省第一轮、第二轮中央生态环境保护督察反馈问题，国家和省级长江经济带移交问题已全部完成整改。云南省警示片移交的3个问题整改任务已落实。

5.4 生物多样性保护

生态修复与环境营造。长江航道部门建成生态护岸28.3公里，生态涵养水域61.4万平方公里，利用疏浚土实施生态固滩154.4万平方米，利用清礁弃渣80万立方米进行生态环境营造，投放鱼巢、鱼礁等生态结构3万余件。长江口累计放流中华鲟等保护鱼类10万余尾、鳘蟹20万只、虾类9吨、主要经济鱼类320万余尾、各类底栖动物320余吨，构建了我国河口第一个人工牡蛎礁系统。京杭运河江苏段绿色现代航运综合整治工程（江北段）宿迁段新建生态护壁桩护岸，对沿线破损护岸进行填补修复，沿线绿化种植融合沿线城市文化特质。岷江航道整治一期工程（龙溪口枢纽至宜宾合江门）试点开展绿色生态航道建设，在岷江犍为等航电枢纽建设仿生态鱼道、鱼类增殖放流站等环保设施。

十年禁渔深化实施。2024年3月，国务院办公厅印发《关于坚定不移推进长江十年禁渔工作的意见》，对今后一段时期的长江禁渔进行再强调、再部署。长航局系统和沿江11省市认真贯彻落实党中央决策部署，坚决扛起责任、主动担当作为，优化完善工作协调机制，健全执法协作机制，保障长江十年禁渔工作任务有效落实。长江海事部门依法查处违法捕鱼行为，加强船舶载运渔获物查验，共参与联合巡航1118次，发现涉渔问题线索192件，帮扶25名退捕渔民实现转岗再就业。安徽省等省份开展水上联合执法行动和水上交通执法巡航巡查，依法检查商船携带渔网渔具等涉渔行为。

第6章
协同发展

6.1 行业管理共治

6.1.1 合作协作机制建设

部省战略合作深化。交通运输部与重庆市人民政府签署《关于加快建设交通强国 支撑重庆打造新时代西部大开发重要战略支点、内陆开放综合枢纽的合作协议》，部市双方将重点在成渝地区双城经济圈国际性综合交通枢纽集群建设、"一带一路"高质量发展、重庆交通强国建设试点、渝西地区一体化高质量发展、重庆数字交通先行先试、建设更高水平平安交通、打造绿色低碳交通等七个方面开展合作共建；与湖北省人民政府签订交通强国战略合作协议，部省将重点在建设综合立体交通网主骨架、提升区域交通互联互通水平、支撑产业链供应链稳定畅通、推动交通绿色转型发展、巩固拓展交通运输脱贫攻坚成果、全面推进交通强国试点建设、推进交通运输安全生产治理体系和治理能力现代化等八个方面加强合作。

行业协同治理创新。涉水涉航部门持续深化协作联动，合作机制有效运行。长航局与沿江地方政府、涉水管理部门、港航企业间的互动合作持续巩固，"2+N"合作机制、区域联席会议制度及航运、公安、水利、生态环境、渔政等涉水部门的联合执法机制等有效运行，共同推进长江航运高质量发展。2024年11月3日，以"新内河、新格局、新征程"为主题的第二届内河航运高质量发展论坛在湖北省宜昌市举行，聚焦数字化、智能化、绿色化等内河航运重点领域和方向展开对话交流，共同绘就多彩内河航运新画卷；长航局、中国船级社、长江水系14省市交通运输主管部门及上海组合港管理委员会办公室等17家单位发布推进长江航运高质量发展倡议，提出坚持省际共商、生态共治、全域共建、发展共享，当好长江航运高质量发展的引领者、推动者。

区域协同融通发展。长三角四省（市）港口集团第一次联席会议在上海召开，共同探讨推动智慧绿色港口建设与加快资本业务协同合作，探索世界级港口群一体化治理路径。协同推进长三角海事监管与服务保障、引航、船检、信用一体化，打破行政区划及直属与地方海事监管壁垒，创新实施"一件事一次办""全域通办"，强化业务协同，统一监管标准，实施"始发港管理、中转港互认"的监管模式，开创"渝车出海"铁海联运海事监管互认新模式；上海、江苏海事局签订《沪苏海事监管服务保障一体化合作协议》，加快推进海事监管、交通组织、信息数据、服务保障、信用管理、绿色发展六大领域一体化，形成海事区域一体化发展的"沪苏模式"。浙江、安徽两省推进交界水域跨区域联合巡航执法行动，深化区域合作、协同监管、融合发展。长航局和安徽省交通运输厅、沿江5市共谋长江安徽段高质量发展，合力打造长江安徽段航运高质量发展示范区。安徽、山东、河南签订战略合作协议，全方位推动内河航运协同发展。安徽、河南两省签订交通运输领域合作协议，携手打造江淮干线水运大通道。长江上游重庆、四川、贵州、云南、陕西5省市加强航运高质量发展战略合作，签署合作备忘录，就航道保畅、干支联动、污染共治、船舶通检、联合巡航、生态保护、航运企业合作、强化区域航运协同等事项达成共识，协同构建绿色航道网。围绕嘉陵江、长江干支联动，四川、重庆两省市15家港航机构签署战略合作协议，区域航运协同发展进入"新赛道"。长江—赤水河沿线海事深化共建川黔渝协同融通新机制。四川、云南两省签订金沙江航运体系建设工作合作协议。

6.1.2　信用管理体系建设

长江航运信用体系建设。长江航运信用体系制度框架基本构建，建立信用制度、搭建信用平台、创新信用监管、健全信用机制、拓展应用场景，信用信息管理、信用评价管理、守信激励和失信惩戒管理等办法试行，制定信用主体、信用信息、信用行为目录、激励行为、惩戒行为5个配套清单，在江苏段推进长三角地区信用一体化建设，织密长江航运信用管理"一张网"。"信用长江"2.0系统上线运行，接入主体45万个，注册用户超12万户，归集行业数据超580万条，成为全国航运业中规模最大、数据最全、服务最广的信用数据库。长江航运信用体系建设案例入选第六届"新华信用杯"全国优秀案例。建立信用宣传长效机制，编制发布首部长江航运信用体系建设白皮书。长江首个"信用+便利洗舱"应用落地南京，为信用长江"绿码"船舶提供优先洗舱、加急洗舱、船用物资转运等服务。江阴港强化信用评价应用，对信用评分高的船舶采取优先安排靠泊作业、减少行政检查频次等激励措施。交通运输部公布的2024年信用交通长江航运有关典型案例见表1-6-1。

2024年信用交通长江航运有关典型案例　　　　　表1-6-1

序号	推荐单位	案例名称
1	江苏省交通运输厅	信用跨区"高融合"促进区域发展"高质量"
2	浙江省交通运输厅	创新实施船舶分级动态监管　构建航运信用管理新格局
3	山东省交通运输厅	"信用+船检"助推船舶检验高质量发展
4	交通运输部长江航务管理局	描绘信用长江"13458"信用数字化蓝图

信用管理系统应用。长航局加快"信用+监管+服务"场景落地见效，打造八大"信

用+"应用场景，"信用+"船员管理、港口选船、货主选船、船舶洗舱、畅享服务区5个场景已推广应用，"信用+"金融、船闸、锚地正在推进；强化水运工程建设市场信用管理，组织开展长航局系统水运工程设计、施工和监理单位信用评价工作。长江海事信用信息与"信用中国"对接融合，船舶涉污"黑白灰名单"信用监管获评首届全国数字化监管典型案例。长江三峡通航管理局优化完善诚信记分标准，船公司诚信扣分2723次，同比下降23.5%，对1822艘次船舶进行诚信加分，167艘船兑现诚信政策优先过闸。江苏省修订印发公路水运建设市场信用信息管理办法，将从业单位、主要从业人员信用评价等级划分为5个等级，进一步规范水运建设市场信用管理，提升信用监管水平。浙江省做好港航领域信用评价、信用修复、信用应用等工作，开展港航领域信用工作培训，完成4000多家次港航企业信用评价，在全国率先实现全省域水路运输、港口经营企业线上信用评价全覆盖，为"航运浙江"建设贡献力量。湖北省试行公路水运建设市场信用档案管理办法。湖南省试行水路运输市场信用管理办法。

6.1.3　服务区域协调发展

服务区域重大战略实施。长航局印发实施《服务支持长三角航运一体化高质量发展工作方案（2024—2025）》。上海、江苏、安徽三省市与上港集团及相关新能源生产企业、航运企业协作调研，推进外贸"新三样"危险货物水水中转运输新模式，南京至洋山、合肥至太仓等航线"新三样"水水中转"一箱制"常态化运行，服务保障长三角一体化发展和上海国际航运中心建设。安徽省完成"水运安徽"战略研究，谋划推进江淮干线纵向通道整体功能提升及长三角高等级航道网建设，强化长江经济带与中部地区的水运大通道联系。安徽、河南两省签署《关于加强交通运输领域合作的协议》，将加快淮河皖豫段航道整治工程，加强港口建设协同，充分发挥江淮干线航运价值，全面构建豫皖两省通江达海的内河航运新格局，助推中部地区加快崛起、中原经济区发展深入实施。河南、湖北、湖南三省交通运输厅建立汉湘桂水运大通道项目联合推进机制。

合力推进交通强国试点。2024年10月，加快建设交通强国大会在江苏南京召开，发布了《加快建设交通强国报告（2023）》，首次发布交通强国指数。交通运输部遴选出第一批交通强国建设试点典型经验共45项。长航局第一批6项交通强国建设试点均已完成阶段性目标，形成了一批可复制、可推广的"长江方案"。长江水系第一批交通强国建设试点水运有关典型经验见表1-6-2。

长江水系第一批交通强国建设试点水运有关典型经验汇总表　　　　表1-6-2

序号	典型经验	试点任务	试点单位
1	创新跨境多式联运服务模式	长江经济带运输结构调整	江苏省交通运输厅
2	实施铁水联运"一单到底"	打造新亚欧陆海联运通道	江苏省交通运输厅

续上表

序号	典型经验	试点任务	试点单位
3	建设京杭运河智慧航运系统	打造运河绿色文化带	江苏省交通运输厅
4	推动京杭运河绿色发展		
5	打造内河船闸"平安百年品质工程"	品质工程建设	江苏省交通运输厅
6	构建江苏省"大交通"管理体制	推动综合交通改革创新	江苏省交通运输厅
7	健全浙江省域综合交通运输一体化管理体制机制	推动综合交通改革创新	浙江省交通运输厅
8	创新制定综合交通产业统计制度	推动交通产业创新发展	浙江省交通运输厅
9	突破智慧港口自动化码头关键技术	智慧港口建设	山东省交通运输厅

6.2 市场要素协同联动

6.2.1 资源要素适配

港口资源整合与一体化发展。港口资源深化整合，长江沿线省市省级层面的港口集团初步实现了港口资源利用集约化、运营一体化、竞争有序化、服务高效化。上海港做深做实长三角内陆港（ICT）模式，拓展苏中、苏北地区ICT业务，网络覆盖长三角地区21个内河港口。安徽省深入实施全省新一轮港航资源整合，指导省港航集团"一企一策"制定整合方案，完成纳入范围的存量港航资源整合工作。湖南省完成28个1000吨级以上国有公用码头、4座交通立项船闸和省属国有港航设计、施工企业整合，建立"城陵矶港"统一品牌，开创省属国企整合发展港航模式。

港航运输业务协同。浙江、安徽、河南、湖北等7省交投、港航建设运营单位成立"内河航运产业合作联盟"，共同打造具有国际竞争力的内河航运产业集群。河南交投集团与安徽省港航集团签订战略合作协议，中豫港务集团与浙江海港集团成立港航运营公司，共同推进航道、港口、集疏运体系规划投资建设，打造海河联运、海铁联运精品示范线路。川渝水运一体化发展深入推进，重庆万州港、涪陵港与四川广元港签订干支联动战略合作协议，水水中转班轮、干支联运航线常态化运行。

航运市场要素信息共享。长航局编发长江航运形势月报和季报，向24家单位定期共享长江航运信息。江苏省建设铁水联运公共信息服务平台，实现与连云港港、南京港、徐州港等港口数据交换与信息共享；上线运行港口综合信息系统，实现省、市、县、企业四级港口数据共享和业务协同。陕西省规范交通运输政务数据资源在省交通运输数据中心的归集共享，试行交通运输数据中心管理办法，促进行业内外数据融合应用。

6.2.2　现代航运服务业发展

顶层设计引领。深入贯彻《关于加快推进现代航运服务业高质量发展的指导意见》，各地结合地方实际研究出台支持政策措施，强化制度保障。浙江省率先发布《浙江省航运服务业高质量发展规划》，确立建成国际港航供应链服务高地、国际海事综合服务高地、国际航运创新发展高地的目标。上海市人民政府和交通运输部签署《关于共建全球领先的国际航运中心合作备忘录》，围绕航运枢纽建设、航运服务业能级提升、航运业绿色智慧安全发展、上海国际航运中心影响力提升、加强部市协同组织保障等方面，合力建设全球领先的国际航运中心。江苏省南京市人民政府印发《关于加快推进南京区域性航运物流中心建设的实施意见》，市交通运输局发布《南京区域性航运物流中心发展专项规划（2024—2035年）》。湖北省人民政府印发《关于加快湖北省港航业高质量发展的实施意见》，支持湖北港口集团以建设长江中游航运中心和多式联运国家物流枢纽为使命，打造成为全国内河一流综合物流集成商。四川省出台《关于加快推进现代航运服务业高质量发展的贯彻意见》，协同推进长江上游航运服务集聚区建设。

航运中心建设。上海港成为全球首个5000万级集装箱港口，连续15年排名全球第一，罗泾集装箱港区一期开港，进一步巩固上海港的枢纽港地位；完成首单绿色甲醇"船—船"同步加注，绿色燃料加注实现多元化；上海港和汉堡港共建绿色航运走廊；国际集装箱运输服务平台（集运MaaS）系统正式上线，建成以港口服务为核心的统一公共服务平台；上海航运交易所全年研发发布各类指数1923期，指数体系覆盖航运全要素；2024新华·波罗的海国际航运中心发展指数报告发布，数据显示，上海蝉联全球第三。武汉新港空港综合保税区阳逻港园区注册企业达61家，阳逻港年出入境船舶首破100艘次，成为长江中上游首个破百港口，武汉港集装箱吞吐量稳居长江中上游第一位，供应链信息平台"1+N"体系建设与应用案例入选首批数字中国建设典型案例。重庆市加快涪陵港区龙头作业区二期、万州港区新田作业区二期等枢纽港，长江干线涪陵至丰都、乌江白马至彭水等航道整治工程以及嘉陵江利泽、乌江白马、涪江双江等枢纽建设。江苏省南京市开展网络平台水路货物运输试点工作，印发《网络水路货运平台企业作为承运人试点方案》。宁波舟山港国际航运中心发展指数跃居全球第8，新培育百万吨级龙头航运企业1家、"专精特新"航运企业15家，首创"江海直达+长江班列"联运新模式，江海联运在线平台入选国家数据局第二批"数据要素×"典型案例，新开通3条江海直达航线，新增江海直达船舶7艘，总运力达21艘27.8万载重吨；宁波出口集装箱运价指数（NCFI）累计提供数据19.2亿条，数据服务覆盖全球128个港口。

航运交易服务。上海航运交易所创新服务模式，做好船舶交易鉴证、船舶竞价、价格评估等产业链相关服务，实现中信金租散货船队资产包处置等标杆项目，巩固全国示范性船舶交易市场地位。浙江拍船网航运交易股份有限公司拍船网船舶交易额增长近

30%，船舶交易总额首次突破100亿大关，核心客户已超过1100家，船舶勘验评估总额超310亿元，同比增长超过10%。重庆全年完成船舶交易4215艘次，交易规模达600万总吨，交易额突破110亿元，同比增幅达37%。

海事法律服务。 上海航运交易所深度参与《中华人民共和国国际海运条例》的修订工作，在全国率先构建起人大地方性法规、政府部门规范性文件、人民法院司法政策文件、行业协会仲裁规则、仲裁机构服务指引等多层次、全链条临时仲裁制度规则体系，拓展与南京、天津等海事法院涉案船舶评估业务。南京国际航运仲裁院正式运营，专门受理、审理和裁决船舶制造及大型设备制造供应链，航运物流、港口建设、海洋工程，航空、铁路、公路等交通运输争议案件，国际货物运输保险，航运金融等案件。重庆水上法律服务中心、重庆船员权益保护中心成立。

航运金融保险。 长航局联合中国经济信息社共同打造长江航运专属"信易贷"普惠金融服务，并在"信用长江"2.0系统中上线试运行。"信易贷"集银行信贷、融资租赁、保险服务、政策服务、特色服务等功能于一体，为航运企业提供一站式金融服务窗口。上海市印发《关于推动上海航运保险业高质量发展的指导意见》，提出加快打造具有强大保险承保能力、全球服务能力、产品研发能力和人才供给能力的航运保险中心；集运指数（欧线）期货全年完成5次现金交割，累计成交量2111.57万手、成交额2.82万亿元。浙江大力发展融资租赁，推进"强港基金"组建，完成铁矿石交易系统建设和上海清算所的系统对接；宁波航运交易所拓展"指数+金融"的衍生服务模式，将海上丝绸之路指数打造成为指数期货的合约标的。

6.2.3 服务口岸和自贸区建设

服务水运口岸建设。 海关总署、交通运输部等9部门联合发布《关于智慧口岸建设的指导意见》，依托国际贸易"单一窗口"一体化数字底座，建设以口岸设施设备智能化、运行管理数字化、协同监管精准化、综合服务泛在化、区域合作机制化为主要特征的国际一流现代化口岸。上海外高桥港区被纳入扩大洋山特殊综合保税区进出境货物径予放行政策适用口岸范围，全市水运口岸全年完成货物吞吐量4.5亿吨、集装箱吞吐量4278万TEU。浙江舟山迭代建设智慧化一站式口岸监管服务平台，集成通关、物流、海事服务、金融等服务事项约200项，创新"一站一表"、7×24小时口岸服务、大宗商品智能监管模式，入选2024年浙江省信息技术应用创新优秀应用典型案例，并获批国家智慧口岸试点。江苏试行水运口岸码头泊位开放管理服务办法，推进太仓智慧口岸试点建设。武汉水运口岸年出入境船舶艘次连续5年排名长江中上游首位，全年出入境船舶107艘次，同比增长20.22%。重庆港水运口岸（果园港区）正式实施"船边放行、智能分流"作业模式，实现内河港口首次应用。重庆港口岸扩大开放万州新田港区、涪陵龙头港区、江津珞璜港区3个港区，九江口岸扩大开放瑞昌港区和彭泽港区，连云港徐圩港区、芜湖三山港区扩大开放通过国家验收，武汉花山港区、汉南港区获批临时开放，泸州港、宜宾港国家临时开放水运口岸续期获批。

服务自贸区建设。江苏海事局在自贸区先行先试船舶开航证书"集成办理"机制等5项改革创新举措，累计先行先试20项改革创新举措，其中2项在全国复制推广、3项在全省复制推广，船舶船员"多证合一"电子证照改革入选中国（江苏）自由贸易试验区南京片区第五批改革试点经验。江苏省有关部门联合印发《关于深化中国（江苏）自由贸易试验区海运物流创新发展的若干措施》，推出22项制度型开放和首创性、集成式创新举措，推动"自贸+航运"双向赋能，助力打造更具特色的"水运江苏"。安徽省在安徽自贸区芜湖片区打造长江流域首个"全航运要素、全生命周期"一站式政务服务大厅，实现航运服务综窗模式，长江（芜湖）航运要素大市场综合服务平台入选全国自贸试验区"最佳实践案例"，"一站式"长江航运综合服务模式入选中国改革2024年度地方全面深化改革典型案例。长江首家"新能源新技术船舶工作室"获湖北自贸试验区制度创新成果推广。重庆市构建"1个自贸试验区+7个综保区+4个保税物流中心"的开放平台体系，以及功能丰富的铁公水空立体口岸体系，重庆海事局铁海联运海事一体化监管服务新模式、船舶抵押权便利化登记改革2个案例入选中国（重庆）自由贸易试验区复制推广最佳实践案例。

6.3 运输结构调整优化

6.3.1 多式联运发展

联运政策协同。交通运输部、国家发展改革委联合印发《交通物流降本提质增效行动计划》，提出到2027年港口集装箱铁水联运量年均增长15%左右，多式联运"一单制""一箱制"加快推广。各地围绕降本提质增效，完善政策体系，强化政策协同，加快发展多式联运，全力打通各类堵点卡点。长江经济带沿线11省市签订战略合作协议，成立长江经济带多式联运省际联席会议机制；形成长江经济带多式联运中心筹建建议方案，并在长三角地区先行先试。江苏省人民政府与国铁集团签署共建多式联运高质量发展示范区战略合作框架协议，建立路地合作机制，共建多式联运高质量发展示范区。安徽、云南等省印发加快推进多式联运"一单制""一箱制"发展的实施意见和方案。云南省安排6500万元资金支持"公转铁""公转水"。

运输组织创新。江苏省全年新增20条多式联运精品线路，累计培育精品线路50余条；徐州淮海国际陆港与连云港港携手合作，转运"一单制"物权化提单进口班列，打造新亚欧陆海联运通道标杆示范；连云港港整合滚装海运、铁路班列、公路配送等多种运输方式，打造商品车"滚装+班列"跨境多式联运物流产品。湖北省累计开辟多式联运

Content:

通道50余条。澜沧江—湄公河跨境水公铁"一单制"多式联运实现老挝铁矿石运输"一次委托、一单到底、一次结算"直达中国云南。

示范工程建设。 安徽命名国家物流枢纽芜湖港朱家桥多式联运示范工程等4个项目为省级多式联运示范工程。江西赣州国际陆港国家级多式联运示范工程实现与广东深圳、福建厦门等沿海沿边口岸互联互通，开通了19条中欧班列线路、3条铁海联运"三同"班列线路和26条内贸班列线路，创建九江港"一带一路"集装箱多式联运、江西欣盛铁路集装箱多式联运、万佶网络货运平台公水联运等示范工程。湖南岳阳、怀化多式联运示范工程通过交通运输部验收，获批"国家多式联运示范工程"。重庆创建多式联运示范工程国家级3个、市级2个。云南水富港创建国家第四批多式联运示范工程，实现铁水无缝联运。

6.3.2 江海河联运发展

江海河联运网络布局。 各地积极发展江海直达、干支直达、河海联运、水水中转，加快完善联运航线网络。2024年各地航线布局动态情况见表1-6-3。

2024年各地航线布局动态情况统计表　　　　　　　　　　表1-6-3

地区	航线布局动态
上海市	沪渝直达快线延伸至宜宾港,开通至钱凯港(秘鲁)航线
江苏省	开通中国江苏江阴—荷兰鹿特丹、中国江苏太仓—秘鲁钱凯、中国江苏南通—北非红海等远洋航线,中国江苏江阴—日本八代近洋航线,江阴—唐山航线
浙江省	开通中国浙江乍浦—韩国釜山集装箱航线、温州—丽水海河联运航线
安徽省	开通合肥—太仓"新三样"水水中转航线
江西省	开通中国江西九江—俄罗斯集装箱国际直达航线,九江港集装箱班轮直达航线达19条
山东省	已开通集装箱航线357条,其中外贸航线260条
湖北省	开通舟山—三江、荆州江海直达航线,武汉—大连、武汉—黄石、宜昌—宜宾等集装箱航线,中国湖北武汉—印度尼西亚拉博塔港航线
湖南省	开通岳阳—上海洋山港集装箱航线和岳阳直航中国香港和澳门、俄罗斯符拉迪沃斯托克(海参崴)集装箱航线,中国湖南岳阳—俄罗斯直航22航次
重庆市	开通重庆—舟山江海直达航线、合川—广元航线
四川省	开通宜宾—武汉水上快班、川—鄂—沪长江班轮
云南省	开通水富—九江—上海航线

江海运输量。 长江干线全年江海运输完成15.7亿吨，同比增长2.9%。主要货种为矿建材料、煤炭及制品、金属矿石、集装箱、钢铁、石油天然气及制品、非金属矿石、粮食等。长江中下游港口至上海洋山集装箱运输、至舟山干散货运输等特定航线江海直达运输，主要运输货种为集装箱、粮食等，大部分为外贸集装箱、进口干散货。浙江舟山

加强与长江中上游货源企业合作，拓展铜精矿、石英砂、麦芽、己二酸等新货种进江出海，江海直达重进重出率由30%提升至35%以上，全年江海联运量达3.4亿吨，增长4.7%。湖南江海直达航线运营1292航次，运输集装箱33.9万TEU。

海河联运量。 浙江聚力攻坚海河联运，全面拆除浙北集装箱主通道碍航桥梁，新增海河联运集装箱航线16条。衢州集装箱海河联运外贸航线首航，通过宁波舟山港通关后发往蒙特利尔港（加拿大）。温州至丽水海河联运合作启动。浙江全年海河联运量、集装箱海河联运量分别达5410万吨、211万TEU，分别增长13.2%、15.7%。

6.3.3 铁水联运发展

网络布局与品牌线路培育。 交通运输部、国家铁路局、中国国家铁路集团有限公司联合发布的12个集装箱铁水联运品牌线路培育典型案例中，长江水系省市有10个入选，包括义乌—宁波舟山港、南京龙潭—上海洋山港等骨干线路，见表1-6-4。上海开通上海港至嘉兴、盐城北天天班列，开行上海港至成都班列。江苏印发省内港口集装箱铁水（海铁）联运开行方案，公布"南京（龙潭港区）—南京（龙潭站）—上海（洋山港区）"等7条铁水（海铁）联运线路典型案例、"无锡（无锡西站）—上海（洋山港）"等8条铁水（海铁）联运线路培育案例。浙江宁波出台集装箱海铁联运扶持资金实施细则，按照"先干后补"模式，对海铁联运实际经营人进行资金补助。安徽印发推进铁水联运高质量发展实施方案（2024—2027年），常态化开通铁水联运线路34条。河南开通铁海联运线路23条，高效融入"海上丝绸之路"。中国湖北武汉—中国福建厦门—欧洲铁海联运专列开通。湖南集装箱水铁联运服务范围已辐射至全省和贵州、四川、广东、广西等地。"蓉深港"铁海联运班列首开，打通"四川造"出海新通道。四川东出铁水联运班列"达州至万州新田港"首发开行，广安港融入西部陆海新通道，开通广安—果园港—钦州港铁水联运。云南培育形成4个集装箱铁水联运品牌线路。陕西开展全省铁水联运发展布局规划编制工作，统筹谋划铁水联运新通道。

长江水系地区集装箱铁水联运品牌线路培育典型案例　　　　表1-6-4

序号	案例名称	序号	案例名称
1	义乌—宁波舟山港集装箱铁水联运线路	6	河南郑州（圃田站）—山东港口青岛港（前湾港区）集装箱铁水联运线路
2	南京（龙潭港区）—南京（龙潭站）—上海（洋山港区）集装箱铁水联运线路	7	中国江苏连云港（连云港区）—中亚（塔什干）新亚欧集装箱铁水联运线路
3	广州港—株洲集装箱铁水联运线路	8	华中、西北—长江港口—岳阳港—华南集装箱铁水联运线路
4	陆海新通道集装箱铁水联运线路	9	上海港（芦潮港站）—成都（城厢站）集装箱铁水联运线路
5	"汉蓉线"集装箱铁水联运线路	10	深圳—重庆集装箱铁水联运线路

集装箱铁水联运量。全国完成港口集装箱铁水联运量1335万TEU，同比增长15.4%。长江水系14省市完成673.0万TEU，同比增长17.3%。其中，上海完成90.7万TEU，同比增长26.2%；江苏完成80.4万TEU，同比增长16.0%；浙江完成182.8万TEU，同比增长10.4%；山东完成267.4万TEU，同比增长15.8%；江西完成4.4万TEU，同比增长16.5%；湖北完成24.9万TEU，同比增长41.6%；湖南完成6.4万TEU，同比增长44.0%；重庆完成5.6万TEU，同比增长21.7%；四川完成3.4万TEU，同比下降32.0%；云南完成2.1万TEU，同比增长48.6%。长江干线苏州港、南京港、九江港、武汉港、岳阳港、荆州港、宜昌港、重庆港、泸州港、水富港10个重点港口完成集装箱铁水联运量65.1万TEU，同比增长21.0%。港口集装箱铁水联运量在集装箱吞吐量中的占比为2.5%，较上年度提高0.4个百分点。其中，排名靠前的武汉港、南京港、岳阳港、重庆港分别完成23.2万TEU、14.2万TEU、6.4万TEU、5.6万TEU。

6.4 跨产业融合发展

6.4.1 水运与旅游融合

旅游航道和客运码头建设。安徽印发《安徽省库区旅游航道建设技术指引》。山东启动建设泰山·黄河—大汶河文化旅游生态廊道。湖北推进宜昌港旅游码头提档升级，18项试点任务已完成10项。湖南推进内河旅游航道建设，完成郴江旅游航道、溆水溆浦航道等建设工程，潇水涔天河旅游航道工程稳步推进，赧水武冈航运工程开工，沤江汝城航运建设工程、永兴旅游航道建设工程加快推进前期工作。重庆三峡旅游滚装码头建设运营项目签约。四川岷江龙溪口库区沐溪河旅游航道项目基本完成航道工程建设。

水路旅游精品航线创建。交通运输部发布的36个国内水路旅游客运精品航线典型案例中，长江水系14省市入选23条航线，见表1-6-5。长江三峡"两坝一峡"旅游航线自试点以来，已形成以华中地区为主要客源地，覆盖31个省（区、市）和香港、澳门特别行政区、300余市县的市场布局。"长江三峡1"轮运营以来，共航行660余次，累计接待游客超87万人次。江苏开展太湖水上旅游航线开辟探索工作，完成航线规划及重难点问题梳理。安徽持续打造新安江—千岛湖皖浙省际航线、万佛湖旅游航线等精品航线。江西以开展城市景观游、自然景观游、特色文化游等不同类型的水路旅游客运精品航线试点工作为契机，促进"水运+旅游"深度融合，打造功能完善、内涵丰富、便捷舒适、安全绿色的高品质国内水路旅游客运精品航线，更好满足人民群众多元化、高品质服务需求。重庆创新水上旅游交通产品，朝天门（洪崖洞）至九龙坡建川（海疆博物馆）水上客运航线开航。四川做强"舟游蜀水·情满川江"品牌。

长江水系14省市国内水路旅游客运精品航线典型案例　　表1-6-5

序号	精品航线案例名称	地区	类型
1	初心启航·浦江红色文化游航线	上海市	特色文化游
2	浦江游览精华观光游航线	上海市	城市景观游
3	"悠游苏州河"旅游航线	上海市	城市景观游
4	南京五马渡魅力滨江游航线	江苏省南京市	城市景观游
5	扬州船闸——瓜洲古渡古运河游览航线	江苏省扬州市	特色文化游
6	万佛湖码头——燕子岛——周瑜岛——龙王岛航线	安徽省六安市	自然景观游
7	新时代"重走一大路"航线	浙江省嘉兴市	特色文化游
8	"品味宋韵——运河钱塘江联游"航线	浙江省杭州市	城市景观游
9	仙女湖七夕浪漫水路旅游航线	江西省新余市	特色文化游
10	八一大桥——朝阳大桥游航线	江西省南昌市	城市景观游
11	"寻仙号"双城百岛海洋旅游航线	山东省烟台市	沿海观光游
12	青岛奥帆中心——栈桥(折返)旅游航线	山东省青岛市	城市景观游
13	峰林峡群英大坝——天王峰码头——小峰口码头航线	河南省焦作市	自然景观游
14	长江三峡"两坝一峡"旅游航线	湖北省宜昌市	自然景观游
15	武汉滨江水路旅游客运航线	湖北省武汉市	城市景观游
16	橘洲旅游码头航线	湖南省长沙市	城市景观游
17	重庆——湖北宜昌游轮航线	重庆市	特色文化游
18	重庆"两江游"航线	重庆市	城市景观游
19	成都夜游锦江航线	四川省成都市	特色文化游
20	成渝地区双城经济圈巴蜀文化岷江旅游走廊——岷江乐山大佛景区"三江神韵"航线	四川省乐山市	自然景观游
21	九洞天景区航线	贵州省毕节市	自然景观游
22	普达措国家公园旅客运输航线	云南省迪庆藏族自治州	特色文化游
23	瀛湖景区瀛湖大坝码头——玉兴岛——金螺岛——翠屏岛——瀛湖大坝码头航线	陕西省安康市	自然景观游

水路旅游客运发展。各地推出一批长江特色旅游示范线路和都市水上游品牌，发展邮轮游艇经济，推动建设长江国际黄金旅游带。长航局发布《长江省际游轮运输服务指南》，长江干线游轮客运量达855万人次。上海邮轮港共接靠邮轮242航次，接待旅客137.2万人次，占全国邮轮接待总人次的68%。国产首艘大型邮轮"爱达·魔都号"在上海开启商业首航，2024年全年共运营84个航次，接待旅客数突破30万人次。武汉"夜游长江"成为热门旅游项目。湘江长沙水上旅游客运量达75万人次。四川在渡口码头打造沉浸式水上旅游消费场景。贵州利用乌江构皮滩通航设施串联飞龙湖景区、

红渡景区等旅游景点，推出"穿越贵州黔灵风光·乌江源流之旅"等4条冬季旅游特色组合线路产品。云南持续打造水路旅游客运精品，推动"航运+旅游+文化+环保"可持续发展。

6.4.2　航运与现代物流融合

共建国家物流枢纽。国家物流枢纽涵盖陆港型、空港型、港口型、生产服务型、商贸服务型、陆上边境口岸型6种类型，是重要的物流资源配置中心和物流活动组织中心，是有效降低全社会物流成本的重要抓手，在集聚整合各类物流资源、推动区域经济发展等方面发挥着重要作用。国家发展改革委印发《国家物流枢纽布局优化调整方案》，新增26个国家物流枢纽，对部分国家物流枢纽规划布局进行优化调整。本次优化调整后，共有152个国家物流枢纽承载城市，布局建设229个国家物流枢纽，将进一步提高国家物流枢纽网络均衡发展水平，完善"通道+枢纽+网络"的现代物流运行体系；更好衔接国家物流大通道、综合运输大通道及重要铁路物流基地、内河港口等重要物流节点，提高整体物流运行效率和服务质量；进一步强化对区域经济产业转型升级发展的支撑保障作用。本次调整新增泰州、济宁、周口、荆州、宜宾5个港口型国家物流枢纽，长江水系14省市港口型国家物流枢纽达到22个。新增的5个国家物流枢纽均位于"四纵四横两网"国家高等级航道沿线，将有效增强长江航运对国家重大战略实施的支撑保障能力。

6.4.3　航运与关联产业融合

跨产业融合发展。各地聚焦先进制造业、重点原材料关键产品，强化航运物流服务保障，壮大航运经济产业集群。浙江印发高端船舶与海工装备产业集群建设行动方案，围绕制造强省、海洋强省建设战略部署，瞄准深海、远洋、绿色、智能发展方向，以壮大产业规模实力为目标，以造船扩量、修船攀高、船配提质、海工突破为主线，以产业链、创新链、资金链、人才链高效协同为抓手，以符合国际质量要求为标杆，持续优化产业发展生态，全面提升产业自主研发设计、绿色智能修造及需求供给能力，在增强产业创新能力、调整优化产品结构、培育特色产业集群、壮大优质企业梯队、加大金融支持力度、推进数字化绿色化改造、优化产业发展生态等方面提出重点举措。安徽打造"皖车出海"供应链体系，服务新能源汽车出口运输。山东济宁能源集团打造"港贸船产建融"的港航全产业链体系。

港产城融合发展。各地引导适水产业临港布局、集聚发展，推动产业纵深沿江河通道延伸，大力发展临港经济。安徽、河南等省引导临港制造、食品加工、新型建材等临港偏好型产业向港口集聚，打造马鞍山郑蒲港区、淮南寿县港区江淮运河新桥作业区、周口临港开发区等一批临港产业集群。山东发挥济宁龙拱港、兖州国际陆港等牵引带动作用，构建全域一体、融合发展的港产城发展新格局。重庆推动枢纽功能向产业集聚区、大宗物资主产区延伸，建成黄磏港一期、重庆化工码头二期、万州桐子园港区、江津兰家沱作业区4个"前港后园"多式联运专业港区。

第7章
创新发展

7.1 科技创新建设

7.1.1 创新环境优化

政策支持体系。各地区各部门始终把科技创新作为长江航运发展的核心动力，抢抓政策机遇，推动政策高效落地，为高质量发展注入强劲动能。国家层面，财政部与交通运输部联合印发《关于支持引导公路水路交通基础设施数字化转型升级的通知》，明确以数据资源为关键要素，以信息通信技术融合应用、全要素数字化转型为重要推动力，推进公路水路等领域创新应用场景规模化落地。交通运输部印发《交通运输标准管理创新行动方案（2024—2027年）》《交通运输标准提升行动方案（2024—2027年）》，进一步补齐交通运输标准制修订工作短板。地方层面，上海市发布《上海市交通领域科技创新发展行动计划》，浙江省出台促进交通科技自主创新实施办法，贵州省建立交通运输科技创新人才推进计划。

创新生态构建。制度革新，长航局修订科技项目管理办法及考核评价细则，建立"立项—实施—验收—转化"全链条管理体系。平台建设，建成行业首个"新能源新技术船舶工作室"，提供相关船舶安全监督管理技术指导和支持；上海河口海岸科学研究中心挂牌成立王元叶劳模创新工作室、绿色与数智航道技术创新工作室；长航系统建成22个职工（劳模、工匠）创新工作室；江西省成立交通运输科技创新平台委员会，组建交通运输领域省重点实验室2个；四川省完成首批省级交通运输科技创新平台认定，四川绿色智能船舶研究和发展中心在宜宾挂牌成立。

7.1.2 行业科研攻关

重大专项突破。聚焦"智能+绿色"双轮驱动，实施关键技术攻坚。长航局组织申报国家重点研发计划"交通基础设施""交通载运装备与智能交通技术"重点专项2024年度项目3项，报送"交通基础设施"重大研发需求6项、"十五五"自然资源领域重大研发需求2项；实施"长江上游航道典型急流河段水流要素自动监测及智能服务技术研究与示范应用""梯级枢纽急弯航段流态智能感知关键技术研究""长江内河船舶名称标志规范化及智能识别技术研究""长江干线新能源和清洁能源船舶运营安全协同监管及过闸政策技术支持研究"等重点科技项目；参与编制并发布《船舶交通管理系统数据综合处理器技术规范》（GB/T 43975—2024）等2项国家标准，完成国家标准《内河水运数字孪生总体要求》工信部技术审查。江西省开展"智能潜水自航式闸门""赣江航道挖槽段回淤成因与过程模拟研究"等重点科技项目研究，"船闸廊道防震动科技成果展示"入选交通运输部交通运输科技活动周特色科技活动清单。湖北省获批交通运输部智能交通先导应用试点2项，分别是国家综合交通运输信息平台部省联动试点、基于北斗技术的公路全生命周期数字化应用交通强国试点。贵州省围绕交通基础设施建养领域、绿色交通领域、信息化与"新基建"领域等开展49项厅级科研项目攻关。

成果产业化应用。长江航道局加快绿色智能航标、新能源船舶、无人巡航等绿色低碳养护技术转化应用，新材料浮具试点应用范围扩大覆盖至50余座；航标碰撞取证装置、风光互补航标灯供能装置、组合式锚具、航标位置极坐标工具、航道水深预警工具、航道水位数据处理软件等成果应用，大幅提升航道服务效率和质量。三峡通航管理局完成葛洲坝一号船闸、三峡北线船闸工控系统和调度系统自主可控改造，为全国1000余座通航设施提供自主可控可复制的三峡方案。江西省自主研发应用多功能航标，实现水深自动测报和实时监测功能于一体；"一定一动"双船标抛设法有效提升高水位时期航标标位准确率。四川省"嘉陵江电动货船方案设计"成果落地转化。

科技成果奖励。长航系统获得年度省部级以上科技奖励30余项，"长江三峡通航综合服务区绿色智能建设关键技术研究及应用""长江口南槽航道治理一期工程关键技术研究与应用"等项目荣获中国水运建设行业协会科学技术奖一等奖；长江航道局"航标驱鸟装置""一种便于维护的塔标航标灯及操作方法"等获国家实用新型专利。2024年长江航运领域相关重点科技项目获奖情况见表1-7-1。

2024年长江航运领域相关重点科技项目获奖情况

表 1-7-1

序号	成果名称	主要完成单位	获奖类型
1	长江三峡通航综合服务区绿色智能建设关键技术研究及应用	长江三峡通航管理局、国电南瑞科技股份有限公司、中交第二航务工程勘察设计院有限公司	中国水运建设行业协会科学技术奖一等奖
2	内河航道桥梁主动防撞安全系统研究与应用	上海中交水运设计研究有限公司、武汉理工大学、上海交通大学	中国水运建设行业协会科学技术奖一等奖
3	航电枢纽生态绿色建设技术研究与实践	南京水利科学研究院、江西省港航建设投资集团有限公司、江西省交投养护科技集团有限公司	中国水运建设行业协会科学技术奖一等奖
4	长江口南槽航道治理一期工程关键技术研究与应用	交通运输部长江口航道管理局、中交上海航道勘察设计研究院有限公司	中国水运建设行业协会科学技术奖一等奖
5	大型船闸检修关键技术及工程应用	长江三峡通航管理局、大连海事大学、南京水利科学研究院	中国水运建设行业协会科学技术奖二等奖

续上表

序号	成果名称	主要完成单位	获奖类型
6	江苏省航道运行调度与监测分析系统研发及应用	华设计集团股份有限公司、江苏省交通运输厅港航事业发展中心、南京洛普股份有限公司	中国水运建设行业协会科学技术奖二等奖
7	长江智慧航道水位预报系统关键技术研究与应用	长江航道规划设计研究院、长江水利委员会水文局、长江航道局	中国水运建设行业协会科学技术奖二等奖
8	内河航道水文多要素实时立体监测关键技术研究与应用	长江航道规划设计研究院、长航检测科技(武汉)有限公司、中国地质大学(武汉)	中国水运建设行业协会科学技术奖二等奖
9	内河航道绿色养护技术指南	交通运输部规划研究院、长江航道局、南京水利科学研究院、长江航道规划设计研究院	中国水运建设行业协会科学技术奖二等奖
10	三峡—葛洲坝两坝间安全通航和精细控制关键技术研究与应用	交通运输部天津水运工程科学研究所、长江三峡通航管理局、武汉理工大学	中国航海学会科技进步奖一等奖
11	我国大型航道、运河、水运通道工程经济分析关键技术研究与应用	交通运输部规划研究院、交通运输部水运科学研究所、武汉理工大学、重庆交通大学	中国航海学会科技进步奖一等奖
12	集装箱江海联运公共服务关键技术研究与示范应用	上海海勃数科技术有限公司、上海国际港务(集团)股份有限公司、武汉理工大学	中国航海学会科技进步奖一等奖
13	长江干线船载危险品运输全过程风险防控技术研究及应用	武汉理工大学、长江海事局、武汉长江轮船有限公司	中国航海学会科技进步奖一等奖
14	长江南京以下12.5米深水航道养护疏浚精准预测关键技术研究与应用	长江航道规划设计研究院、河海大学、长江航道勘察设计院(武汉)有限公司、武汉大学	中国航海学会科技进步奖二等奖
15	长江干线航道船岸云协同智能助航关键技术研究与应用	长江航道规划设计研究院、长江航道局、武汉理工大学、长江武汉通信管理局	中国航海学会科技进步奖二等奖
16	长江危险品船舶动态安全监管与应急科技示范工程	交通运输部水运科学研究院、长江海事局、武汉理工大学	中国交通运输协会科技进步奖二等奖

7.2 行业数智转型

7.2.1 智慧港口和智慧航道建设

政策体系构建。在配套政策方面,《关于支持引导公路水路交通基础设施数字化转型升级的通知》明确了今后3年推进水路交通基础设施数字转型、智能升级、融合创新的实施路径,提出通过竞争性评审方式支持引导公路水路交通基础设施数字化转型升级,按照"奖补结合"方式安排资金补贴。在标准规范方面,加强标准体系架构建设,《智慧港口标准体系》《智慧港口建设技术指南》《内河智慧航道建设技术指南》等国家和行业标准加快编制,在行业层面统一智慧港口和智慧航道建设的技术要求,规范智慧港口和智慧航道工程的设计、建设、应用和运维。

智慧港口建设。各级交通运输主管部门和港口企业加快推进智慧港口建设，取得了显著成效。上海国际航运中心罗泾集装箱港区一期开港，罗泾港区的"智慧大脑"是国产化转型应用的智能营运管控系统（NEO-TOS）。江苏推广干散货码头绿色智慧全要素管理和全流程无人化作业系统，开发带式输送机无人巡检系统、无人清舱系统，研发全国首套粉尘在线监测及智能控制系统。浙江省海港集团2个自动化码头项目入选交通运输部智慧港口创新案例集；宁波舟山港梅东码头二期建成本地化算力中心，自动化远控装卸设备总数超过100台，车路协同实现自动化作业堆场全覆盖；港口危货智控平台在全省55家港口重大危险源企业推广使用全覆盖，港口动火作业实现智慧化监管。安徽芜湖港建成长江首座无人化集装箱智能堆场，并完成无人闸口、港口5G示范应用等创新场景。山东青岛港i-GTOS系统上线运行，日照港上线集装箱码头智能管控系统（A-TOS），烟台港上线全流程智慧操作系统、智能仓储管理系统（WMS）。江西试点建设码头港区5G网络、堆场装卸设备远程操控系统和集装箱码头管理平台、智能卡口系统等。湖北阳逻国际港集装箱水铁联运二期建成国内首个内河铁水联运自动化码头，武汉中远海运港口水平运输自动驾驶项目入选交通运输部智能交通先导应用试点，武汉阳逻港智慧港口建设、荆州港松滋车阳河智慧港口无人集卡应用技术、黄石新港三期干散货码头基于大数据驱动的绿色全场景智慧码头3个项目入选交通运输部智慧港口创新案例集。重庆市投用果园港智慧港口，作业效率提升30%。

智慧航道建设。长江航道局成立加快长江智慧航道建设领导小组，印发《加快长江智慧航道建设行动方案（2024—2027年）》，开展智慧航道顶层设计和武汉、苏州示范段建设，武汉创新示范段建成"空地水"航道监测立体感知网，苏州示范段探索航道智慧模型研发和智慧应用场景实现。上海市依据《上海市智慧航道建设总体方案（2023—2035年）》要求，加快航道信息标准化、共享化与智能化。江苏省编制加快推进智慧航道建设的实施方案，累计布设盐河淮安段、丹金溧漕河金坛段等1312公里航道智能感知设施，启动6个水路交通基础设施数字化转型升级项目，计划改造1745公里干线航道、30个交通船闸、162个流量观测点；苏州港航建成航道数字孪生试点工程。安徽省印发实施智慧航道建设实施方案及建设技术指南，运行江淮运河智慧航道。江西省有序推进赣江、袁河、昌江、乐安河等智慧航道建设。湖北省完成水路交通基础设施数字化转型升级方案编制，汉江智慧航道建设加快推进。湖南省制定印发《湖南省智慧航道建设技术指南》，湘江航道智能航标和自动水位站数据已全面接入电子航道图。

智慧船闸建设。长江三峡通航管理局在国内率先建成船闸三维管控平台，实现船舶过坝全过程的三维展示、设备运行状态的可视化管理和运行数据的智能应用。上海市推进船舶智慧过闸建设，"沪闸通"接入"一网通办"，实现程序功能优化、程序框架搭建、前端界面设计等目标。江苏省推广新版"船讯通"App，实现全省船闸全要素监测和全流程自动化调度；无锡港航率先建成"港航闸"一体化管理平台。浙江省"浙闸通"2.0版在16座船闸同步上线，构建智慧过闸服务、智慧过闸调度、船闸智慧监管、船闸智慧维养四大功能模块，入选全国首批交通基础设施数字化转型升级十大典型案例；"船检通"应用开创性实现与部级船检管理系统双向贯通。江西省开工建设智慧船闸调度中心及信江智慧船闸集控调度中心，初步实现信江集控调度功能；持续推广"赣航通"软件，信江过闸船舶使用率达到99%。

电子航道"一张图"。 依据《加快推进长江水系电子航道"一张图"实施方案》，长航局持续深化与长江水系港航管理部门的合作，做好联通支持和服务保障，持续推进长江水系电子航道图"一张图"建设，加快推进长江电子航道图联通江海、通达干支，电子航道图联通覆盖总里程达5586公里，已正式在"长江e+"发布服务。长江航道局推进电子航道图服务内容更加精细化，全年共计完成2276幅电子航道图的生产更新及发布工作，试点增加港口图、锚地图等个性化服务。上海市完成15条内河航道、446公里电子航道图制作，开发电子航道图综合管理系统，黄浦江电子海图、上海地区电子航道图与长江干线电子航道图拼接融合实现互联互通。江苏省共建成3650公里内河电子航道图，实现规划三级干线航道全覆盖，实现京杭运河江苏段与长江江苏段电子航道图互联互通。长三角区域基本实现江浙沪三地电子航道图互联互通。安徽省淮河干线、引江济淮电子航道图已建成，合裕线、芜太运河、沙颍河、水阳江等高等级航道电子航道图基本建成。江西省完成赣江赣州—井冈山枢纽134.4公里航段电子航道图制作，全省818.4公里高等级航道电子航道图接入"长江e+"。湖北省完成汉江518公里电子航道图发布并接入"长江e+"。四川省推进嘉陵江、金沙江水富至宜宾段接入长江水系电子航道"一张图"。云南省加快建设电子航道图系统，覆盖金沙江中游梨园水电站库区至观音岩水电站坝址460公里航道和下游向家坝至溪洛渡156.6公里航道。

航道管养智慧化。 推动长江干线建设完善航道智慧养护管理系统，用数智技术赋能航道建、管、养作业方式绿色低碳转型。武汉示范段积极探索智慧航道运行条件下航道管养新模式，初步实现航道要素感知由"基础覆盖"逐步向"全面立体"转变、部分养护现场作业由"人工劳动"逐步向"自动无人"转变、辅助分析由"依赖经验"逐步向"智能决策"转变、航道数据应用由"孤立分散"逐步向"协同联动"转变、航道信息服务由"被动常规"逐步向"主动定制"转变五个方面的转变。长江航道部门试点应用长江电子航道图虚拟航标，初步实现宜宾段3个控制河段5个通行信号台无人值守、远程集中指挥。长江宜宾段全面试用智能通行信号指挥系统，实现对船舶的远程智能指挥和联合调度。长江重庆段开发"航道眼"视频AI，实现全时段监控。长江南京以下12.5米深水航道试点运用AIS围栏技术，定向发布航道信息200万余条。长江口航道部门开展航道管养业务关键技术研究及示范应用，疏浚、航政、现场管理实现平台化运行。

7.2.2 智能船舶发展

行业相关政策。国家层面，陆续发布了一系列法规及产业政策，例如交通运输部等13部门印发的《交通运输大规模设备更新行动方案》提出实施绿色智能船舶标准化引领工程，国家发展改革委等6部门印发的《关于大力实施可再生能源替代行动的指导意见》提出鼓励绿色电动智能船舶试点应用。各省市积极推动智能船舶行业发展，因地制宜发布了一系列政策推进产业发展，例如上海市印发《上海市促进工业服务业赋能产业升级行动方案（2024—2027年）》，鼓励船舶海工等企业构建串联全环节要素的数字化平台，打造软硬件结合的创新产品生态。

智能技术突破。作为船舶供电领域创新产品，长江三峡通航管理局联合国网宜昌供电公司、三峡电能公司、智一新能源有限公司等多家企业研制出新一代"船电宝"并成功推广应用。智能内河集装箱船舶"浙港内河002（智翼号）"在太湖水域完成远程控制航行试验，成为国内首艘通过中国船级社认证的智能内河集装箱船舶。安徽省芜湖造船厂取得"自动加速控制系统""电池换电吊装装置""补给船跟随控制"3项绿色智能船舶重要技术专利，集中签约12艘万吨级LNG集散货船。江西江新造船有限公司建造的我国首艘入级智能船舶符号的测试工作保障船——珠海"香洲云"号正式交付。该船是一艘集智能航行、远程遥控、智能集成和智能能效于一体，具有全天候作业能力、具备自主航行能力的首制新型智能船舶，是国内中小吨位"小船大功能"具有开创性和示范性的智能型区域级综合科考船。国内最大储能的混合动力内河游船"西陵峡和谐"号、"西陵峡和悦"号交付运营。全球最大万吨级纯电动运输船在湖北宜昌开工建设，该船首次在内河航运大型船舶中搭载了智能驾控系统，覆盖4G、5G、北斗、卫星等多链路网络，实现了远程控制航行、自主操作、错船、避让、自动靠离泊等多项智能化功能。国内首艘自主新型船载多功能无人测量艇下水。

7.2.3 信息通信技术融合应用

通信网络建设。长江干线开展VHF基站补点改造28处，完成重庆段VHF数字化改造，基本实现VHF全覆盖。长航局持续推进"长江新链"建设，加强与中国移动集团、湖北移动及局系统单位之间的协调和督导，完成长江干线各省市5G站点补点建设，实现长江干线5G无线网络全覆盖。推进5G岸基网络与低轨卫星通信融合，完成武汉和宜昌20公里示范段5G-A通感一体网络连续覆盖组网测试，有效识别航行船只的航向、速度和位置；与中国电信就沿江有线网络完善建设达成合作协议。

北斗系统应用。加快推进新一代北斗智能船载终端研究，新一代北斗智能船载终端MIBT获得内河首张MIBT型式认可证书和开源鸿蒙认证，入围财政部、工信部、交通运输部海事局发布的终端清单和采购名录，并在长航系统公务船舶成功投入应用安装。截至2024年底，长航系统已完成225台北斗智能船载终端安装。江西省推动北斗系统在水运领域应用，已有964艘（北斗多模+单模应用数量）内河运输船舶和18艘公务船舶应用北斗定位系统，其中10艘公务船舶配备北斗系统的船载自动识别系统（AIS）。湖北省108艘20米以上新建运输船舶全部安装北斗智能船载终端。湖南省推进1179艘客渡船安装北斗智能船载终端。

数字孪生平台建设。长航局强化长江航运数字孪生顶层设计和整体统筹，长江航运数字孪生先导试点项目通过验收。该项目研发的长江航运数字孪生平台，构建了长江航运数字孪生数据底座、模型平台与应用场景，汇聚融合数字孪生数据资源27类300余项，数据体量达2.5TB，实现10类200余个可视化模型、9个专业模型、1个智能模型的统一配置管理，构建了航运态势一屏感知、重点区域智能监控、可航水域动态分析、船舶智能避碰预警等应用场景。

网络安全保障。长航局开展全天候网络态势监测预警、重点岗位7×24小时值守、每日"零报告"，全力保障春节春运、全国两会等重点时段网络安全稳定运行；成功应对交通运输行业网络安全攻防演练，并开展长航局系统实战攻防演练；针对弱口令、个人信息泄露、信息系统未经申请上线等网络安全问题，专项排查整改网站、OA、电子签章、视频会议、CCTV等重要信息系统和设备设施，建立问题清单，实施销号管理，督促强化整改。开展"网络安全宣传周"活动，组织开展科技与网信培训及网络安全应急演练，组织7000余人参加网络安全知识线上学习，再次获得交通运输部网络安全年度考评头名。湖北省深入开展网络安全攻防演练、海事协同平台系统账户管理等专项工作，通过加强网络安全隐患排查治理、强化网络安全管理等多种举措，确保湖北水运系统安全运行。

7.2.4 管理和公共服务智慧化

海事监管与服务保障一体化。海事监管与服务保障一体化工作加速推进，在长三角地区率先实现"从无到有""从有到优"，实现长江"干线贯通"，智慧海事监管系统和"海事通"App主体功能日趋完善，具备了从区域、流域走向全国的技术条件。上海海事局、浙江海事局、江苏海事局及东海航海保障中心承担的长三角"陆海空天"一体化海事监管体系建设交通强国建设试点任务通过交通运输部验收，取得了一批可复制、可推广的成果经验。长江海事部门实现长江干线全线锚地一体化管理，69处锚地、2528个锚位全面推广应用船舶智能化锚地调度服务系统，纳入"海事通"App锚泊服务模块，动态优化锚地预约使用规则，累计服务船舶锚泊12万艘次。试运行长江干线危险品船舶安全与防污染管理服务信息系统，实现洗舱需求精准获取、消息自动推送、线上预约洗舱、线上开具电子证明和洗舱作业风险预警。浙江省探索全链条数字化监管模式，启用"内河船舶码"，累计完成2.9万艘船舶赋码、赋色工作。

港航运营管理智慧化。上海港正式发布船载外贸集装箱危险货物人工智能风控平台，构建科学量化的风险评估机制，通过综合判定逻辑，实现对高、中、低3个风险等级分级管控。江苏省上线运行港口综合信息系统，实现省、市、县、企业四级港口数据共享和业务协同；南京建成全国首个船载危险货物集装箱海事"信用+智慧"监管场区，在不降低安全监管标准的前提下，将港口抽检前移，归并危险货物集装箱装箱、抽检查验环节，实现装箱、查验、到港"一站式"联运；建成覆盖干线航道、交通船闸、港口锚地的港航视频联网平台。湖北省建设水路交通运输智慧监测中心，加快实现全省港航要素的实时监测，基本建成水路交通运输信息平台（一期）。湖南省智慧水运综合监管平台已完成执法数据对接，实现系统数据互通。重庆市"数字港航"应用"三张清单"进入"数字重庆"一本账，数字港航应用驾驶舱建成运行，"航道智养""港口智控""船舶智治""航运智管"4个多跨场景加快构建。贵州省完成智慧水运一期工程建设，实现航道通航、船舶过闸等管理服务数字化。

公共服务智慧化。长航局基本完成内、外网统一身份认证系统建设，完成信用长江、智能管理平台等系统接入长航局统一身份认证；完成长航局政府网站改版和用户体验优化，建设政务门户统一工作台，上线运行通航建筑物运行方案审批、港口数据快报、港口岸电设施升级改造管理、长江口航政管理等模块。长江海事局开发"长江北斗网"服务，现有3000多名注册用户，已为100多家船舶公司提供专业化服务。运用"长信网"推送海事信息，"长江水上安全信息"微信平台用户达1.3万人，网上收音机点击量84万次。江苏海事局全面建成"海事通"App政务服务、港航服务、安全服务、绿色服务、船员服务、信息服务、航行服务七大类服务功能，实现海事政务服务掌上办、无感办、跨越办，"海事通"App覆盖所有船员证书办理事项，实现95%以上海事行政许可通过"海事通"App办理。上海市完成旅游船舶和客运码头两类物体"随申码"应用场景建设，打通与大数据中心"随申码"系统运行平台的数据交互通道，对89艘旅游船舶和61个客运码头赋码，支持公众扫码查看港航物体静态信息。江苏省连云港"E港通"口岸一体化智慧服务平台发布，"E港通"已拥有注册用户2500余家，在口岸贸易信息服务领域的覆盖面达到90%以上。

人工智能（AI）技术融合应用。长航局推进人工智能在航运领域的应用，与百度网讯、科大讯飞、长航集团等8家企业开展合作交流，形成长江航运智慧大模型"江小晓"建设应用思路、总体方案和实施路径，并上线运行"江小晓"智能语音服务。长江海事部门深度运用人工智能等新技术，加快推进海事安全数据融合创新中心建设，推进智能研判、精准画像、科学决策功能开发，升级推广航运智能化应用场景，通过信息化倒逼海事安全监管流程优化和再造，提升监管措施的协同性、系统性、整体性。

7.2.5 转型升级典型案例

标杆案例示范。首批公路水路交通基础设施数字化转型升级案例引领行业变革（表1-7-2）。上海市洋山四期超大型自动化集装箱码头智能管控系统、浙江省"浙闸通"智慧船闸系统、山东省全自动化集装箱码头智能管控系统（A-TOS）、长江数字航道与"水上一张图"应用实践等入选十大典型案例，洋山港智能管控系统首创全域协同优化算法，"浙闸通"智慧船闸应用区块链过闸调度技术，长江三峡通航智能大脑研发多目标协同调度模型。江苏省干散货码头绿色智慧全要素管理和全流程无人化作业系统、安徽省引江济淮内河智慧航道工程、长江航务管理局"数聚三峡 智汇通航"枢纽智能通航实践等入选18个代表案例。

长江航运入选首批公路水路交通基础设施数字化转型升级相关案例　　表1-7-2

案例名称	推荐单位	简介
上海市洋山四期超大型自动化集装箱码头智能管控系统	上海市交通委员会	围绕"码头全域全流程智能协同决策与高效执行"问题，突破了局部集群优化到全域协同优化、数物融合以及机器自主决策的技术瓶颈，构建了超大型自动化码头全时域全场景智能作业一体化管控新模式。通过创新研发无级多点交互、动态优化的全域融合架构，项目有效提升了码头设备与系统之间的数据处理效率与可靠性，支持高效的全自动化作业。自主开发的智能调度系统通过构建全局视野的调度规则库，极大地提升了码头智能管控的效率，实现了作业路自动编排与自动发箱。世界银行发布的"2023年港口运营效率指数(CPPI)排行榜单"中，洋山港运营综合效率排名全球第一
浙江省"浙闸通"智慧船闸系统	浙江省交通运输厅	解决船舶待闸时间长、申报不方便、调度不联动等痛点难点问题，融合了物联感知、大数据分析和数字孪生等新技术，打造了"一站申请""一键过闸""一体调度""一屏管控"等多跨场景，实现了港—闸—船协同，通过把过闸时间和码头装卸时间相匹配，实现过闸船舶即过、即装、即走，进一步提升物流效率。钱塘江中上游通过统筹安排4座船闸运行时间，从女埠锚地到大路章作业区的船舶,实现绿波通行和当日达
山东省全自动化集装箱码头智能管控系统（A-TOS）	山东省交通运输厅	面向超大型集装箱码头智能管控需求，自主研发了"云原生+"全自动化集装箱码头智能管控系统（A-TOS）。构建了基于云原生技术的云—边—端柔性架构，研发了堆场全要素智能选位、船舶自适应极速配载等系列模型和算法,创新水平运输、堆场装卸、空中轨道等设备的智能调度和运作优化方法,实现千万级标准箱集装箱码头"毫秒级"全场选位、"秒级"设备调度、"毫秒级"数据动态刷新
长江数字航道与"水上一张图"应用实践	交通运输部长江航务管理局	围绕传统航道养护与服务模式信息化程度不高、通航潜能释放不足、创新服务能力不够等问题，研究了长江数字航道时空要素感知与管养协同一体化、电子航道图生产发布与多元信息服务等关键技术，实现了航道养护模式数字化转型和航道通过能力智慧扩容，形成了涵盖内河航道要素感知、电子航道图生产发布、航道精细管养与便捷优质服务的成套"长江方案"，打造"水上高德"服务品牌

案例名称	推荐单位	简介
江苏省干散货码头绿色智慧全要素管理和全流程无人化作业系统	江苏省交通运输厅	针对传统干散货码头普遍存在的运营管理粗放、作业效率低、安全风险高、自动化及智能化程度低等问题,研发了基于3D激光扫描建模和多机构防摇定位的门座式起重机自动化系统,基于北斗高精度定位和智能路径规划的斗轮堆取料机、装船机自动化系统,基于数字孪生及骨传导听诊技术的带式输送机无人巡检系统,基于5G+姿态感知的现场无人清舱系统,以及粉尘在线监测及智能控制系统等,开发了全要素智慧管理系统,实现了干散货码头绿色智慧全要素管理和全流程无人化作业
安徽省引江济淮内河智慧航道工程	安徽省交通运输厅	在江淮运河354.9公里航道上,融合AIS、雷达、电子卡口、视频、航标、水位等多种感知数据,开展了多源航道感知数据融合及大数据分析;基于电子航道图对船舶行驶路线进行最短路径规划,结合预警信息等为船舶提供全方位智能助航导航服务;实施了全线7座船闸的联合调度,提升了船闸运行效能
长江航务管理局"数聚三峡 智汇通航"枢纽智能通航实践	交通运输部长江航务管理局	针对三峡过坝船舶量持续增长、三峡枢纽通航常态化满负荷运行等问题,研发了远距离多计划联动精准调度技术、梯级枢纽通航综合管控和远程协同服务关键技术,形成了枢纽通航智慧大脑,搭建"三峡通航e站"线上服务平台,融合船舶远程申报、区域联动管理、过闸安检、锚地指挥、过闸调度和综合监管等核心功能,航运通过量显著提升,通航调度水域不断拓展

7.3 智慧长江建设

长航局以"131"智慧长江建设路径作为高质量发展的突破口,通过智能管理平台、综合保障平台、公共服务平台三大支撑体系,推动长江航运实现全要素数字化、全流域协同化、全场景智能化升级。2024年2月,交通运输部批复了长航局"智慧长江建设与应用"交通强国建设试点任务。

"信用长江"系统。"信用长江"系统是长江航运为实现信息化管理、提升运营效率而开发的一套综合性管理平台。2024年,"信用长江"2.0系统完成全面升级,通过集成数据管理、信用评价、信息发布等功能,帮助航运公司更好地管理船舶、货物及相关业务流程。

智能管理平台。围绕"全流域管控"目标,长江航运智能管理平台2.0版本上线试运行,完成40项风险模型开发,丰富了风险管理、动态监控、危防管理、现场管理、应急管理、船籍港管理、航运公司管理、执法督察等9类应用场景,试点运行航运公司体系管理数字化平台;武汉段GIS场景、泰州段、三峡船闸在线监测系统接入智能管理驾驶舱,初步实现智能化监管服务。

综合保障平台。围绕实现航运资源"一图掌控、直观调度"目标,不断扩大长江电子航道图覆盖范围,拓展数字孪生服务场景,加快建设"长江新链",建设"航运保障云管家",实现长江航运综合保障平台有效支撑。基于长江航运数据中台所汇聚的长航局系统数据资源，初步构建长江航运资源图谱数据库，完成"三船"信用数据、航道运行监测、"长江e+"智能客服等典型场景的资源图谱模型、航运资源知识表达模型，实现图谱展示、语义检索、智能问答、关系探索等功能，形成初级版航运知识大脑。长江航运数据中心启用，已建成船舶、船员、船公司、港口、船载货物、航道、水文、航运基础设施设备等核心要素资源库，涉及数据表1015张，存储数据19.67亿条，日均新增基础数据超过60万条、AIS动态数据3000余万条。以机关业务办公一体化、无纸化、移动化为目标，初步构建了以协同办公系统为基础的智慧办公体系，实现了公文管理、事务审批、会议管理的在线办理；建设运行电子公文交换系统，实现长航局与系统单位的电子公文线上流转；推进协同办公系统单套制归档功能建设，并基于协同办公系统建设了合同管理、财务报销、公务员平时考核、固定资产、党建等子系统，进一步丰富协同办公功能。

公共服务平台。围绕集中、统一、高效的服务目标，"长江e+"公共服务平台建立"三位一体"服务模式，汇聚7大类77项功能，初步形成集中、统一、高效的服务体系。"长江e+"服务功能已达84项，用户总数超过32万，总点击量超过1.3亿次，日均点击量稳定在30万次以上；融合"船E行"中水污染、岸电、受限船申报、高质量选船等主要功能，"三峡通航e站"中船员打卡、安检信息、过坝动态、通航公告等核心功能，实现统一服务入口；上线在线客服，接入瑾姐办事、船民直通车、互联网医院、信用长江、航运指数等服务功能，开发全新的手机App界面，完成华为、腾讯、百度应用市场的上架工作；同步将小程序、App、网站上的干线航道水位发布频次由8小时一次调整为1小时一次；完成长江北斗智能终端融合应用"长江e+"测试。

第8章
行业管理

8.1 法治政府部门建设

8.1.1 持续深化法治建设

推进重点工作落实。长航局系统和各地交通运输主管部门深入学习贯彻习近平法治思想，坚决落实党中央、国务院关于法治政府建设的重大决策部署，制定年度法治工作要点，坚持把法治建设与水运高质量发展工作紧密结合起来，把法治建设列入年度重点任务清单和年度责任目标，指导行业开展法治建设工作，持续推进《交通运输部关于进一步深化交通运输法治政府部门建设的意见》确定的目标任务和重点工作落实。长江海事部门全面深化《水上交通安全信息共享共治专项行动方案》，协同治理三峡地质灾害等3个案例；建立内河海事履约研究工作机制，参与国际海事组织（IMO）提案专题评审，助力我国提案顺利通过。各省市交通运输主管部门认真履行法治建设第一责任人职责，推动国家和省级法治政府建设各项要求落地落实，扎实开展法治督察反馈问题整改。

协同推进立法相关工作。结合行业发展实践，长航局系统与各地政府协同推进长江保护法、海商法、港口法、交通运输法、国际海运条例、自然保护区条例等重点法律法规的制修订工作，积极在立法中反映长江航运发展的客观需求；深度参与《重庆市船舶污染防治条例》《湖北省长江船舶污染防治条例（草案）》等重点立法项目研究论证、沟通协调、起草工作等。各省市推进"立改废"工作，《四川省水上交通事故处理条例》经省人大常委会公告废止，《贵州省水路交通管理条例》经省人大常委会第二次讨论。加快推进重点规章制修订，长航局配合交通运输部开展了《港口和船舶岸电管理办法》《通航建筑物运行管理办法》等部门规章修订工作，代部起草《航道保护范围划定管理办法》。严格实行行政规范性文件计划管理，开展行政规范性集中评估清理，废止行政规范性文件2件，现行有效行政规范性文件28件。江苏省出台《江苏省道路水路运输经营者信用管理办法》《江苏省航道养护管理办法》，四川省印发《四川省通航建筑物运行调度管理办法》等制度文件。

法治宣传教育。长航局系统和各地交通运输主管部门创新方式方法，利用重要时间节点进行普法工作，开展宪法宣传周、全民国家安全教育日、民法典宣传月、中国公平竞争政策宣传周等活动，经常性送法进校园、进企业、进船舶、进码头，利用单位网站、微信公众号、电子显示屏、展板等宣传法律法规，营造浓厚法治氛围。长航局系统单位制定领导干部应知应会党内法规和国家法律法规清单，抓"关键少数"带动"绝大多数"学法。持续打造长航局"江小法"特色法治文化品牌，制作发布一批"江小法说法"宣传作品，开通"江小法"直播间，开发运行"江小法在线"长江航运法律咨询服务平台，讲好长航"法治故事"，推动法治文化与长航文化进一步融合。长航局系统4家集体和2名个人荣获全国交通运输系统"八五"普法中期通报表扬单位和个人。

8.1.2　职能体系建设

行政效能改革。长航局系统持续深化长江航运行政管理体制改革，优化完善机构编制管理，建立机构编制评估机制，进一步优化长航局机关直属单位机构编制资源配置，完成局机关5家直属单位15个内设机构和长江航运总医院4个内设机构的优化调整，更好适应长江航运高质量发展。开展长江航运行政管理体制改革成效评估，结合中央编办事业单位调研工作，深化改革研究，提出进一步深化拓展改革的意见建议。长江口航道管理局进一步理顺局机关与河口中心、所属企业三者之间以及与事业发展之间的关系，成立经济工作领导机构，制定加强和规范企业管理意见，厘清责权利关系，实现发展融合、人员融通，更好适应发展新要求。

深入推进"放管服"改革。长江海事部门推行与长三角区域"跨域办"和长江干线"全域通办"，18项政务服务事项在长三角和长江全线实现通办，34项高频政务服务事项在长江干线56个服务窗口就近可办、异地能办，推动16项"全域通办"政务服务事项向长江支流水域延伸；全面推行海事"一网通办"平台和"海事通"App，服务事项网办率95%，掌办率80%；推广应用电子证照，船员业务电子证照覆盖率达90%以上；开通长江海事政务服务"客服"，实施"首接负责、接诉即办"，接收处置各类诉求2349件，高效承接中国海事"总客服"转办事项22件，有效处置率100%。云南省编写水运工程建设领域政务服务事项办事指南11个，提升办事效率；严格落实"企业安静期"制度，规范水路交通涉企行政检查，优化水路交通运输行业营商环境。

8.1.3　执法体系建设

综合执法能力提升。长江口航道管理局聚焦现场管理提升航政执法能力，与公安、海事、水利等执法单位保持密切协作，促进干支交汇水域涉航项目的协同管理，扩大航政执法影响力，全年开展航道巡查24次。江苏省推动执法监管模式向流域化转型，在太湖、洪泽湖、骆马湖、京杭运河等"三湖一河"重点水域部署开展流域化监管工作机制建设。河南省开展豫晋陕三省四市区域执法协作试点，探索省际水上执法政策标准共研、重大事项共商、协作机制共建等制度建设，打造深度合作、互促互补的水上联防联控新格局。贵州省探索执法新模式，通过《贵州省交通运输综合行政执法条例》，以立法的形式固化规范执法制度，探索执法"放管服"新模式，用法规制度倒逼执法行为规范，堵塞执法漏洞。落实《交通运输行政执法质量效能提升三年行动方案（2024—2026年）》，安徽省等地印发提升综合执法质效三年行动方案，长三角区域执法协作试点高质量完成。

综合执法规范化建设。长航局系统不断规范执法机制，丰富执法手段，提升执法队伍素质，强化执法督察，保障长江水上交通执法水平持续提升。健全完善长航局执法规范化制度体系，制修订长航局政务服务指南（2024年）、现场检查工作规范、长江航运领域轻微违法行为依法免予处罚事项清单、行政处罚裁量基准、航道违法行为行政处罚裁量基准等10余件制度规范，确保行政许可有指南、行政检查有规范、行政处罚有裁量。长江海事部门制定海事业务流程和履职标准，持续落实"两要一不要"说理式执法、海事违法行为"轻微免罚""首违不罚"机制；开展执法督察活动1314次，制发督察文书31份，组织开展海事现场执法不规范问题集中整治。长江下游江苏段全面推行柔性执法工作模式，规范行政处罚实施流程，大力整治行政处罚实施过程中的不规范行为。

基层执法能力建设。持续推进基层执法提质增效，落实全国交通运输行政执法深化"四基四化"建设推进会部署要求，夯实执法队伍基层基础基本功重点任务。树立大抓基层鲜明导向，组织开展基层执法大队长典型案例分享，以点带面推动执法工作提质增效。持续构建执法联动协作工作体系，推动形成执法"一盘棋"工作格局。长江海事部门深入开展执法队伍素质能力作风提升行动，有序推进5大方面、21大项、73小项重点任务落实，以查促改、以查促建，指导规范相关执法行为，提升文明执法水平。

8.2 行业行政管理

8.2.1 水运物流保通保畅

防洪攻坚。长航局强化汛期长江航运安全管理，开展2024年"汛期百日安全"专项行动，建立多部门联动机制。协同防控，联合气象、水利、自然资源等部门，实现监测预警与现场管控无缝衔接；分级响应，全年实施防汛三级应急响应25天、四级应急响应28天，建立防汛信息日报机制；精准管控，针对长江第1~3号洪水，采取洪峰过境禁航、重点船舶限制通航、重点水域单向通航等措施；应急保障，高洪水位期90余处渡口停航封渡，54处施工区停工度汛，葛洲坝船闸暂停危险品船舶过闸期间，启动三级联动管控，疏导近坝水域80余艘待闸危险品船舶。

战枯保畅。针对长江干线出现的"汛枯急转"不利局面，长江海事部门加强水位消落期通航秩序管理，保障8处航道应急疏浚水域通航安全，提前启动"三防一禁"安全活动，制作浅点浅区航行安全微信推送，加大船员流动课堂宣传警示，严格管控船舶吃水，设置6处应急减载基地，现场核查船舶近2万艘次，减载730余艘次。

重点物资运输保障。 充分发挥交通物流保通保畅工作机制作用，加强对重点枢纽、主要通道、重点区域的运行监测和跟踪调度，确保长江干线和京杭运河等骨干通道畅通、三峡枢纽等重点通航建筑物平稳运行，健全应急运力储备，切实保障能源、粮食、民生等重点物资安全高效运输。强化低温雨雪冰冻天气预警，长江海事部门严格禁限航管控，打击渡船冒险航行等行为。航道管理部门建立健全水位预测预报、重点水道跟踪观测分析、航道运行专项监测等工作机制。长江航道局常态化开展长江干流与岷江等9条主要支流一体化监测分析，完成通航状态等级评估1891次、航道设施状态等级评估719次，在32处重点水道实施"一滩一策"精准疏浚。

重点时段保通保畅。 加强春节、清明、五一、端午、中秋、国庆等重要节假日及全国两会、第七届中国国际进口博览会等重要活动期间长江航运保通保畅工作，加强重点航段安全隐患排查治理和重点船舶安全监管，长江海事部门在中秋、国庆前后全覆盖检查427艘渡船、48艘省际客船及68艘夜游船。加强假期公众出行特征研判，科学制定运输保障方案。

长江引航服务。 2024年，长江引航中心引领中外籍船舶（含移泊）5.96万艘次，引航里程727万公里，引航载货量4.8亿吨，同比增长6%，创历史新高。优先引领重点民生物资船舶7094艘次，载货量1.3亿吨，同比增长13%。成功应对灾害性天气疏港保畅81次，全力保障重点时段重点船舶运输安全畅通。引领共建"一带一路"国家船舶300多艘次，保障1428艘次开普型船舶安全进江，为企业累计节约成本30多亿元。宁波舟山港引航站共引领中外船舶48812艘次，引领船舶总吨27.2亿吨，同比分别提升8.19%、6.25%。

8.2.2 航道及通航设施管理

航道养护。 长江干线航道全年航标维护正常率、信号揭示正常率、信息发布准确率均达到100%。宜宾至浏河口段全年最大设标5783座（不含代设代管航标），完成航标养护205万座天，各信号台实际开班6274台天，指挥各类船舶16.8万艘次；完成航道测绘4.8万换算平方公里；32艘疏浚船舶对35处水道实施航道养护疏浚施工3034.08万立方米；对竣工交付使用的615处航道整治建筑物进行维护，航道整治建筑物检查5708座次、观测19996.6换算平方公里。各省市航道养护情况见表1-8-1。

各省市航道养护情况   表1-8-1

地区	航道养护
上海市	完成黄浦江陆家嘴、董家渡弯道、黄浦江深水航道、上海洋山深水港港区航道、外高桥罗泾支航道、宝山支航道6个沿海航道常规疏浚维护项目，推进实施龙泉港、惠新港西段(咸塘港—大川公路)航道2条内河航道的疏浚项目,合计疏浚总方量615.58万立方米
江苏省	印发《江苏省航道养护管理办法》《江苏省内河航标管理办法》,规范全省内河航道养护、航标管理

续上表

地区	航道养护
江西省	全省三级航道平均年通航保证率达98.5%,二级航道平均年通航保证率达99.5%,航标一类养护正常率达99.4%,均超过养护标准
河南省	完成航道疏浚9.46万立方米、维护航标326座次,推进航道养护管理办法修订
湖北省	开展汉江航道养护管理评估和航道整治建筑物水毁修复工作
湖南省	加强对违法破坏航道设施、航道内抛渣弃土、非法砂采石等违法行为的巡查力度,针对"未批先建"等未完全执行航评要求的情况,形成省管航道涉航项目问题清单,实行销号管理
四川省	印发《2024年全省高等级航道养护管理工作重点任务》,全年航道养护里程4596.48公里,其中一类养护里程567公里,二类养护里程2964.4公里,三类养护里程1065.08公里
贵州省	全年共完成航标维护26万座天,航标维护正常率达95%以上,维护水深保证率乌江、红水河为94%以上,赤水河为88%以上
云南省	修订《云南省航道管理规定》,进一步明确航道规划和建设、运营和维护的权责划分

航道公共服务。长航局推进涪陵、宜昌、上海3个优质公共服务示范段建设。长江干线28个重点水位站信息发布频次由每日6次加密至每小时1次,南京以下12.5米深水航道试点运用AIS围栏技术定向发布航道信息200万余条。对具备条件的支汉、支流河口航道尺度实施动态发布,探索长江干支流水运信息协同共享机制。回应船东用户关切,组织完成枝江水道历史碍航沉船应急抢险打捞、武穴水道乱石堆清理等长期遗留问题。

三峡—葛洲坝枢纽河段通航管理。长江三峡通航管理局积极应对春运、枯水期、全国两会等叠加带来的压力,一体推进葛洲坝一号船闸、三峡北线船闸大修,实现船闸检修"三零四达标"、通航保障"三确保""三稳定"目标。统筹实施16次两坝同步停航保养,主要设备完好率99.66%。三峡船闸安全运行1.02万闸次,三峡升船机安全运行4734厢次,葛洲坝船闸安全运行1.89万闸次。

地方内河通航建筑物运行养护。2024年,各省市加强内河通航建筑物建设管理,进一步完善应急调度管理系统,升级运行监管系统,优化通航管理办法,通航效率得到明显提升。同时,多省市完成船闸检修维护工作,多座航电枢纽试航成功。各省市通航建筑物运行养护情况见表1-8-2。

各省市通航建筑物运行养护情况表　　　　　　　　　　　　表1-8-2

地区	通航建筑物运行养护情况
上海市	运行44年的杨思船闸完成首次停航应急抢险加固,顺利实施上下闸首门槽更新、闸室清淤等工作,工期优化至30天
江苏省	23座船闸技术状况综合检测工程通过验收,包含老旧船闸16座和2025年拟大修的船闸7座,为船闸维护、维修的决策制定提供了科学技术保障;南京地区5座交通船闸全年累计为9.55万艘次船舶提供安全过闸服务,便捷过闸ETC使用率99.9%;泰州高港船闸更新《江苏省高港船闸过闸船舶诚信管理办法》,创新研发不接触式船舶吃水监测系统;苏北运河船闸运行监管系统进入试运行阶段
浙江省	大库船闸、通明船闸首次大修工程交工验收,八堡船闸正式进入24小时运行机制,充分利用夜间潮水水位好转情况及时调度锚地滞留船舶过闸

续上表

地区	通航建筑物运行养护情况
安徽省	省港航集团所属船闸累计完成过闸量4.07亿吨,同比增长12.2%;引江济淮航道实施全线7座船闸的联合调度;淮河航道临淮岗复线船闸工程交工验收,单向通过能力达到2118万吨
江西省	深化船闸统一调度管理机制,接管南昌船闸并提供24小时运行服务;开展高等级航道船闸过闸收费和优先过闸政策研究;印发《船闸管理规范化建设指南》,开展船闸规范化试点建设
河南省	周口沈丘新枢纽船闸启用通航,运行后可满足千吨级船舶全年通航需求
四川省	印发《四川省通航建筑物运行调度管理办法》,规范全省通航建筑物统一调度管理,建立部门间协调机制,解决通航建筑物水位流量不满足航运需求的难题;印发《嘉陵江通航建筑物维护保养实施方案》,并组织开展各流域梯级通航建筑物集中检修,保障通航建筑物正常使用和安全运行
贵州省	贵州省、重庆市共同制定《乌江全线多梯级通航建筑物联合调度规程》,船舶通过时间总体减少30%以上;乌江船舶过闸总量超150万吨,通航业务指标全面提升;旁海航电枢纽成功试航

8.2.3 港口管理

岸线资源管理。落实《长江干线港口布局及港口岸线保护利用规划》,各地港口行政管理部门加强港口岸线资源支撑保障,扎实推进岸线资源利用评估,加强事前事中事后监管,优先支持公用化、专业化、规模化岸线开发,推动存量岸线整合提升、增量岸线集约高效,保障长远发展空间。上海市编制《上海港口岸线资源利用白皮书（2024版）》,综合分析上海港口岸线资源利用情况,建设港口岸线大数据平台和数据模型。江苏省实现江阴港、南京港等多个码头设计通过能力的提档升级,镇江市开展存量岸线整合提升专项行动。湖南省印发《湖南省港口岸线使用审批管理办法（2024年修订）》,强化港口岸线使用审批管理。2024年长江水系港口深水岸线审批情况见表1-8-3。

2024年长江水系港口深水岸线审批情况摘选 表1-8-3

地区	使用岸线项目
上海市	上海港宝山罗泾港区集装箱码头改造二期工程
江苏省	南通港通海港区通海作业区通海港口有限公司码头改建工程、无锡(江阴)港石利港区利港电厂1号码头改扩建工程、无锡(江阴)港石利港区利港电厂3号码头改建工程、南通港通州湾港区吕四作业区西港池14号~16号泊位码头工程、南通港通州湾港区吕四作业区西港池12号泊位码头工程、无锡(江阴)港申夏港区5号码头二期改扩建工程、南通港通海港区启海作业区启东中远海运海洋工程有限公司舾装码头改扩建工程、泰州港高港港区杨湾作业区一期码头改建工程
浙江省	宁波舟山港大榭港区宁波大榭集装箱码头二期工程
安徽省	安徽港口物流有限公司金园码头扩建工程、芜湖市滨江旅游码头工程、铜陵港长山港区笠帽山作业区公用液体散货码头、芜湖港裕溪口港区滚装码头一期工程
江西省	九江港瑞昌港区江西吉恩重工有限公司码头工程
湖北省	荆州港松滋港区车阳河临港新区散货码头改建工程、鄂州港三江港区交投沥青储运码头工程、蕲春港茅山港区绿色建材码头工程
湖南省	岳阳港城陵矶港区松阳湖三期工程
重庆市	重庆港江津港区珞璜作业区改扩建工程

港口经营管理。江苏省港口集团建设成为全国唯一同时拥有集装箱和干散货"双五星"的港口企业。芜湖港"内河'零碳智慧'港口治理新模式"成功入选中国（安徽）自贸区2024年度制度创新案例。山东省发布《港口邮轮码头服务要求》地方标准，加强全省邮轮码头规范性管理。湖南省推动各区域港口合理分工，统一调度、价格、服务标准。贵州省实施港口安全生产治本攻坚三年行动。

8.2.4 水上交通行政管理

海事政务。2024年，长江海事局共受理各类海事政务事项176044件（不包含行政备案3761689件），同比减少23.9%，其中通航业务766件、船舶业务48266件、船员业务89344件、危防业务35105件、船检业务113件、公司管理业务2450件。办结各类海事政务事项170698件，同比减少24.2%，其中通航业务794件、船舶业务46749件、船员业务85763件、危防业务34961件、船检业务112件、公司管理业务2319件。

船舶管理。长江干线四川至安徽段共完成船舶登记工作量8556次，其中内河船舶6677次、海船1879次。江苏段船舶进出港339.41万艘次，其中国际航行船舶进出口岸35496艘次；船舶货运量33.36亿吨，其中国际航行船舶进出口岸货运量4.11亿吨。浙江籍省管内河船舶全面试行"文书合一"改革。长江海事辖区船舶登记工作情况见表1-8-4。

长江海事辖区船舶登记工作情况   表1-8-4

项目	总计 （次）	内河船舶 （次）	海船（次）		
			合计	国内航线	国际航线
总计	8556	6677	1879	1832	47
船舶所有权登记	1086	804	282	268	14
船舶国籍登记	2281	1817	464	448	16
船舶抵押权登记	1041	839	202	200	2
船舶光船租赁登记	750	503	247	242	5
船舶注销登记	3398	2714	684	674	10

航运公司管理。长航局会同各地交通运输主管部门组织航运企业开展经营管理主体责任自查自纠，推动2600余家经营主体作出诚信经营承诺。结合水路运输企业经营资质核查、安全管理体系审核，抽查检查3100余家企业和船舶管理企业经营情况，依法依规处置问题线索99条，促进企业诚信经营。

船员管理。长江海事局创新构建"1225"船员培训机构管理模式，重构船员实操评估队伍和工作机制，在全国率先开展船员培训考试模式改革，推动招商局南京油运股份有限公司成为全国首家具有自主开展海船操作级船员适任评估资格的试点航运公司。江苏海事局在全国率先开展海船操作级船员适任评估试点工作，制定《江苏海事局海船操作级船员适任评估试点实施方案》，指导企业编写《自有船员适任评估实施指南》《自有船员适任评估指导手册》。上海市制定《2024年内河船员管理监督检查工作方案》，进一步优化船员服务业务管理，完善船员服务机构的备案管理和监督检查，规范内河船员服务机构从业行为。湖南省印发《关于进一步规范内河船舶船员考试及发证管理工作的通知》，推进内河船舶船员考试发证管理权限调整。长江海事局、江苏海事局辖区船员管理数据见表1-8-5、表1-8-6，地方海事系统内河船员考试与证书基本情况见表1-8-7。

2024年长江海事局辖区注册船员人数统计数据 表1-8-5

船员类别	人数（人）	船员类别	人数（人）
内河船舶船员	112244	无限航区海船船员	73527
沿海航区海船船员	17968	总计	203739

船员管理工作数据 表1-8-6

项目			数量（人）		
			长江海事局	江苏海事局	上海海事局
船员理论考试（人次）	内河船员	适任考试人数	9976	1549	—
		合格证考试人数	7867	1097	—
	海船船员	三副/三管及以上	16371	16819	6297
		全球海上遇险与安全系统（GMDSS）	2427	3226	973
		值班水手/机工	9055	7948	305
		合格证	60526	12490	1793
签发证书	内河船员	适任证书	7499	2095	—
		特培证书	15226	2633	—
		服务簿	252	113	—
	海船船员	适任证书	5458	7927	6118
		海员证	5913	3715	10523
		服务簿	8826	1935	2778
		合格证（项目数）	45449	26036	19230

地方海事系统内河船员考试与证书基本情况 表1-8-7

地区	船员考试数量（人）	船员证书发放数量（本）	船员有效证书数量（本）
上海市	1929	2596	5137
浙江省	2292	2081	14771
安徽省	30429	21003	153225
江西省	3446	3515	21771
山东省	8187	5975	36301
河南省	3388	3003	18872
湖北省	1858	3932	36386
湖南省	3902	6615	32450

续上表

地区	船员考试数量(人)	船员证书发放数量(本)	船员有效证书数量(本)
重庆市	3615	2416	26926
四川省	1563	2660	28699
贵州省	967	16960	17559
云南省	1944	1416	16858
陕西省	546	989	3884

注：江苏省相关数据为纳入江苏海事局辖区船员管理数据。

8.3　运输市场建设

8.3.1　社会物流服务

物流降本提质增效。交通运输部先后公布2批交通物流降本提质增效典型案例名单，长江水系14省市首批入选江苏通港达园专支线建设、浙江"四港联动"等6个案例，第二批入选连云港"一单制"推广、武汉阳逻港枢纽港建设2个案例，有力支撑交通物流降本提质增效，具体名单见表1-8-8。长江江苏段试点提升到港船舶吃水深度（南京港11.8米、镇江港12米、江阴港12.3米），刷新3个港口开埠以来接靠船舶最大吃水历史纪录。江苏省出台《江苏省有效降低全社会物流成本重点举措》，聚焦降低货物综合运输成本、全链条供应链成本、物流协同组织成本、制度性交易成本，加大政策支持力度，强化要素保障支撑。河南省印发《河南省有效降低社会物流成本实施方案》，从降低物流体系运行成本、降低物流资源配置成本、降低物流协同组织成本等5个方面出台16条具体措施。湖南省实施降低全社会物流成本专项行动，推进"一湖四水"港航提升工程。重庆市制定《重庆市有效降低全社会物流成本行动方案》，开展枢纽与通道网络能级提升行动、运输结构优化攻坚行动等10项行动。四川省印发《四川省水路运输提质倍增行动方案（2024—2028年）》，提出7个方面21项具体措施。

交通物流降本提质增效水运相关典型案例名单　　　　　　表1-8-8

序号	批次	名称
1	首批	江苏推进通港达园专支线建设　构建江海河联运物流服务体系
2		浙江推进"四港联动"　促进运输结构优化调整
3		宁波舟山港推进多式联运信息互联互通　打造海铁联运精品线路
4		嘉兴打造"长三角海河联运枢纽港"　服务"新三样"扬帆出海
5		安徽推动沪皖同港一体化发展　构建滚装运输江海直达服务体系
6		重庆物流集团创新多式联运"一单制"　打造中欧班列"钢铁驼队"
7	第二批	连云港积极拓展"一单制"服务功能　创新推广CCA模式的"一单制"
8		武汉阳逻港加快建设中部地区枢纽港，助力黄金水道释放"黄金效益"

"两新"政策落地实施。落实《交通运输大规模设备更新行动方案》和《交通运输老旧营运船舶报废更新补贴实施细则》，长航局系统及各省市交通运输主管部门推动老旧营运船舶"以旧换新"，研究起草《关于推进长江内河运输船舶更新补贴建议》《关于做好交通运输老旧营运船舶报废更新补贴政策衔接工作的建议》，协调老旧船舶短期内完成报废更新申报及加快拆解工作。各省市老旧营运船舶拆解情况见表1-8-9。

各省市老旧营运船舶拆解情况　　　　　　　　　　　　　　　　　　表1-8-9

地区	老旧营运船舶拆解情况
上海市	完成4艘老旧船舶拆解，审核发放企业补贴资金437.5万元
江苏省	完成拆解更新船舶2471艘，完成数量和发放补贴资金总额均列全国第一
浙江省	牵头建立老旧营运船舶报废更新工作机制，会同省发展改革委编制《浙江省老旧营运船舶报废更新资金补贴工作方案》报省人民政府同意后印发实施。2024年，共完成老旧营运船舶报废353艘，其中内河船舶326艘、沿海货船27艘
安徽省	完成拆解船舶355艘、15万总吨，拨付补助资金1.4亿元
江西省	完成60艘老旧营运船舶报废拆解，申请补助资金4469万元
河南省	完成347艘老旧营运船舶拆解，对应补助资金2.45亿元
湖北省	出台老旧营运船舶报废更新工作实施办法，新建船舶开工4艘，拆解老旧营运船舶65艘
湖南省	制定省级实施方案和部省政策衔接原则，规范报废更新补贴工作，部省政策合计申请老旧营运船舶报废更新471艘，涉及奖补资金1.33亿元
重庆市	推动出台老旧营运船舶报废更新补贴实施方案，搭建报废更新管理信息系统，完成53艘船舶报废拆解，新建造LNG等新能源船舶30艘
四川省	完成140艘老旧营运船舶报废拆解，累计兑付补贴资金0.18亿元
云南省	完成11艘船舶报废拆解，获得补贴资金116万元

8.3.2　水路运输市场

宏观调控与政策创新。严格落实长江干线省际客船、水系省市液货危险品船运输市场宏观调控政策，严禁新建非标准船舶投入营运，开展船舶运力结构与经营主体结构优化研究，形成《关于推进长江船舶运力结构调整的意见（建议稿）》《关于推进长江水路运输市场经营主体结构调整优化行动方案（建议稿）》，积极争取干散货运力调控政策。修订完善"双随机、一公开"检查细则，加快研究制定水路运输市场监管办法。加强食用植物油运输管理，192艘船舶全部实现食用植物油专船专运。专项清理营运证失效省际客船、液货危险品船108艘。

市场监测与信息服务。长航局创新建立基于海事船舶报港数据的货运量、货物周转量测算方法，完善统计调查、监测分析制度，健全月度、季度、半年市场监测分析机制，完成各类市场分析报告、专项分析报告30余份，向交通运输部报送阶段性航运形势分析报告4份，首次编印《长江航运形势》月报/季报，定期向中央财办报送。定期编发长江水路运输市场信息简报和长江运价指数、长江航运景气指数、长江船员工资指数等。

服务企业举措。长航局联合相关海关落实"内河运费扣减"工作，惠及 2000 余家企业，节约关税支出约 6500 万元。推动成立中国船东协会长江船东分会，发布《省际游轮旅游行业自律公约》，引导行业协会自律自治。江苏段实现重点物资船舶到港零检查、待泊零费用。长江三峡通航管理局开展为期近 3 个月的集装箱船预约过闸试运行。组建长江航运法律咨询服务线上应答团队，为航运企业及船员提供政策咨询、纠纷调解、法律维权服务。启动"健康长江"行动计划，长江航运总医院建设"船员医院"，建设船员远程问诊平台和船员健康专家团队，实现"体检到港可及""专家随诊可及"，累计响应紧急医疗求助及协助开展应急演练等服务 13 次，完成船员体检 11294 人次。

8.3.3　水运建设市场

投融资机制改革。国家发展改革委印发《水运中央预算内投资专项管理办法》，财政部发行超长期特别国债等支持水运重点项目建设，长航局系统及水运管理部门抓好落实，推进重大项目建设。浙江省在内河水运项目领域争取超长期特别国债支持达 21.7 亿元。江苏省在部分省重点内河干线航道建设项目中试点开展"拨改投"改革。安徽省构建多元化多层次投融资机制，支持航道、港口等航运基础设施打捆建设，支持符合条件的项目通过申报专项债券、发行基础设施领域不动产投资信托基金（REITs）、申请银团贷款等筹措建设资金。湖北省将"投融资体制改革"纳入交通强国建设湖北省试点任务，推进全省交通运输领域地方财政事权和支出责任划分改革。

市场规范化管理。长航局加强建设市场管理，组织修订《长江航运建设工程设计和施工企业信用评价实施细则》，完成 2023 年度水运工程建设市场设计、施工和监理信用评价工作；落实《长航局优化水运建设领域营商环境实施方案》，与重庆市、上海市交易中心签订进场交易合作协议，为长江水运建设市场营造便利环境。湖北省制定水运工程建设管理工作指南，明确项目从立项到竣工验收投入使用的全过程管理要求。

8.4　全面加强党的领导

8.4.1　党的政治建设

强化政治统领。长航局党委始终把政治建设摆在首位，严格落实"第一议题"制度，以"五学"（示范学、研讨学、宣贯学、融合学、落实学）联动推进党的二十届三中全会精神学习在系统各单位走深走实，确保党中央决策部署落地见效。创新"沉浸式"教学，组织党员干部赴红色教育基地参观，开展"学党章、强党性"知识竞赛，推动党的二十届三中全会精神入脑入心。

深化党业融合。长航局印发实施星级"四强"党支部创建管理办法，首次评定61个四星级"四强"党支部，系统党支部评星比例达61.3%。提炼"1231"船员党建工作模式，上线运行船员党建平台，建立行业党委12家，运行联合型党支部、功能型党支部300余个，18处船员服务阵地集群全线覆盖，解决船员急难愁盼事项600余件，累计服务船员60余万人次，打造新时代"枫桥经验"长航标杆，获评全国服务船员优秀典型案例，在《旗帜》杂志刊发。长江海事局构建"三聚五融五提升"模式，创新"书记项目"134个，解决基层难题；4个党支部获评直属海事系统"先锋党支部"，27个党支部获评长航局系统四星级"四强"党支部。江苏海事局示范运行高质量党建指标、制度、标准"三大体系"，打造船员行业党建平台，实现辖区行业党委全覆盖，相关经验被国家高端智库报告收录；组织实施123个"书记项目"；4个党支部获评直属海事系统"先锋党支部"，12个党支部获评直属海事系统五星级党支部，16个党支部获评长航局系统四星级"四强"党支部。新增1个全国模范职工之家。长江口航道管理局打造"党建+航道养护"品牌。

严管厚爱并重。制定《长航局系统落实全面从严治党主体责任清单》，长航局系统"1+7"高质量全面从严治党行动路径在江苏海事局先行试点，以健全组织、教育、监管、制度、责任体系为主框架，形成5个方面25项重点任务，推动全面从严治党向纵深发展。推动党纪学习教育走深走实，制定党支部"六个一"工作指南，全系统组织督导650次，开展现场纪律教育309次、警示教育183场次，组织"江小廉"线上党纪答题1.5万人次。

8.4.2 人才队伍建设

人才队伍建设机制。长航局围绕人才引进、培养、评价、激励等各环节，不断创新工作思路和举措，持续优化人才政策措施、工作机制、服务水平，积极释放人才效能，更好为长江航运高质量发展提供人才支撑和智力保障。优化完善人才管理机制，持续激发人才队伍活力，优化青年人才队伍建设，树牢人才培养业绩导向，严格落实《长航局系统职称评聘管理暂行办法》，有序推进2024年度专业技术资格的申报及评审工作，持续提升职称评审推荐工作严肃性和规范性。长江海事局研究制定加快推动人才队伍建设指导意见，建立3级3类18个领域人才发展框架，并结合实际、因地制宜完善人才选育管用闭环工作制度，先后制定专业人才库建设管理、拔尖人才管理、人才激励保障措施等7项配套办法，构建形成"1+7"人才制度体系，实现人才工作有章可循、有据可依。选拔拔尖人才12人、专业骨干人才617人、综合实用人才763人，纳入相应人才库管理。

科技创新人才培养。长航局向交通运输部推荐申报国际标准化人才4名，开展2024年长航局科技创新领军人才、创新团队申报评选，共申报9名人才、15个团队，经评选确定4名中青年科技创新领军人才和2个重点领域创新团队。依托数字航道建设、三峡船闸等重大科研项目平台，在创新实践中发现、培养和凝聚高素质、专业化、复合型人才，建立高层次人才库（206人）。长江三峡通航管理局聚焦2项课题实施"揭榜挂帅"，新立项43个科技项目、10个科普项目，与中国国际可持续交通创新和知识中心、华中科技大学、武汉理工大学、三峡大学、中国船级社和院士专家协同培养卓越工程师、大国工匠，2024年获湖北省科学技术奖一等奖1项、三等奖1项，中国水运建设行业协会科学技术奖一等奖1项、二等奖1项，长航局科技创新奖6项（其中特等奖1项、一等奖2项），取得专利39项。

专业技术、技能人才队伍建设。长航局系统拓宽技能人才上升通道，开展船闸及升船机运管员和航标工职业技能等级认定试点工作。以关键核心技术研究为纽带，建立与高校协同育人机制。积极推荐各类高层次人才，2024年共推荐享受政府特殊津贴专业技术人才2名，中国科学院院士增选外部专家31名，交通运输行业国家公派出国留学项目人员1名，湖北省青年拔尖人才1名。鼓励引导各类人才到艰苦边远地区及基层一线发挥作用，推荐1名博士到广西壮族自治区南宁市交通运输局挂职。长江海事局建立并运行海事专业技能实训基地，成立拔尖人才创新工作团队，荣获第八届全国职工职业技能大赛决赛网络与信息安全管理员组团体第一名、个人第一名，选派17人赴船检机构交流锻炼、10人参加国际化人才研修班；获批全国内河首家VTS培训机构资质，并开展首批培训33人；评选发布队伍"四化"建设示范项目30个；首次分专项成功举办"长海杯"第十六届职工综合技能大赛。江苏海事局建立事业单位专业技术岗位等级晋升制度，完善国有企业人事资源管理体系；成立22个实训基地和38个人才工作室；8人入选直属海事系统高端专家人才库。举办船旗国监督检查、无人机等业务技能竞赛；荣获"绽放杯"5G应用征集大赛一等奖、首届直属海事系统船旗国监督检查技能竞赛理论知识竞赛团体二等奖、全国海上搜救业务技能竞赛团体三等奖、直属海事系统第一届"金帆杯"宣传业务技能竞赛团体三等奖。

干部队伍建设。长航局不断优化干部选育管用工作，培养锻造高素质专业化干部队伍，选优配强各级领导班子，加强系统干部资源使用力度，持续加大年轻干部培养力度，严格规范干部日常监督管理。选拔处级干部70名，交流处级干部157名，建成长航局系统优秀青年人才库，持续激发干部人才培育活力。

8.4.3　行业软实力建设

航运文化载体建设。习近平总书记强调"要把长江文化保护好、传承好、弘扬好，延续历史文脉，坚定文化自信"❶，长江沿线省市以长江国家文化公园建设为契机，生动作答这一时代课题。长航局出台《关于进一步加强长江航运宣传思想文化工作的意见》，组织开展新时代长江航运文化体系建设专题研究。上海市结合打造黄浦江"世界会客厅"、苏州河"城市文化生活休闲带"、崇明世界级生态岛等部署，进一步推动长江文化

---

❶　《习近平在全面推动长江经济带发展座谈会上强调　贯彻落实党的十九届五中全会精神　推动长江经济带高质量发展》，《人民日报》2020年11月16日。

渗透城市肌理、融入群众生活、赋能城市发展。江苏省立体式塑造标识，策划推出江苏"长江百景"，集中打造南京长江大桥、人民海军诞生地、郑和下西洋起锚地等一批极具象征意义的长江文化地标，为展示新时代长江形象提供重要支撑。以研学活动为突破口，累计建设良渚古城遗址公园研学基地等10余个与长江文化相关的国家级、省级研学实践教育营地（基地），开发考古研学游等特色研学产品，并引导全省各地文博场所和景区景点开展各类文化活动。安徽省积极参与长江国家文化公园建设，举办第二届长江文化论坛和长江国家文化公园建设保护交流活动，构建长江文化地域特色标识体系，以长江、淮河、新安江、江淮运河为脉络，打造4条文化旅游带，串联沿线文化遗产与生态景观，计划投资50亿元打造大运河国家文化公园（安徽段），建设遗址公园、文化展馆等设施。湖北省推进长江博物馆、屈原文化公园等项目，争创国家级示范区。重庆市实施长江三峡国家考古遗址公园、白帝城大遗址保护等，建成三峡库区博物馆群。四川省与重庆市联合推进川渝石窟寺国家遗址公园建设，深化峨眉山—乐山大佛等世界遗产保护利用。

航运文化品牌建设。长航局组织开展第四届"我家住在长江边"主题活动，全网关注量破2亿，向社会公众呈现长江的"文化美""生态美""民生美"，不断增进沿江百姓"家住长江边"的获得感和幸福感。策划开展"我的长江我的港（岗）""沿着长江看航运"等主题宣传，生动展现长江航运高质量发展可喜变化、感人瞬间、明显成效，为社会大众了解长江船员、码头工人，支持长江航运打开"网络窗口"。江苏省淮安市大运河办先后举办"行走大江大河　书写水韵江苏"全国百名文化记者采风、"长河通天下　千帆向未来"大型户外音诗画演出、"运河之夏"广场纳凉活动和广场歌会、大运河百里画廊档案知识有奖竞答、全市大运河文化保护传承利用培训等主题活动，深入开展"运河文化进校园"活动，创新开展4期全国知名作家"运河之都·淮安行"线上直播、线下教学活动，成功举办两届"运河之都·百里画廊"主题征文活动。山东省打造大运河文化旅游精品线路，以7个主题、10条文化旅游精品线路，全面串联大运河在山东的别样风情。

行业精神文明建设。长航局系统开展高质量发展主题宣传，全系统在中央级媒体刊发稿件1574篇次（央视新闻联播21次、《人民日报》26篇次），省级媒体刊发稿件4748篇次。长航局系统4个微信公众号、2个微博号、1个快手号入选交通运输系统年度行业"十佳"，52部新媒体作品观看量破10万+。长江海事局43项文化成果获交通运输部表彰，文化品牌建设经验获评交通运输品牌建设卓越案例，晏思路、陈晶、夏志滔、王荣达4人获评交通运输品牌人物。江西省交通监控指挥中心、贵州省交通运输综合行政执法六支队被评为2025年综合运输春运宣传工作表现突出的集体。湖北省陈骏被评为全国交通运输系统"最美港航人"特别致敬人物、黄燕玲被评为"最美验船师"。四川省加强行业典型培树，全行业共7人获部省级表彰。

第9章

发展展望

9.1 宏观环境展望

经济发展趋势。2025年，尽管外部环境复杂性加剧（地缘冲突、贸易壁垒、科技遏制），但我国经济韧性凸显，预计全年GDP增速保持在5%左右（2025年全国两会目标），高质量发展根基稳固。需求端，消费回暖、基建投资加码、外贸稳中提质；供给端，新质生产力加速形成，数字经济规模不断扩大；政策端，实施更加积极的财政政策和适度宽松的货币政策。但同时外部环境更趋复杂严峻，从国际看，经济贸易摩擦频发，给全球产业链供应链稳定带来负面影响，地缘冲突加剧威胁能源与粮食安全；从国内看，经济回升向好基础还不稳固，有效需求仍然不足，重点领域风险隐患仍然较多。

经济工作重点。中央经济工作会议和全国两会部署2025年经济工作主要包括：一是大力提振消费、提升投资效益，全方位扩大国内需求；二是因地制宜发展新质生产力，加快建设现代化产业体系；三是深入实施科教兴国战略，提升国家创新体系整体效能；四是充分发挥经济体制改革牵引作用，构建高水平社会主义市场经济体制；五是扩大高水平对外开放，积极稳外贸稳外资；六是狠抓重点领域安全能力建设，牢牢掌握应对风险挑战主动权；七是推进新型城镇化和乡村全面振兴有机结合，促进城乡融合发展；八是统筹区域战略深化实施和区域联动融合发展，增强区域发展活力；九是协同推进降碳减污扩绿增长，加快经济社会发展全面绿色转型；十是加大保障和改善民生力度，增强人民群众获得感、幸福感、安全感。

区域经济增长。各地区持续加力扩围实施"两新"政策，加力推进"两重"建设，全力扩大需求，促进外贸外资稳量提质，持续巩固经济回升向好势头，更好发挥经济大省带动和支柱作用。各地区聚力落实国家重大战略任务、加快建设现代化产业体系、联动构建城乡融合和区域协调发展新格局、加快经济社会发展全面绿色转型、积极推进深层次改革和高水平对外开放、持续提高人民生活品质、努力实现高质量发展和高水平安全良性互动等，不断开创现代化建设新局面。总体上看，2025年各省份预期经济增长目标在5%以上。具体来看，湖北、重庆提出地区生产总值增长6%左右，安徽、四川提出增长5.5%以上，浙江、湖南、河南、贵州提出增长5.5%左右，江苏、山东为增长5%以上，上海、江苏、云南、陕西为增长5%左右。

9.2 长江航运发展展望

2025年是落实"十四五"规划的收官年，是谋划"十五五"规划的关键年，也是加快推动交通强国建设试点和推进长江航运高质量发展的深化年。从外部环境来看，全球供应链格局加速重构，贸易保护主义抬头，地缘政治冲突加剧，国际物流通道的稳定性和畅通性存在风险，运输物流企业在拓展国际业务、构建全球物流网络上将面临较多阻碍。从国内看，随着经济结构调整和产业升级的持续推进，新旧动能转换存在阵痛，有效需求仍然不足，经营成本刚性上涨，挤压盈利空间。但长江流域经济基础稳、优势多、韧性强、潜能大，长江航运具备长期向好的发展条件，港航企业向高质量、智能化、绿色化迈进的趋势仍将延续。

9.2.1 扩大有效投资和优化营商环境

推进重大项目建设。落实《加快建设交通强国重大工程和重大项目（2025年版）》，推进实施长江经济带综合立体交通网、内河水运体系联通、水上交通安全能力提升等重大工程，加快推进三峡水运新通道等重大项目建设，全面推进"水运江苏"等具有地区特色的内河航道和港口重大项目建设。加快推进未开工项目前期工作，聚焦集装箱铁水联运、内河高等级航道等指标，加大攻坚力度，完善港口航道基础设施体系，确保"十四五"规划目标全面完成。围绕"两重"政策支持方向，谋划一批水路重大项目。

水运改革与市场建设。系统谋划全面深化长江航运体制改革，提升行业管理及科研、信息化保障能力，完善统筹联动和系统高效的管理模式；落实《关于加快建设统一开放的交通运输市场的意见》，加强运输市场引导，研究建立市场供需预警机制，争取干散货运力调控政策，探索解决运力供需矛盾；持续推进长三角引航业务一体化、船舶检验一体化，优化引航站点布局，提升数据互通、管理协同水平。

推进法治政府部门建设。有序推进行政执法质量效能提升三年行动，落实说理式执法、执法基层站点接待日、执法回访等长效机制，深化综合执法和执法协作机制，严格规范公正文明执法；持续完善长江航运信用体系建设，建立信用一体化合作机制，优化"信用长江"2.0功能，拓展"信用+"应用场景，发布应用指南、行为清单，完善信用记分体系；开展"内部规范管理深化年"活动，运行长江航务质量管理体系，实现制度流程化、流程体系化、体系信息化。各地交通运输主管部门围绕法治政府部门建设，推动法规规章的制修订，推进行政审批制度改革，打造一批政务服务品牌，优化营商环境。

9.2.2 助推交通物流降本提质增效

协同推动水运比较优势发挥。坚持"干支联动、干线牵引""上下联动、下游龙头"，深化与沿江地方政府、交通运输主管部门及涉水单位合作，破除建设长江航运市场的隐性壁垒，推动要素协同、服务协同、管理协同，以联网补网强链为重点，打造互联互通的水网体系，促进水运要素资源有序流动，提升供需适配度和资源利用率，推动水运比较优势在综合交通体系中充分发挥，有效降低社会物流成本。

推进多式联运高质量发展。长航局推动建立跨区域多式联运服务体系。上海市建设长江经济带多式联运数据公共服务平台，加快多式联运"一单制""一箱制"发展，支持多式联运龙头企业发展壮大。江苏省深入实施"运输能力提升""运输产品创新""发展环境优化"三大示范工程，打造多式联运示范高地，培育多式联运经营主体。浙江省制定专项行动方案，升级"四港"云平台，完善智能订舱、路径优选等功能，打造"江海直达+多式联运"双向物流新通道，拓展海河联运服务网络。山东省推动大宗货物运输"公转铁""公转水"，深化多式联运"一单制""一箱制"试点。安徽省实施江淮海畅通联运工程，支持合肥江淮航运中心、阜阳江淮干线航运枢纽建设，高质量打造江淮干线水运大通道。湖北省积极推进国际贸易通道和开放通道建设，打造铁水公空多式联运枢纽。重庆市强化西部陆海新通道与中欧班列、长江黄金水道高效衔接，统筹全市港口集群化运营。四川省培育一批多式联运企业和龙头企业，建设省级多式联运数智平台，打造一批铁水（海）联运、江海联运、公水联运精品路线，引导支持大宗物资"公转铁""公转水"。

9.2.3 更好服务和支撑国家重大战略实施

深入抓好交通强国试点。全面落实《交通强国建设纲要》《国家综合立体交通网规划纲要》和《加快建设交通强国五年行动计划（2023—2027年）》，开展强国试点督查和评估，推进首批交通强国建设试点任务验收，谋划实施新增试点任务，统筹做好强国试点和"十五五"规划衔接。全面总结第一批强国试点经验，加大成果宣传和推广应用，在长江干线全线推广全要素水上"大交管"，在长江水系推进岸电监管与服务信息系统全覆盖，在航道整治新开工项目全面应用绿色航道技术。

推进交通强省（市）建设。上海市围绕提升国际航运中心资源配置能力，建设高品质国际航空枢纽，加快发展高端航运服务业，加快航运中心数字化智能化绿色化转型。江苏省全面推进"水运江苏"建设，让"水运江苏"独特优势在降低全社会物流成本中的重大作用充分发挥。浙江省将强化"四港"联动发展，深入实施世界一流强港和交通强省建设工程，构建"航运浙江"推进体系。山东省全面落实交通强国山东示范区建设方案和五年行动计划，发展内河航运、多式联运，支持青岛建设国际航运中心、济宁建设北方内河航运中心，做优做强世界级海洋港口群。河南省积极推动"中部便捷出海水运通道"上升为国家战略，高标准实施出海水运大通道交通强国建设试点，推动印发内河航运"11246"工程一体化建设实施意见。四川省以"长江等级提升、嘉陵江提效、岷江畅通、金沙江联通"为发展思路，实施"畅通一条江"航运振兴发展行动。

科学谋划"十五五"发展。 按照"十五五"交通运输规划编制工作领导小组部署安排，各地区各部门加强"十五五"重大课题研究，深入谋划水运领域重大战略任务、重大改革举措、重大工程项目，推动"十五五"规划编制，深化重大专项规划编制。《"十五五"长航系统发展规划》是交通运输部"十五五"交通运输规划体系确定的专项规划之一，长航局着力推进"1+1+2+2+5"系列规划编制。

9.2.4 提升水路运输服务品质

推动新一轮老旧营运船舶更新换代和船舶运力结构调整。 推动建立老旧营运船舶报废更新工作机制，推进老旧营运船舶报废更新，实施长航局系统公务船舶电动化改造，稳妥开展川江客滚船新能源应用，明确长江干线各区段大型船舶严格管控标准，持续推进长江船型标准化，提升长江船舶技术经济、节能环保水平。

加强市场监测和运输保障。 加强重点时段旅客运输和重点物资运输保障。强化船舶全运输航程管理，推行重点船舶全航程动态智能跟踪和全程纪实，运行客船"一线一策""一船一策"。推动码头监控设备建设升级，开展危化品船舶装卸作业船岸自查、现场检查全过程智能监管。制定船厂管理制度，强化新船下水及试航、大型拖带管理。实行大型船舶通航安全风险特殊管控措施。利用信息化手段加强客货运输、企业经营及细分市场监测分析，深化信息共享引导。

持续打造水路旅游客运精品航线。 持续深化交旅融合，创新推广水路精品航线。河南省促进水路客运交旅融合发展，推动水上客运旅游化、舒适化，提升客运品质，高标准打造内河精品航线。湖北省大力提升水路客运品质，因地制宜发展水上观光游、休闲游，继续打造国内水路旅游客运精品航线。湖南省推动精品航线创建试点验收，启动第二批10条精品航线创建工作；完善客运码头适老化"软硬件"服务，提升水路旅游客运服务质量和水平。重庆市继续深入打造国内水路旅游客运精品航线，配合推进朝天门旅游码头提档升级，推动三峡游国内国际游客联乘运输。云南省深化航旅融合发展，持续创建精品航线，打造经济发展新引擎。

9.2.5 加快航运"三化"转型

强化科技创新能力建设。 聚焦服务支撑行业管理核心职责履行和带动引领全行业科技进步两大重点，全面提升科技创新对主责主业的支撑力、对关键核心技术的攻关力、对行业发展的引领力，做优做强项目、人才、平台、标准四大创新要素高效精准供给，培育和壮大新质生产力。谋划实施重大科技创新，加快推进"船桥碰撞防护应急能力提升、升船机安全韧性能力提升"等重要、急需、新兴领域科技项目立项，组织实施好三峡水运新通道、长江口深水航道整治等重大项目和重大工程的关键技术攻关，探索研究应用智能船舶自动驾驶技术，推进长江船舶运力结构调整、低碳发展路径、碳排放监测、新能源船舶监管、智慧航道试点等行业自身研究成果推广应用。推动航运领域科技设施及平台建设，优化调整省部级及以上重点实验室、工程技术创新中心等科研平台。抓好平台人才，构建"产学研用"创新生态，发挥平台的创新"策源地"作用。强化标准融合统筹协调，积极推进行业标准制修订，强化标准高质量供给。

持续推进航运数智化转型。推进数据基础设施建设和利用，强化算电协同发展，持续深化数据治理与应用，探索建立长江航运公共数据授权运营制度、数据资源开发利用区域合作和利益调节机制，巩固提升数据赋能行业发展的质效。推进航运基础设施数字化转型升级，落实"人工智能+交通运输"行动，统筹建设智慧港口、智慧航道等，推进北斗等技术规模化应用，全面完成长江干线沿江5G覆盖，高标准建设航道养护尺度动态发布等基础设施数字化转型升级场景，建立干线通道主动管控、"闸港区船"联动机制，创新船岸云协同应用，打造长江水系电子航道"一张图"。加快推进国家综合交通信息平台长航子平台及各省市子平台建设，推出"浙船E行""浙里航"等数据运营品牌。

深化智慧长江应用系统建设应用。推进监管与服务智慧化，持续优化"信用长江"，拓展智能管理平台业务场景，全方位优化重构并持续运行好"长江e+"公共服务平台，建成运行综合保障平台，研究开发物流信息、航运人才、船舶港口、船公司、长江文旅等服务系统，优化运行"江小晓"智能客服。

持续推动航运绿色低碳发展。加快新能源和清洁能源船舶产业发展应用，推动长江水系电池动力船舶有序"入网"，统筹协调补能站点规划建设。探索并试运行长江运输船舶碳排放信用积分制度，实施碳排放监测，支持绿色能源船舶进入温室气体自愿减排交易市场，推进内河船舶能耗数据和碳强度自动监测，建设内河零碳航运等线路，加快打造低碳零碳港区。提档升级水上服务区功能，推动洗舱站常态化安全规范运行，提升港口岸电设施智能化率，实现重点区域、重点航线和重点船舶岸电使用常态化，持续提升靠港船舶岸电应用尽用比例。持续推进长江经济带船舶和港口污染防治机制常态化运行。研究设立长江干线船舶噪声控制区，探索建设船舶大气污染物排放控制监测监管试验区。

9.2.6　守牢水上运输安全稳定底线

强化基础设施安全防护能力。加快实施三峡库区航运安全监测设施工程，做好风险防范应对。制定长江干线大型船舶安全风险管控措施，研究提升船桥防撞综合能力。强化港口危货在役储罐、动火作业、临时用电等监管，实现港口危货企业动火作业智慧化监管。做好三峡水运新通道建设期通航安全风险防控。开展平安工地建设和工程质量安全综合督查。

深化安全生产专项整治。深入推进安全生产治本攻坚三年行动，宣贯实施《内河运输船舶重大事故隐患判定标准》，动态更新重大风险和隐患数据库，深化重大事故隐患排查整治。持续强化行业安全信用监管。深入推进水上运输分级分类监管，深化实施水路客运航线"一线一策"安全监管措施，开展船舶运输危化品全过程智慧监管能力提升行动，全面实现涉客涉危运输智能监控及体系数字化管理，加强港口装卸作业、危险货物运输、工程建设等重点领域安全监管。

提高应急保障能力。 更新完善长江航运应急资源数据库，建立应急资源"一张图"。完善突发自然灾害临灾预警"叫应"机制和重大事故应急响应工作方案。扎实做好重点时段、重大活动运输服务保障，有效应对雨雪冰冻、台风等恶劣天气。

全力维护行业稳定。 深入开展化解矛盾风险维护社会稳定治理，健全跨部门协作机制，强化重点群体、重点人员涉稳排查管控，加大从业人员关心关爱。始终保持对各类涉江突出违法犯罪活动严打高压态势，突出重点案件攻坚。持续抓实消防安全监管，不断健全常态研判、隐患排查、巡逻救援、警示宣传 4 项机制，持续推进涉险公共区域安全防护工作。持续强化网络和数据安全管理制度，确保重点时段网络安全。

9.2.7 坚持和加强党的全面领导

提升高质量党建工作水平。 强化政治建设，健全贯彻落实习近平总书记重要指示批示常态长效机制，健全全面从严治党体系，强化政治监督。深化船员行业党建和"书记项目"，提升"领航"长江航运等党建品牌建设质量和影响力，推出一批党建和业务深度融合的标志性项目。

纵深推进清廉交通建设。 坚持"抓行业必须抓党风廉政建设"，突出风腐同查同治同防，强化主体责任落实，深入推进"清廉长航"等建设，强化工程招投标领域的廉政风险防控，开展行业特色廉洁文化建设。

弘扬新时代交通行业文化。 全面推进交通文化建设，加强宣传思想工作，进一步守牢意识形态阵地。深入推进"文化长航"建设，开展"智慧长江"主题宣传、"我家住在长江边""我的长江我的家"等新媒体宣传，深化打造"江小"系列品牌，讲好长江航运高质量发展故事。

打造高素质专业化干部队伍。 强化干部人才队伍建设，选拔担当作为干部，加强一线历练，提升年轻化专业化水平，营造干事创业浓厚氛围。全面推进交通文化建设，加强宣传思想工作，进一步守牢意识形态阵地。

省 域 篇

报告1

上海市水运发展综述

2024年，上海水运围绕上海国际航运中心建设，全方位发力、多维度协同，推进港口邮轮设施建设，深化国际航运合作，完善安全应急制度，强化监管整治，持续推进智慧绿色发展，水运发展登上新台阶。

一、水运发展基本情况

水运经济运行。2024年，上海市完成水路客运量666.9万人次、货运量10.3亿吨，同比分别增长5.3%、0.8%。全港完成港口货物吞吐量8.61亿吨，同比增长3.0%，其中外贸货物吞吐量4.47亿吨，同比增长5.0%；内贸货物吞吐量4.17亿吨，基本持平。上海港集装箱吞吐量突破5000万TEU大关，达到5150.6万TEU，同比增长4.8%，成为全球首个集装箱吞吐量突破5000万TEU的港口，连续15年位居全球第一，其中外贸集装箱吞吐量4278.1万TEU，同比增长2.6%；内贸集装箱吞吐量872.5万TEU，同比增长16.9%；集装箱水水中转量3169万TEU，同比增长11.5%；海铁联运量90.66万TEU，同比增长26.2%。上海水运口岸货物量4.5亿吨，同比增长5.0%。水运口岸出入境人员达234.4万人次，同比增长322.7%。

基础设施建设。一是港口及邮轮设施建设取得新突破。上海国际航运中心罗泾集装箱港区一期开港，国产首艘大型邮轮"爱达·魔都号"开启商业首航，接待旅客突破30万人次。二是能源加注设施实现多元化发展。上海港完成首单绿色甲醇"船—船"同步加注，中国首艘、世界最大的绿色甲醇加注船"海港致远"号成功为"阿斯特丽德马士基"轮完成首次"船—船"同步加注作业。三是国际航运合作不断深化。上海港与汉堡港在2024北外滩国际航运论坛上联合宣布共建绿色航运走廊，携手各方利益相关者共同探索海运业去碳化路径。秘鲁钱凯港—上海港航线首船进港，实现了两港海运航次首次双向贯通。

安全监管与应急保障。一是突出重点领域安全监管。完善"一张图、一张表"与隐患辨识机制，加强对8类和9类危货与普货集装箱混堆堆场、危化品储罐等重点区域和设施的管理。制定巡航制度，积极开展航道临检及碰撞桥梁"回头看"工作，全年巡查航道21条，总里程达478.27公里，查出问题桥梁70座。二是深入推进专项整治行动。聚焦水路客运等重点领域、春运等特殊时段以及客渡船载运电动车等关键问题，采用"四不两直"方式及时发现并整改问题296项。及时发布气象预警338条，为水运企业应对恶劣天气提供有效信息支持。开展港口汛前检查35家次，应对"贝碧嘉"等台风检查59家次。全年完成水上搜救139次，成功救助遇险船员142人次、船舶222艘次，提升行业的安全防范和应急处置能力，保障水运行业安全、平稳、有序运行。

打造绿色水运。一是大力推动环境整治改造。全年共开展针对港口喷淋防尘等问题的检查350家次，市区镇联动专班检查26家次。积极推进4家外港码头标准化建设，推动港口绿色升级。二是积极推广岸电设施应用。建设低压岸电港口374家、设备759台，实现低压小容量岸电利用率达100%。外港集装箱码头高压岸电使用船舶1540艘次、用电3118万千瓦时，基本实现2000吨级以上港口泊位岸电全覆盖，468家港口岸电交接单确认响应率95.3%。实现市级与长江岸电的平台对接、数据共享，并完成8艘船舶受电改造，提高船舶靠港期间的岸电使用率，减少船舶燃油污染排放。三是全面推动航运绿色发展。加强船舶防污染日常巡查，优化动态接收线路，实现船舶聚集区、临时候泊点等重点水域全覆盖。加强"船E行"监管系统的数据核对，推动船舶污染物接收标准化建设和运行。全年共接收污染物89699艘次、750吨，生活污水88940艘次、11217立方米，含油污水12036艘次、673立方米。完成大芦线临港和宣桥2个服务区、57座停泊区、54盏大治河船闸的照明系统绿色改造。完成4艘老旧船舶拆解、1艘纯电动客运船建造试航，编制施行内河小型纯电动船检验指南，推动全产业链发展，跟踪统计49家企业255艘船舶碳排放情况，并遴选港航绿色典型案例50个，首次发布案例集，为行业绿色发展提供示范和借鉴。

科技赋能数字化转型。一是以数字化赋能行业监管。全面梳理89艘旅游船舶和61个客运码头信息，制定科学合理的编码方案，完成17家企业150处"随申码"激活张贴，提升码头和船舶的信息化管理水平。完成首批569艘存量船舶图纸电子化工作，推动电子审图规范整理、多端联动、远程调阅，实现电子文书在市管辖区数字化转型以及9个郊区和临港的常态化应用。二是以智能化助力行业升级。制作15条共计446公里内河电子航道图数据。推出《航行日志》等4类文书签注新版办事指南，并上线"一网通办"平台。在大治河西枢纽二线船闸开展以数字孪生为载体的智慧船闸试点，开发"沪闸通"并接入"一网通办"。三是创新服务模式提升服务效果。加快长三角船检一体化工作站建设、全国通检互认实施方案落地，促进区域融合发展。召开长三角一体化电子航道图互联互通会议并签订合作备忘录，完成数据分析，明确发布路径。提升便民惠企效能，实现水运、港口企业备案全程网办，办结备案1063件。首次采用线上方式开展水运年度核查，283家水运企业通过率为94.7%，57家船舶企业通过率为91.2%。扩大"开航一件事"范围，完善"国配换发联办"功能。宣贯并实施内河小船检验优化办法，受理申请144艘次，确保政策红利惠及企业。开展岸线许可与使用费排查核对、水深和水下地形监测，编制岸线利用分析报告与白皮书。

二、2025 年工作思路

守牢安全防线，落实行业监管责任。一是压紧责任链条，通过深入推进安全生产治本攻坚三年行动、小微事故自查自纠等工作，完善行业安全机制，并强化专项培训，如举办船检安全管理等六个专项培训班，加强对重大事故隐患判定标准的宣贯，开展多项警示教育活动，以增强行业安全意识。二是突出重点监管，加强对春运、台汛、冬夏等重点时段及水路客运、港口危货与普货、危险品水上运输等重点领域的隐患排查，并加强港口码头专项监管，推动建立风险管控和事故隐患治理体系。三是完善应急管理，健全搜救应急体系，规划搜救站点布局，建设微型搜救应急物资点，提升应急处置能力，推动建立港口危货企业应急联动机制以及搜救联合机制，并定期开展综合演练。四是科学管养维护，制定港口经营许可事前审查制度，指导港口企业建立健全基础设施维护制度和环保档案管理制度，并优化航道通航条件，做好沿海和内河航道的养护工作，确保各项工程有序、安全进行。

聚焦科技赋能，推动港航"三化"转型。一是在行业管理模式上加速"数字化"转型。推进"随申码"场景建设，优化监管能力，同时印发《数智港航 2.0 规划设计方案（2025—2027 年）》，为港航数字化转型提供顶层设计和行动计划，并推进船舶登记档案电子化及搭建内河搜救应急联动平台，提升公共治理和应急处突能力。二是打造智慧航道和智慧船闸，加速"智能化"转型。包括夯实智慧航道数字底座、建设外场感知监测点、提升系统智能化监管水平及加快智慧船闸建设，实现船舶调度、安全及设备智能管理。三是践行生态文明理念，加速"绿色化"转型。维护港口环境，治理船舶污染，开展绿色示范建设，进行水上绿色示范区建设和大治河二线船闸庭院光伏改造，并探索新型科技应用，开展新型船用生态厕所和船舶光伏系统的试点应用，以推动水运行业的可持续发展。

提升行业能级，助力国航中心建设。一是锚定节能降碳目标任务，持续巩固岸电建设成效，完善宣桥、急水港、赵家沟等航道服务区的岸电设施建设，编制《上海港低压岸电设施运行维护技术规范》以统一运维技术要求，通过宣贯电子交接单使用等措施提高岸电使用率。二是锚定长三角一体化发展战略，引领长三角港航一体化发展，推动构建三省一市港航管理共建共享工作机制，趋前研究长三角电动船舶充换电站布局，持续深化船检工作站建设，优化异地新建船舶建造检验和转籍工作。三是锚定上海国际航运中心建设战略，服务保障上海航运事业发展，全力支持中国航海日、北外滩国际航运论坛等重要活动，强化集疏运专项资金审核，优化现代航运集疏运体系，开展沿海和内河港口岸线合并管理后的综合研究，为上海国际航运中心建设提供岸线基础资料。

优化营商环境，提升便民利企质效。一是研究制定"多书合一"的创新制度，该制度将航行日志、轮机日志、垃圾记录簿等多项船舶法定文书整合为"一书"，全面记录船舶动态，有效减少船员记录工作量，在上海市内河籍港作船舶进行了试点。二是探索船舶检验新模式，制定船舶实时水下检验替代坞内检验的实施细则，推动《船舶水下检测报告（初稿）》的研究与试运行。三是加强分级分类监管，将信用评价结果与日常监管频次、约谈通报、评先评优等措施紧密挂钩，提高了监管、激励、惩戒的精准性。四是致力于提升"一网通办"港航要素的准确度，优化网申流程和审批服务，修订海事类办事指南。五是拓展"沪闸通"应用，以蕰东闸为试点，不断完善船舶过闸程序，在叶榭闸、淀东闸推广使用，推动与江苏等长三角地区船舶过闸系统的互联互通，进一步提升了长三角水路运输的便利化水平。

强化内部管理，构建高效工作体系。一是始终坚持政治引领，完善队伍建设，通过加大党建治理力度，巩固拓展主题教育成果，推动党的纪律教育日常化，深化党建引领基层和行业治理。二是采用分层次、多渠道、有重点的培训方法，加强干部职工业务技能及综合能力培训，落实干部选聘工作责任制，强化监督管理，选好用好干部。三是夯实内控根基，推进建章立制，完善内部制度，调整职能配置，并培树法治思维，开展系列普法活动，总结法治建设行动情况。四是规范日常管理，修订和完善经费支出、采购管理以及航标资产管理办法等。五是坚持从严从实，强化纪律建设，净化政治生态，定期开展分析研判，签订责任书和承诺书，加强廉政防控，修订廉政风险防控手册，加强警示教育，用正反典型引导干部职工学纪、知纪、明纪、守纪，提高自身拒腐防变能力。

（上海市港航事业发展中心）

报告2

江苏省水运发展综述

2024年是全面启动更具特色"水运江苏"建设之年，也是全省港航事业发展极不平凡的一年。全省港航事业发展聚焦"水运江苏"首战必胜、首战告捷目标，凝心聚力，团结拼搏，奋力做好各项工作，助推全省水运发展收获新硕果、构建新格局、迈向新跨越。

一、水运发展基本情况

港航服务质效双提升。2024年，全省完成水路货运量12.2亿吨，同比增长3.5%，完成货物周转量9870.6亿吨公里，同比增长5.0%。全省过闸船舶262.64万艘次，同比下降8.2%，过闸货物量23.2亿吨，同比下降3.2%。完成全省船舶过闸费征收使用评估和第三方现场核查，落实优惠和优先免费过闸政策，定期公示"五定"班轮集装箱航线航班优先过闸名单，持续营造更优惠、更便捷、更公平的航道营商环境。全年征收过闸费10.82亿元，减免过闸费3.73亿元，其中减免集装箱船舶1.02亿元。全省港口完成货物吞吐量36.1亿吨，同比增长2.8%，其中外贸货物吞吐量6.8亿吨，同比增长8.6%。集装箱吞吐量2780.3万TEU，同比增长9.2%，集装箱铁水联运量82.8万TEU，同比增长18.0%，再创历史新高。

航道港口建设高效率实施。2024年，全省完成水运基础设施建设投资264.6亿元。其中，航道投资首次突破百亿元，完成117.9亿元，实现三年增长200%。印发全省干线航道前期工作重点项目进展清单，开展苏南运河二级航道、宿连二级航道、淮河入海水道二期配套通航工程等前期工作专题调度。完成京杭运河绿色现代航运综合整治、宿连航道二期连云港段、长湖申线（苏浙省界至京杭运河段）等10个项目，通扬线姜堰段、京杭运河施桥船闸至长江口门段等6个项目竣工验收。建成5条"小快灵"航道，有效解决企业水运"最后一公里"难题。完成港口建设投资137.7亿元，完成年度计划的105.9%。全省沿江沿海新增万吨级泊位14个，内河新增千吨级泊位64个，全省新增港口通过能力约1.76亿吨。

绿色发展取得新成绩。全面建设"美丽港航"，制定"水运江苏·美丽港航"生态航道、服务标杆、文化窗口建设指南，形成科学完善、指导有力的评价体系。省交通运输厅与省生态环境厅联合印发《关于开展新一轮港口污染防治能力提升工作的通知》，港口环保设施标准化、规范化建设工作加快落地。持续推动港口绿色发展，江阴港港口集团等3家企业入围交通运输部第一批公路水路典型运输和设施零碳试点项目。支持港口岸电"应用尽用"，印发《江苏省港口岸电信息化建设指南（试行）》和全国首个低压工频港口岸电检测指南，为全省港口岸电智能化改造和规范检测提供指导。2024年，全省港口岸电实接船舶66.9万艘次，接电775.2万小时，用电6748.7万千瓦时，同比增长25.6%，相当于替代柴油1.5万吨，减少二氧化碳排放4.7万吨，岸电设施数量、接电艘次、接电时长等保持长江经济带11省市之首。5艘120TEU纯电动内河集装箱船开工建造。

数智赋能迈出新步伐。编制印发加快推进智慧港口建设的实施方案和加快推进智慧航道建设的实施方案，明确建设数字底座、运行管理智慧化、公共服务智慧化等重点任务。累计布设盐河淮安段、丹金溧漕河金坛段等1312公里航道智能感知设施。建成2021公里支线航道电子航道图，与上海、浙江在苏申内外港线、京杭运河等省际航道实现电子航道图互联互通。建成覆盖干线航道、交通船闸、港口锚地的全省港航视频联网平台，推广新版"船讯通"App，实现全省船闸全要素监测和全流程自动化调度。上线运行江苏省港口综合信息系统，实现省、市、县、企业四级港口数据共享和业务协同。启动6个水路交通基础设施数字化转型升级项目，计划改造1745公里干线航道、30个交通船闸、162个流量观测点，推动水路基础设施智慧扩容、安全增效。苏州太仓四期、南通吕四"2+2"两座自动化集装箱码头获得交通运输部认可，在加快建设交通强国大会上入选全国18座已建成自动化集装箱码头名单，智慧转型成效显现。

本质安全水平不断提升。统筹港航发展和安全，完成2024年全省港航第三方安全检查，紧盯航道建设、船闸运行、设备维护等重点领域，落实双重预防机制，动态开展隐患排查整治。落实春运、汛期、重大节假日等"两保一强"要求，完成船闸通航和航道施工安全保障任务，实现安全生产责任零事故。完善全省内河航道应急处置体系，建成61个三类基地（一般应急点）。举办2024年港航省市联合应急演练，以载运危险货物船舶过闸碰撞、火灾及危险品泄漏为主题，创新应用飞行救生圈、无人救援艇和水下机器人等智能化设备，以新质生产力赋能提升全省港航现代化应急水平。全面落实党中央、国务院决策部署和交通运输部、省委、省政府工作要求，全面开展交通运输领域"两新"工作，全年合计完成"两新"投资约230亿元，其中拆解更新船舶2471艘、改造港口老旧储罐324个、港口作业机械344台等。

二、2025年工作思路

聚力强化统筹协调，高效推进水运工程建设。加强"十五五"规划引领。要重点加强战略发展、设施布局等前瞻性研究。编制完成"十五五"时期水运发展规划，明确重大工程、重点任务及实施路径。扎实开展"水运江苏"背景下现代化航道高质量发展策略研究、江苏省干线航道关键技术尺度研究，提升航道"建养管运"现代化水平。专题研究江苏省港口"十四五"时期发展情况评估及"十五五"时期建设方案，为"十五五"时期港口建设提供发展指引和技术支撑。协助加快完善港口规划体系，全力助推苏州港、连云港港等重点港口规划修编，保障重点产业项目落地。大力推动内河航道提级强网。要对照"十五五"时期完成航道建设投资不少于700亿元的初步目标，超前发力，2025年计划完成航道建设投资约140亿元，同比增长40%。安排航道建设项目45个，其中建成17个、新开工6个，再新增三级干线航道里程约96公里，实现全省三级及以上干线航道里程达2760公里，超额完成"十四五"时期目标。

聚力改革传统模式，科学提升航闸养护质效。夯实航闸养护基础。坚持航道日常养护项目化、项目管理清单化、清单落实责任化。加快老旧船闸改造，完成淮安二线、皂河三线、泗阳三线等船闸大修及淮阴二线除险保安工程，努力缩短大修时间，降低对船舶通航的影响。开展丹金溧漕河、锡澄运河、锡溧漕河等8条繁忙干线航道养护疏浚工作。建立养护重点任务立项评估及滚动发展机制，确保全年专项养护工程优良率达100%、专项资金预算执行率达95%以上，有效改善一批重要干线航道和重点船闸技术状况。加强养护现代化建设。基本建成干线航道养护科学决策体系。加强航闸养护数据分析应用，科学测算航道冲淤、疏浚土方量，引入每公里航段淤积量及厚度等指标，精细安排全省养护疏浚及船闸大修计划。试点推广京杭运河智能感知巡查系统，降低巡查成本，提高养护效益。

聚力深化风险防范，夯实筑牢运行服务根基。积极防范安全风险。编制全省航闸基础设施运行安全风险清单，研究建设航闸设施设备健康监测系统，探索实时监测、动态评估水工建筑物、输水系统、金属结构等，保障航道关键设施始终处于良好技术状态。完善应急保障体系，建成4个一类应急基地（综合性应急保障基地）和10个二类应急基地（常规性应急保障基地），实现省、市、县全面建成。持续提升服务质量。抓好沿江锚泊调度、危险货物及急运物资优先过闸调度，24小时高质量服务企业和船民。严格落实集装箱船舶免费过闸政策，常态化做好"五定班轮"航线航班公示，维护过闸公平秩序，确保过闸费应免尽免。强化恶劣天气特殊通航环境航闸运行管理，及时发布待闸信息和安全提醒，精细维护助航设施。

聚力引导智慧转型，加快推动数字智能升级。开展"十五五"时期航道科技信息化发展对策研究，提出"十五五"时期航道科技信息化发展思路与实施路径，重点探索航道要素感知能力提升、"船岸云"交互融合、船舶自动避障航行等，推动全省港航信息化水平快速提升。推动基础设施数字化。全面实施水路交通基础设施数字化转型升级工程，开展内河干线航道水下地形数据采集及演变分析、内河航道通行状态监测预警等6个项目建设，确保2025年至少完成50%任务。新增2909公里支线航道电子航道图，实现全省等级以上电子航道图全覆盖，构建全省航道管理与服务"一张图"。完成宿连航道、长湖申线、连申线灌河西段智能感知设施建设，到2025年底建成约1500公里干线航道智能感知设施。建设省级数字孪生航道底座平台，解决数字孪生航道船舶精准定位等关键问题。升级"船讯通"App，优化船舶过闸、停靠缴费等全流程服务；积极推动江浙两省过闸系统数据互通，推动江浙沪共建长三角内河船舶手机导航系统，实现水运"跨省无感"。

聚力建设美丽港航，着力打造标杆示范品牌。建设美丽港航。丰富拓展"水运江苏·美丽港航"建设指南内容。因地制宜开展生态航道建设，推广"生态+护岸""生态+景观"形式，构建兼具生态保护功能的复合岸坡系统，建成京杭运河、宿连航道等生态航道。开展绿化、美化、融入文化"三化"提升，凸显"服务船民、服务市民、服务旅客"功能。深入研究干线航道疏浚土方处置方案，印发全省干线航道疏浚土处置指导意见，各设区市港航中心、省港口集团要同步研究职责范围内疏浚土方处置方案。继续组织"水运江苏·美丽港航"专题宣传，不断提升社会影响力。建设绿色港口。开展全省绿色、智慧港口发展指数研究，完善全省港口发展评价体系。推动岸电智能化改造，制定各等级航道个性化改造方案，积极争取财政资金补贴，实现岸电设施应用管理水平全国领先。继续从源头推进港口减污降碳，分类研究"油改电""油改气"改造工艺，制定改造方案，提升全省清洁能源港作机械车辆比例。

聚力强化自身建设，持续提升行业治理能力。提高行业治理效能。高质高效做好通航条件影响评价、港口岸线、航道通航建筑物运行方案等6项符合性技术审查，重点支撑重大战略实施和重大产业发展。扎实抓好航道建设、养护监管，组织专家开展省级层面抽检互查，推动平台监管与专业检查有机结合，形成系统全面的监管机制，确保各项问题闭环整改。深化重点领域改革。大力培育支持本土重点水运企业发展，扩大"拨改投"试点项目建设资金投入，加强试点项目资金监管，适时开展阶段总结，协调解决矛盾问题。落实"零基预算"改革要求，提高资金使用绩效，加强内部审计、跟踪审计和竣工审计，为全省港航发展提供优质服务。加强运输经济分析。高质量编制港航经济运行分析报告，为科学决策提供支撑。依托航道交通量自动观测点，加强对全省水路运输船舶、货物情况和基本流向的研究，挖掘大数据资源，提高数据的实时性和准确性。

（江苏省交通运输厅）

报告3

浙江省水运发展综述

2024年，浙江港航加快推进世界一流强港和交通强省建设，深入谋划"航运浙江"，勇挑重担、接续奋进，高质量完成年度各项目标，交出港航发展高分报表。

一、水运发展基本情况

"一流强港"建设成效显著。港航生产量稳质升。港口货物吞吐量首次突破20亿吨，达到21.0亿吨，同比增长3.5%；集装箱吞吐量达到4735万TEU，同比增长11.3%。其中，宁波舟山港货物吞吐量为13.8亿吨，同比增长4%，连续16年稳居世界第一；集装箱吞吐量为3930万TEU，同比增长11.3%，连续7年稳居世界第三。水路货运量达到12.3亿吨，周转量1.2万亿吨公里，同比分别增长5.2%和7.0%。新增海河联运集装箱航线16条，衢州集装箱海河联运外贸航线首航，温州至丽水海河联运合作正式启动，舟山新开通3条江海直达航线，江海联运量、海河联运量、集装箱海河联运量、集装箱海铁联运量分别达4.2亿吨、5410万吨、211万TEU和182.8万TEU，同比分别增长4.9%、13.2%、15.7%和10.4%。宁波舟山港的海铁联运量全国稳居第二。港口规划优化完善。宁波舟山港总体规划获交通运输部、浙江省联合批复，确立长三角世界级港口群"双核"之一地位，创近年全国主要港口批复最快纪录。湖州港总体规划通过交通运输部、浙江省联合审查，衢州港总体规划通过省级审查。杭州港、嘉兴内河港、绍兴港、丽水港等内河港口总体规划有序推进。

水运投资再创历史新高。全年完成351.3亿元，稳居全国首位。建成万吨级及以上泊位9个、内河千吨级航道25公里、内河500吨级及以上泊位57个。建成养护项目31个，完成土方疏浚829万立方米。一批重大项目加速落地。建成国能浙江舟山电厂三期码头、嘉兴港外海进港航道一期、兰溪方下店作业区等项目8个。包括大宗商品储运基地、小洋山北集装箱码头等在内的25个项目有序推进。"两重""两新"政策争取额度全国居前。前三批内河水运项目争取超长期特别国债支持21.7亿元，实现国家资金补助翻倍。金华争取内河"两重"项目最多、资金额度最大；宁波争取"两重"资金额度最大。争取老旧营运船舶设备更新国家资金1.22亿元，任务完工率、资金拨付率均居全国船舶更新首位。

构建现代航运服务体系。印发全国首个省级航运服务产业发展规划，与宁波、舟山和省海港集团配套形成"1+3"一体贯通规划体系，入选"地瓜经济"提能升级"一号开放工程"最佳案例。印发《浙江省航运服务集聚区提质升级三年行动方案（2025—2027）》，成功争取省级激励资金。特色产业培育壮大。攻坚实现海上 LNG 加注常态化，获批全国生物柴油加注推广应用试点港口。打通船用 LNG 槽罐车和船舶绿色甲醇加注路径。舟山小干岛产业园突破首单全流程锚地综合服务业务，"拍船网"交易额首破百亿大关，成功布点新加坡，船供、船修、船交产业规模同比增长 16.8%。航运服务营收总规模超 3000 亿元，港航经济产业贷款余额、航运保费收入分别超 1200 亿元、10 亿元。国际影响力持续提升。成功举办第八届海丝港口国际合作论坛，海上丝绸之路指数与 10 个国际机构达成合作，编发《宁波舟山国际航运中心发展蓝皮书（2024）》，宁波舟山国际航运中心指数排名成功进入全球前 8。

推动绿色港航加快转型。全省船舶水污染物接收转运处置率均达 99% 以上。推广船舶污水柜刻度计量检查法，破解重载船舶直排管路检查难题，累计查改问题缺陷 612 个。首创绿水积分记分制，推动船舶水污染物交岸接收信用监管。闭环整改港口污染隐患 319 个，全面完成第三轮中央生态环境保护督察问题整改验收。绿色低碳工作稳步推进。建成 5 座电动船舶充电站，嘉兴下水全国首艘 64TEU 氢燃料动力集装箱船舶，"湖州长兴至嘉兴乍浦"新能源船舶运输示范航线实现首航。新建港口岸电设施 226 套，改造船舶岸电受电设施 134 艘。沿海五类专业化码头岸电覆盖率达 95%，岸电使用量超 3000 万千瓦时，实现翻番。推广应用岸电监管信息系统，加强船舶岸电使用监管，处理违法行为 24 起，居长江沿线各省市前列。创新 400 总吨以上内河船舶能耗数据和碳强度分析监测，船用燃油质量抽检合格率达 99.8%。

推进智慧港航转型升级。成功入选水路交通基础设施数字化转型升级全国首批试点，出台总体建设方案，"闸港区船"联动、"船岸云协同应用"两大场景成功入选交通强国专项试点。嘉兴、湖州推进最快。签订《长三角区域一体化电子航道图互联互通合作备忘录》，初步实现省际航道与沪苏航道网互联互通。"浙闸通"2.0 版在全省 16 座船闸同步上线，入选全国首批交通基础设施数字化转型升级十大典型案例。"船检通"的应用开创性实现与部级船检管理系统双向贯通。智慧港口成效明显。省海港集团 2 个自动化码头项目入选交通运输部智慧港口创新案例。

提升港口航运营商环境。首创全国内河运输船舶分级分类动态监管办法，完成 2.3 万艘船舶综合质量动态评定和安全等级划分。完成 4000 多家次港航企业信用评价，在全国率先实现全省域水路运输、港口经营企业线上信用评价全覆盖。建成湖州"四合一"全省水上执法普法一体化示范基地和长兴水上无人机执法示范点。常态化开展核心港区一体化引航，推行同上同下、联合作业等"一船一引"模式，精简业务流程。船舶"通检互认"拓展推广。编制通检互认海船检验项目，拓展船舶"通检互认"服务范围，率先取消船舶种类（特殊船舶除外）和船龄限制。成为全国唯一拥有两个通检互认工作站的省份，宁波、舟山、湖州承担全国通检互认示范点，省港航中心获评船舶通检互认全国先进集体。首创"内河船舶码"，全量归集船舶全生命周期信息，实现"一码监管、一次查验"，累计赋码2.3万艘船舶。

港航安全形势总体平稳。治本攻坚三年行动扎实推进。深入推进港口、水上交通、涉海涉渔等领域安全专项治理，开展港口高风险作业、船舶进出港报告、小型非运输船舶等专项整治。完成液货船专项检查369艘，辖区未发生载运危险货物船舶安全事故。重大风险得到有效防控。配合修订安全检查标准体系，发现并整改问题隐患1.9万余个。部署推进"夜游船"专项整治，实现经营企业、航线、"夜游船"摸排全覆盖。安全保障能力稳步增强。制定水上巡航工作指引、应急装备配备标准等制度，地方海事辖区救助成功率达99.1%。完成国家"应急使命2024"防汛防台风演习，成功举办环太湖水上突发事件联合应急演练、全省港口设施保安演习暨宁波舟山港应急联动演练。成功防御强台风，高效处置9起梅汛期船舶事故险情，杭州成功处置"11·27"油污染事故，有效应对新安江水库7孔泄洪和富春江大坝超历史纪录特大泄洪。建成丽水云和防溺水教育基地。

二、2025年工作思路

狠抓水运重大项目建设。科学编制水运"十五五"规划。争取更多项目纳入交通运输部、浙江省"十五五"规划。完成杭嘉湖和衢州港等港口总体规划批复。加快重大项目建设。积极争取超长期特别国债、车购税补助等政策支持，开工建设东宗线嘉兴段、宁波舟山港六横南航道工程等5个项目。持续推进大宗商品储运基地、浙北集装箱主通道、杭申线嘉兴段、常山江航电枢纽等30个项目建设。确保新坝二线船闸、嘉兴独山港区A5/6泊位等7个项目完工。实施干线航道"三升二"。编制干线航道网规划，创新准二级航道技术尺度。加快推进乍嘉苏航道提升工程，以及东宗线嘉兴段、杭湖锡线、钱塘江杭州段3个"四改三"项目，按照可通航2000吨级船舶尺度实施。推动港产城贸融合发展。编制出台内河集装箱码头布局规划，推广港口码头仓储物流配送一体化服务，打造内河港口型物流枢纽，加快建设临浦、女埠综合作业区、绍兴港区沥海作业区码头工程等重点项目。

全力攻坚港航重大改革。推进港口经营一体化改革。服务大宗商品资源配置枢纽建设，联合海事部门进一步优化沿海船舶燃料油加注备案"全省互认"便利机制。深化引航一体化改革。编制宁波舟山港引航站"十五五"规划、章程和工作规则，出台引航"五统一"工作实施意见，统筹引航基地、装备等资源布局和建设，持续培养全港型引航员。加快一流引航机构建设，开展全省引航高质量发展专题研究，加强引航业务、收费监督等行业管理，深入推进"阳光引航"建设。实施航道养护管理改革。开展"通港达园入企"短支航道试点。推动地方政府、受益企业等主体积极参与短支航道建设，创新投融资方式和建设模式，开工建设青菱线等首批"通港达园入企"短支航道，着力打通临港产业水上"最后一公里"，实现大吨位船舶直达重点产业园区。

推进航运业高质量发展。做大做强特色产业。落地实施全省航运服务业发展规划，围绕"一枢纽三高地"目标，加快打造东北亚保税燃料加注中心、国际船舶维修基地、浙江船舶交易市场、海上丝路航运大数据中心等重大平台，船供、船修、船交产值超525亿元。开展集聚区提升行动。实施《浙江省航运服务集聚区提质升级三年行动方案（2025—2027）》，指导出台地市配套政策，着力建设宁波东部新城、江北和舟山新城等五大省级重点集聚区，差异化培育一批特色集聚点，加速航运产业链上下游企业和功能性机构集聚，形成营收规模超500亿元重点航运服务集聚区2个、特色化集聚点4个以上。做强航运市场主体，组建全省规模化内河航运企业，力争累计培育6家以上运力规模达1000TEU的骨干企业。指导宁波、舟山新引进航运（海事）服务企业100家以上，新培育省级航运服务领军企业5家。支持宁波远洋公司国际化运营，运力规模排名力争进位。

持续优化调整运输结构。畅通海河联运主通道。加快建设浙北集装箱主通道，推动实现96TEU集装箱船舶通达嘉兴港，新增内河集装箱航线5条以上。开展杭甬运河宁波段海河联运通行能力评估。优化船舶运力结构。用足用好"两新"政策，细化实施船舶大规模设备更新行动方案，全年淘汰老旧运输船舶超400艘，新建内河48TEU及以上集装箱船60艘。完成符合申请条件的剩余600总吨及以上内河干散货船和多用途船的受电设施改造。提升多式联运能级。常态化运行"江海直达+长江班列"等多式联运新模式，搭建船港货平台，争取开展入境粮食直提运输试点，开发进口煤炭等江海联运新货种。拓展海铁联运市场腹地，海铁联运班列达28条，集装箱海铁联运量超200万TEU。

培育港航业新质生产力。打造数字化转型示范通道。完成项目总投资60%，完成"浙港通"省市平台主体功能模块开发，完成1259公里电子航道图数据采集与制作。打造"水陆空天"立体动态感知监测体系，实现1000公里骨干航道运行监测全覆盖。基本完成航道养护尺度动态发布机制研究。率先实现长三角船闸互联互通。系统构建绿色航运廊道。新建新能源船舶30艘，打造"长兴—乍浦"等3条零碳示范航线。加快绿色低碳交通强国建设专项试点，稳步推进湖州全域货船电动化。推进绿色智慧港口建设。深入推进绿色甲醇、LNG加注等新型绿色船用燃料加注。推动码头运载设备电动化，鼓励应用喷淋抑尘智能系统。全面推广港口危货智控平台，提升智慧化监管能力。

筑牢港航安全生产底线。强化港口安全治理。开展重大隐患清零专项治理、港口危货储罐本质安全提升行动及港口重大危险源罐区"四个系统"应用专项整治。强化风险防控与应急处置，常态化做好港口安全检查服务和承载体自然灾害风险防控。强化内河水上交通安全监管。修订《浙江省地方海事辖区内河通航管理规定》，强化海河联运通航保障。制定并印发水上应急保障基地管理办法，强化应急能力基础建设。强化水运市场动态监管。推动国际散装液体危险品船运输业务审批落地实施，持续做好水路运输经营资质年度核查，开展全省航运企业分级分类评价和精准管理。扎实推进载运危险货物船舶检验专项检查、协同推进涉海涉渔领域安全生产治本攻坚行动，严格把好老旧渔船、安全引领船等重点船舶检验关口。

提升水运行业治理效能。深化法治建设。启动《浙江省船舶污染防治条例》调研论证，形成可行性研究报告，推动制定《湖州市绿色航运条例》。擦亮"港航扬帆 法治护航"水上普法品牌，提高少年海事学校覆盖面。推广长兴等地无人机水上执法试点，出台无人机水上执法地方标准。优化政务服务。推进"交通+银保"联动在内河船舶领域应用，丰富完善船舶"一类事"平台，持续推动内河船舶"多证合一""文书合一"改革，全面推广"浙船E行"。全面推行船舶"通检互认"，迭代升级"船检通"应用，实现船舶检验数据与海事、渔业、航运、船闸等系统共享应用。推动船舶标准化发展，形成并定期发布浙江省标准船型推广目录。

（浙江省港航管理中心）

报告4

安徽省水运发展综述

2024年，安徽水运统筹高质量发展和高水平安全，加快推进港航基础设施建设，着力提升水路运输服务水平，水运发展取得扎实成效。

一、水运发展基本情况

围绕服务国家战略，水运发展能级持续提升。 水运政策规划体系进一步完善，印发支持芜湖港高质量发展、打造江淮干线水运大通道等支持水运发展的政策文件。全省干线航道网规划修编获批印发，港口布局规划编制完成，水运安徽"1+4"战略研究成果有效运用，"双通道达海、两运河入江、河江海联运"的水运发展新格局不断完善。水运项目建设扎实推进，淮河干线（三河尖至蚌埠闸）航道整治工程等4个水运重点项目如期完工，新增高等级航道111公里，提前一年完成四级以上高等级航道里程"十四五"规划目标。全年累计完成水运固定资产投资78.0亿元，超额完成年度任务。江淮运河航运价值初步展现，实现江淮运河全线24小时通航，全年过闸船舶6.06万艘次、1.34亿吨，月均过闸船舶及吨位数同比分别增长120%、133%。依托长江黄金水道、江淮干线水运大通道，加强与中部地区、长三角区域省份沟通协作，协同共建长三角世界级港口群扎实推进，水运链接长三角和中部地区的枢纽作用逐步凸显，安徽省通江达海的区位优势、水运优势逐步转变为发展优势。"2+5"皖江合作机制常态化深入推进。

围绕降本提质增效，服务发展能力显著提升。 围绕降本提质增效，服务发展能力显著提升。全年完成港口货物吞吐量6.9亿吨、集装箱吞吐量283.6万TEU，同比分别增长3.4%、14.8%；水路货运量连续11年稳居全国第一，芜湖港、池州港、马鞍山港、铜陵港稳居内河亿吨港行列。全省港口累计发运汽车102万辆，其中出口82.5万辆，同比分别增长24%、26%。运输结构调整步伐加快，出台推进铁水联运高质量发展实施方案，开通铁水联运线路34条。开展长三角"新三样"危险货物"水水中转"运输合作试点，运输成本较公路下降约15%。至2024年底，水路货运量占综合运输比例为36.9%，提升0.5个百分点，高于全国19个百分点。集装箱运输体系不断拓展优化。发挥"一核两翼"作用，拓展深化与上海港、宁波舟山港、太仓港等重要港口合作，稳定运行集装箱航线71条，每周开行284班次。争创国家试点持续发力，"长江经济带物流通道"和"中部多式联运出海大通道"纳入交通强国试点。"安徽推动沪皖同港一体化发展,构建滚装运输江海直达服务体系"入选全国首批交通物流降本提质增效典型案例。芜湖港入选全国电商货物港航"畅通工程"唯一内河试点港口。安庆港口型国家物流枢纽入选2024年国家物流枢纽建设名单。万佛湖精品航线入选国内水路旅游客运精品航线典型案例。

围绕优化发展环境,治理水平有效提升。执法协作机制显著加强,出台《江淮运河通航管理规定》,深化江淮运河水上交通联合执法机制,巩固干支联动成效。建立省级水上交通管理服务与行政执法协作机制,沿淮河交通执法机构与淮河航道局建立水上交通行政执法、航道养护管理联合巡航工作机制;省际交界水域执法协作机制实现全覆盖。船员培训远程监管能力不断提升,常态化运用"海事之眼"和"海事通"App等信息化手段,提升监管质效,减少涉企检查次数,船员培训出勤率由2024年初的44%提升至92%,船员培训市场进一步规范。助力船舶制造产业向高端转型取得突破,完成330车位内河商品车滚装船、500吨举力半潜船、3.5万吨近海集装箱船等"新特异大"船舶建造检验任务,高端船舶制造优势凸显。优化船检便民措施成果丰硕。启用长三角船检一体化(马鞍山)工作站,全省船检一体化工作站增加到5个,全年通检互认船舶3477艘,占长三角区域通检互认业务量60%以上。

围绕守牢安全底线,水上安全形势持续向好。扎实推进水上交通和港口安全生产治本攻坚三年行动,着力构建共建共治共享新格局。开展船舶载运危险货物安全整治、液货船舶检验、船员培训质量提升年、规范长江干线水路运输秩序防范水运物流犯罪等专项行动。全面完成港口企业主要负责人集中培训。督促港口企业按期完成自查问题隐患整改,实现当年清零。开展水上交通安全共享共治专项行动,会同长三角海事管理机构联合发布长三角区域特色通报事项清单,闭环处置船舶违法违规信息,发出和处置通报信息数量为全国内河省份"双第一",得到交通运输部和部海事局好评。加快推进渡口视频监控设施建设。制定渡运安全隐患负面清单,加快渡口提升改造和撤并渡工作。落实重点航道保通保畅工作要求,积极稳妥做好沙颍河耿楼船闸间断性应急通航工作。

围绕绿色智慧发展,可持续发展动力显著提升。出台智慧航道建设方案,建成淮河干线电子航道图,运行江淮运河智慧航道。铜陵港5G通感一体化基站投入运行。安徽港口物流公司"智慧物流研究项目"荣获中国物流与采购联合会创新应用优秀案例。船舶港口污染防治巩固提升,全年共接收船舶污染物9.1万吨,同比增长6.4%。完成2382艘船舶受电设施改造,全省码头岸电设施累计覆盖784个泊位,覆盖率为97%,全年累计使用岸电7.7万次,用电256万千瓦时,保持稳定增长。安庆化学品洗舱站开展洗舱作业76艘次,芜湖LNG加注站加注船舶205艘次、1972吨,加注量居长江干线首位,实施船舶涉污违法行为行政处罚1359件。支持新能源清洁能源动力船舶发展,新建电动船3艘。助力打造芜湖—合肥"零碳示范航线"。出台绿色智能船舶优先靠泊、优先过闸、优先船检政策。用好老旧营运船舶报废更新补贴政策,鼓励淘汰燃油动力船舶,全省共32艘新能源/清洁能源船舶投入运营。

二、2025年工作思路

坚持龙头带动，着力提升水运发展能级。充分发挥芜湖港龙头带动作用，优化芜湖港总体布局，统筹发展水水中转、江海联运等运输模式，打造芜湖港物流枢纽双向通道，畅通铁水、公水联运通道，拓展腹地纵深，进一步增强全省集装箱主枢纽和航运中心地位，加快建成安徽向海而兴最大"出海口"。全面提高江淮干线水运大通道航运价值，进一步发挥江淮运河战略链接作用，优化沿线港口布局，打通航运"堵点卡点"，加快形成干支联动航运格局，引导大宗商品、新型建材、食品加工等临港偏好型产业向沿线港口集聚。协同共建长三角世界级港口群，主动对接上海"五个中心"建设，加强与上海洋山港、宁波舟山港、江苏太仓港等港口合作。

坚持抢抓机遇，加快完善水运基础设施体系。加强项目规划和储备。高质量编制水运"十五五"发展规划，加快推进芜湖、合肥等港口总体规划修编。加强项目储备库建设，协调推进兆西河一级航道、淮河蚌埠船闸扩容、沙颍河航道升级工程等重点项目前期工作，加快落实一批重大项目储备。推进汽车滚装等专业化、规模化码头建设，完善港口配套设施，加快港口现代化转型。加速水运基础设施建设。全力确保引江济淮蜀山复线船闸等重点水运项目如期完工。深挖项目投资潜力，推进阜阳复线船闸等重点水运项目开工建设，加快沱浍河、清流河等航道整治项目建设。加快巢湖一线船闸扩容、裕溪口水道项目建设，推进江淮干线水运大通道扩容升级。强化要素资源保障。加强与水利、自然资源、生态环境等部门的沟通和协调，形成推进水运项目前期工作合力。拓宽投融资渠道，全力破解航道建设资金难题，争取更多项目纳入交通运输部"十五五"规划，全力争取中央补助资金，加大省级资金保障力度，统筹交通建设资金，加大航道基础设施投入。创新航道建设体制机制，充分调动地方积极性，鼓励支持各市政府投资干线航道等水运基础设施建设。

坚持系统融合，着力提升水运服务保障能力。优化运输结构调整。推动大宗物资中长距离运输"公转水"和铁水、水水联运，谋划推进江河海畅通联运工程，推广与上海洋山港"联动接卸"海关监管模式，服务"新三样"水路出海。支持创建多式联运示范工程，加快多式联运"一单制""一箱制"发展，推动安徽省多式联运企业联盟全面融入长江经济带多式联运重点企业联盟。提升水路物流供应链服务能力。优化加密集装箱航线网络，培育壮大航运市场主体，提升内河航运服务水平。高标准建设长江（芜湖）航运要素大市场，打造现代航运服务业（芜湖）聚集区。稳定内河330车位滚装船国内航线，培育7000车位滚装船远洋航线，服务"皖车出海"。优化船员教育培训体系，加强新能源、新业态领域船员培养。推进"港产城"高质量融合发展。推动各市因地制宜建立港产城融合发展工作机制，制定港产城融合发展实施方案。强化港口延链功能，延伸港口物流、贸易、金融、信息等增值服务。以产业园区为载体，加快新兴优势产业向港口集聚，大力发展临港经济。

坚持改革创新，加快推动行业升级转型。完善水运安徽政策体系。推动出台《安徽省实施〈中华人民共和国航道法〉办法》和《关于加快打造向海而兴的"水运安徽"的意见》，切实抓好宣传贯彻工作。优化航道养护绩效考评机制，推动养护综合管理能力提质升级。健全跨区域合作机制。深化与长航局共建长江安徽段航运高质量发展示范区战略合作，以示范区建设为统领推动加快建设水运强省。健全完善跨省港航合作机制。推动水运重点领域改革。深化跨区域应急救助协同联动机制，提升水上交通安全执法监管和应急救助保障能力。强化"船港城"协同治理，建立船舶污染物接收、转运、处置的市县财政经费保障机制。指导推进航运保险改革。推动海事监管与服务保障一体化。加强海事监管系统、海事通App等信息化监管平台的推广应用，深化船舶检验通检互认，提升海事监管服务水平，提高重点船舶监管、重点航道保通保畅、渡运安全保障等能力。

坚持提质增效，加快发展水运新质生产力。加快老旧船舶报废更新。落实"两新"政策，用好国债资金，推动老旧运输船舶提前报废拆解，建造一批绿色清洁能源船舶和集装箱、滚装船等专业运输船舶。畅通新能源和清洁能源船舶检验、过闸、靠泊"绿色通道"。推进智慧港航建设。加快全省航道运行调度与监测系统建设。推进合裕线、芜太运河、沙颍河、水阳江等干线电子航道图建设。实现长三角船舶过闸系统信息共享。构建内河智能船舶示范应用场景，推广国产自动化码头管理系统。加快淮河干线航道养护管理低空新技术应用。巩固船舶和港口污染防治成效。全面贯彻落实《安徽省长江船舶污染防治条例》《安徽省"十四五"船舶污染治理行动方案》。推动船舶靠港使用岸电常态化应用，推进绿色航道和绿色港口建设。加强对安庆洗舱站的常态化监管。

坚持治本攻坚，全力保障水上交通安全。强化本质安全。深化安全生产治本攻坚三年行动，加强港口与通航建筑物安全监管，巩固动火等特殊作业"回头看"成效。开展航运企业安全管理规范年、船员考试质量提升年和船舶检验质量提升行动，把好水上交通安全源头关。推动综合监管。压实航运企业安全主体责任和行业监管责任。持续开展"护航"等系列水上集中执法行动，协同推进"河长制"和开展打击长江非法采砂、长江"十年禁渔"等联合执法。深化水上交通安全信息共享共治行动，建立健全跨区域跨部门信息通报机制，大幅提升发现问题和处置风险能力。狠抓重点施治。继续推动规范水路客运靠泊问题整治。加快推进渡改桥、撤并渡和渡口远程视频监控设施建设。对照落实《内河运输船舶重大事故隐患判定标准》，重点加强涉客涉危船舶安全监管。加强船舶危险密闭空间、船舶碰撞桥梁安全隐患等专项治理。进一步发挥船籍港源头管理作用，巩固治理内河船舶非法从事海上运输、"逃管船"、注销后未登记船舶等工作成效。

（安徽省交通运输厅）

报告5

江西省水运发展综述

2024年，江西水运积极服务好打造"三大高地"、实施"五大战略"，全力以赴加快推进水运高质量发展，较好地完成了年度各项目标任务。

一、水运发展基本情况

运输生产量效双增。2024年，江西省累计完成船舶客运量261.5万人次、旅客周转量3875万人公里，同比分别增长14.6%、12.6%；完成船舶货运量17483万吨、货物周转量530.5亿吨公里，同比分别增长7.5%、7.6%。累计完成港口货物吞吐量28355.6万吨，其中集装箱115.1万TEU，同比分别增长5.5%、14.7%。南昌港完成货物吞吐量3863万吨，其中集装箱12.5万TEU，同比分别下降15.1%、增长1.8%；九江港完成货物吞吐量22257.2万吨，其中集装箱100.7万TEU，同比分别增长10.8%、15.3%。全年各船闸累计安全运行16738闸次、过闸船舶49255艘、过闸船舶总吨6265万吨、货物通过量3654万吨，同比分别增长122%、232%、255%、218%，均实现了翻番。

水运设施提等升级。着眼内通外联，不断优化水运设施布局、结构和功能，加快构建现代化水运基础设施体系。水运谋篇布局日趋完善，完成"十四五"水路建设项目规划中期评估调整，《江西省智能航运发展规划（2023—2030年）》待批复，启动全省港口规划评估。水运投资建设稳步推进。完成水运投资48.7亿元，建成九江安信物流公用码头、南昌龙头岗综合码头二期、赣抚尾闾综合整治工程主支枢纽船闸等6个项目，赣江南昌枢纽实现蓄水通航。开工建设昌江航道提升工程、吉安天玉码头一期、九江红光铁路专用线等7个项目。推动吴城、泰和航道支持保障码头工程可行性研究报告获批复。交通强国试点成效显著。开工建设江西省智慧船闸调度中心及信江智慧船闸集控调度中心，初步实现信江集控调度功能；有序推进赣江、袁河、昌江、乐安河等智慧航道建设。

服务效能持续优化。着眼"人享其行、物畅其流"的美好愿景，全力推进水运提质增量，水路运输服务供给质量和效率持续提升。水运市场管理规范有序。持续优化赣江航线补贴政策；强化水运企业经营资质和经营行为监管，完成水路运输及辅助业年度核查，全省共有水运经营业户264家、船舶2365艘、745.24万载重吨、13707客位，船舶平均载重吨为3151吨，同比分别增长9.1%、0.4%、8.0%、3.04%、7.6%。多式联运示范加快推进。积极打造九江港多式联运示范点，中国（九江）—俄罗斯集装箱国际直达航线正式开通，九江港集装箱班轮直达航线达19条，铁水联运主要站点达29个，"沪浔快航"最快67小时可抵达上海港。累计完成集装箱铁水联运4.43万TEU，同比增长16%，超额完成目标任务。

航道管养提档升级。聚焦"畅通高效、航道达标"的主责主业，切实增强航道支撑经济社会发展能力。全面推广应用"五化四好"航道管养模式，统筹推进航道疏浚整治、应急抢通等重点工作，全年完成疏浚86万立方米。4艘13.8米航道巡查艇交付使用。完成赣江石虎塘近坝段航道专项养护工程。试点推进无人机巡航系统项目建设，初步构建起"电子巡查+无人机巡航+实船巡检"的巡航新模式。航道公共服务能力持续增强。有序推进助航设施换代升级，新增202座、更新改造146座遥感遥测航标。不断优化水情发布机制，充分利用"一微一网"、电子航道图等载体，多渠道、多方式向水运企业、运输船舶提供航道维护尺度、航道通告、水文、气象等航道水情信息，深化船闸统一调度管理机制，顺利接管南昌船闸并提供24小时运行服务。开展高等级航道船闸过闸收费和优先过闸政策研究。信江双港船闸获评"十佳明星船闸"。

绿色发展成效凸显。积极推动水运行业大规模设备更新，推动省老旧营运船舶报废更新补贴实施方案落地实施，持续加强船舶污染物全链条管控，各类船舶污染物转运处置率保持在95%以上。国内首艘商用氢燃料电池动力游览船"西海新源1号"交付使用。完成355艘船舶受电设施改造，新增码头泊位岸电接插件标准化设施40套，累计使用岸电设施4.1万艘次，使用时长43.6万小时，使用岸电电量60万千瓦时，同比分别增长6%、3%、14%。

智慧转型稳步推进。自主研发多功能航标，集水深自动测报和实时监测功能于一体。创新提出"一定一动"双船标抛设法，有效提升高水位时期航标标位准确率。完成赣江赣州—井冈山枢纽134.4公里航段电子航道图制作，全省818.4公里高等级航道电子航道图接入"长江e+"，实现干支联动。

安全基础持续夯实。扎实推进水路交通运输安全生产治本攻坚三年行动，切实以高水平安全护航高质量发展。完善安全生产组织机构，厘清安全生产责任，进一步规范网格化管理。开展隐患大排查大整治专项活动和督导检查工作，强化航道、船闸运行安全风险辨识评估管控，定期开展水工建筑物水下检测，完成赣江、信江沿线19个临时停泊区划定。开展"夜游船"安全专项整治，建立"夜游船"安全监管长效机制。开展水路客运船舶船岸靠泊专项治理，推动南昌、九江等6地出台水路客运船舶停靠点管理办法。应急救助能力不断提升。建立水上搜救联席会议制度和省市会商联络工作机制，编制《江西省处置水上突发事件应急预案》简本，联合海事、公安、消防、医疗等多部门举办"赣江应急-2024"水上综合应急演练，水上搜救无脚本应急演练入选全省无脚本演练"十佳案例"。

二、2025年工作思路

加快项目建设推进，完善水运基础设施。推进高等级航道网建设。建成乐安河航道整治工程，开工袁河航道提升工程，加快建设赣江龙头山枢纽二线船闸、赣江新干枢纽—南昌二级航道建设工程和昌江航道提升工程，加快形成"一纵两横四支"内河高等级航道网。推进港口码头建设。建成九江港湖口银砂湾综合码头等6个项目，开工九江恒晋物流公用码头等5个项目，加快建设泽诚公用码头等10个项目，进一步优化"两主五重"港口布局。推进浙赣粤运河研究。加快推进赣粤运河工程预可行性研究，力争2025年3月底前完成预可行性研究初步验收，形成项目建议书。持续推进浙赣运河前期研究，联合浙江省尽快启动浙赣运河工程预可行性研究。

强化航道养护管理，提升通航保障水平。推动基层航道所因地制宜编制实施航道养护计划，加强重点区域巡查监测与养护，高质量开展航道养护疏浚和专项养护工作，积极推进南昌枢纽和石虎塘枢纽坝下航道预防性养护研究与实践。加快信江碍航桥梁拆除改造，优化调整峡江枢纽、万安枢纽蓄水水位，提升赣江全时段三级通航能力。持续推进船闸规范化建设，强化试点经验总结推广，出台高等级航道船闸运行和船闸过闸管理制度，优化南昌船闸和龙头山船闸运行方案，推动全省船闸规范化运行。加强船闸运行管理和养护，强化船闸关键设施设备运行状态监测检测，科学统筹上下游船闸停航检修安排，提高船闸运行效率和正常率，保障船舶有序高效过闸。拓宽信息发布渠道，加强信息主动公开，强化动态信息发布，及时、准确、规范发布各类航道公共信息。

优化水路运输组织，推动降本提质增效。加快构建以九江港和南昌港为中心、以赣江和信江沿线港口为支点的全省港口内支线网络，发展铁水联运、江海联运、干支直达运输，实现集装箱铁水联运量年均增长15%以上。持续推进赣江航线补贴政策实施、调整相关工作，精准支持航运企业纾困解难。加强全省水路客运船舶船岸靠泊管理，开展水路运输、港口及辅助业经营资质年度核查工作，推动水路运输市场健康有序发展。稳步推进运输模式转型。持续深入推进多式联运提质扩面，落实"一单制""一箱制"试点方案，培育多式联运骨干企业，支持多式联运企业积极开辟货运量大、开行频次高、服务质量好的多式联运线路。鼓励发展船队共建、集装箱共享、滚装运输等运输组织模式，引领支持龙头货主企业发展"散改集""杂改集"业务。

促进科技融合创新，实现绿色低碳发展。推进5G、北斗、人工智能等新一代信息技术同水路交通基础设施深度融合，加快发展水路交通新质生产力。完成全省水路基础设施数字化转型方案编制及申报工作，力争进入交通运输部第二批示范名单。推动赣江、信江高等级航道电子航道图全覆盖，加快构建江西航道感知传输网。持续推进老旧营运船舶报废更新，积极推动新能源清洁能源船舶发展。持续加强船舶港口污染防治，推进船舶水污染物联合监管与服务信息系统应用，强化港口企业和船舶污染物接收站监管，严格执行接收转运处置联单制度，推进船舶污染物接收转运处置闭环管理。建立健全岸电管理、维护和使用制度，推动港口岸电高效利用。推进化学品洗舱站常态化运行，提升港口绿色发展水平。

夯实安全生产基础，提升应急处置能力。强化双重预防机制建设，组织开展安全风险辨识评估，丰富内部风险管控清单，规范"一图一牌五清单"，持续推进隐患大排查大整治，扎实做好隐患整治闭环管理。抓紧抓实安全生产网格化管理，推动基层安全工作和业务工作有机融合，提升基层一线安全管理能力。丰富完善风险隐患监测预警手段，强化水路基础设施安全运行监测检测能力。深化安全生产专项整治。深入推进水路交通安全生产治本攻坚三年行动，推动水路交通运输安全生产形势持续稳定向好。持续推进"夜游船"专项整治，提升"夜游船"安全运营和管理水平。提升应急处置能力。研究编制船舶碰撞、船舶翻沉等应急处置工作指南，推动水上搜救工作科学化、规范化。加强新技术在水上搜救领域的应用，推动配置无人机、无人艇、水下机器人等先进装备，提高水上应急搜救现代化水平。

做好"十四五"规划收官和"十五五"规划编制工作。努力完成"十四五"规划目标任务。加快推进未开工项目前期工作和在建项目建设，努力完成规划重大水运项目建设任务。聚焦高等级航道里程、港口年通过能力、集装箱通过能力等重点指标，加大攻坚力度，力争圆满完成省"十四五"水运发展规划目标。做好交通强国试点验收工作。梳理试点任务完成情况、成效经验及未完成任务替代成果，建成江西省智慧船闸调度中心及信江智慧船闸集控调度中心，协助做好省级自评估、初评估、评估等工作，配合交通运输部完成试点验收。全力推进"十五五"规划编制。做好"十五五"规划前期工作，科学谋划全省水运重大战略任务、重大改革举措、重大工程项目和重大课题研究。围绕"加快高等级航道联网补网强链""打造现代化港口物流枢纽""构建经济高效的水路运输网络"等方面，编制好"十五五"水运发展规划。

（江西省高等级航道事务中心）

报告6

山东省水运发展综述

2024年，山东水运锚定目标加压奋进，自觉把水运事业放在国家战略、全省大局中去谋划、去定位、去发展，圆满完成各项任务，取得明显成效。

一、水运发展基本情况

水运市场发展。 2024年，全省水路完成客运量2245万人次，同比降低12%，完成旅客周转量9.3亿人公里，同比增长11%；完成货运量2.8亿吨，同比增长11%，完成货物周转量5296亿吨公里，同比增长2.3%。全省港口完成吞吐量21.99亿吨，同比增长6.1%。沿海港口完成吞吐量20.74亿吨，同比增长5.1%。其中，外贸10.9亿吨，同比增长5.5%；集装箱4502.3万TEU，同比增长7.9%。全省内河港口吞吐量累计完成12536万吨，同比增长25.7%，完成内河集装箱吞吐量28.8万TEU，同比增长58.8%。累计布局内陆港51个，基本形成"西联中亚欧洲、东接日韩亚太、南通东盟南亚、北达蒙俄"的国际多式联运贸易大通道。全年完成海铁联运箱量420万TEU，同比增长16.6%，位居全国沿海港口首位。累计开通集装箱航线357条，其中外贸航线260条，国际友好港口达到54个。

基础设施建设。 打造一流港口基础设施，青岛港董家口港区12万吨级油品码头工程等项目建成投产，新增万吨级以上泊位13个，新增通过能力超过3000万吨。到2024年底，全省共有生产性泊位958个，沿海港口生产性泊位达到671个，内河港口生产性泊位共287个，其中深水泊位394个，设计年通过能力预计为12.4亿吨。京杭运河主航道枣庄段整治工程完成交工验收，京杭运河主航道山东段济宁以南全线达到二级航道通航条件；京杭运河主航道柳长河段17公里航道"三升二"工程投入运行，实现2000吨级船舶直达泰安东平港区；京杭运河微山三线船闸工程、新万福河复航二期工程、上级湖湖西航道整治工程等项目有序推进。组织开展台儿庄船闸大修工程，有效保障船闸正常运行。

运输市场管理。 完成省际水路客运和危险货物船舶营运证发放、无船承运人备案等事项700余件，组织开展3期港口和水路运输监管人员培训班，培训交通运输、行政审批等部门监管人员约200名。组织开展水路运输及其辅助业资质年度核查，共上门核查企业469家，涉及船舶8945艘；组织开展水路客运船舶船岸靠泊规范工作，推动青岛、东营、威海、日照、济宁等市出台规范市内客运停靠点的规范性文件等管理制度，督促整改靠泊问题100余项。做好中韩客货班轮客运复航管理，做好开航前风险评估和问题整改，指导8条船舶实现常态化运营；严格落实船舶"包保责任制"、客滚"人货分离"等措施，不断完善海船"一船一册"台账，开发使用全省水路运输安全监管与服务信息系统；加强对海船涉嫌挂靠行为的处罚，指导青岛市对3家航运企业的50余艘涉嫌挂靠船舶进行集中处理。

安全监督管理。指导强化风险防范化解和重大危险源监督管理，严格高危场所人员聚集安全风险管控，落实复工复产、周边环境发生变化等情形专项排查要求，全面应用一线人员"作业明白纸"，下大力气纠治"习惯性违章"。强化恶劣天气防范，根据气象条件采取合理安排港口作业、大型机械防风锚固、集装箱降高加固、货垛苫盖加固、港口客运人员疏散等措施。严格落实旅客实名制、"客货分离"、安检查危等措施，共查处夹带违禁品1985件，94台滚装车辆纳入不良信息库。组织第三方服务机构开展了2轮次港口危货企业专家诊断，强化对全员安全生产责任制的落实、培训和考核，双重预防机制建立和运行等情况的指导，共检查企业115家次，发现并督促整改问题1770项。组织开展企业主要负责人专题安全教育培训，已培训港口企业主要负责人165人次，培训占比82.91%，港口危货和客运企业主要负责人培训覆盖率达到100%。

绿色低碳发展。济宁市多式联运绿色低碳和近零碳港口试点项目成功入选全国第一批绿色低碳交通强国建设专项试点。全国内河首个新能源船舶制造基地一期完工试产，具备年造新能源船舶240艘、维修100艘的能力，京杭运河首批90米LNG动力船和67.6米电动力船在济宁下水。大力推进"园林式"港口建设，加快能源替代，推进"风光储氢"一体化，投用沿海港口首座港区加氢站，港区分布式光伏建设"应建尽建"面积达56万平方米，绿电发电能力达1.5亿千瓦时/年；建成全国首个"零碳港区"，清洁用能占比达62%，较成立初提高12.5个百分点；积极构建绿色集疏运体系，大宗货物绿色运输比例达到80%。

智慧港航发展。青岛港i-GTOS系统正式上线运行，提升了集装箱、大宗散货、件杂货等方面的智能化水平。日照港上线集装箱码头智能管控系统（A-TOS），实现全国产、全自主的集装箱核心生产系统复制推广。烟台港上线全流程智慧操作系统、智能仓储管理系统（WMS），打通堆场、车库、岸端、交接区等7个关键作业环节，实现港区全流程自动化运输。

二、2025年工作思路

推进内河高等级航道建设。重点抓好微山三线船闸工程、新万福河二期工程、京杭运河柳长河段航道升级工程建设，开工建设京杭运河湖西航道（上级湖段）改造工程、复兴河航道升级改造工程等项目，确保完成2025年全省高等级航道里程超过500公里的目标。

加快建设世界一流港口基础设施。加快推进日照精品钢基础配套矿石码头、烟台港西港区LNG码头等在建项目建设，完成青岛港董家口港区港投万邦矿石码头工程、烟台港蓬莱港区2×50000吨级通用泊位工程（9号泊位）、中石化龙口LNG码头等项目建设。加快建设济宁港微山港区韩庄作业区韩庄码头1~4号泊位工程等项目。加大资源整合力度，加快培育梁山、龙拱等龙头港口，推动集约化运营、协同式发展。港口年货物吞吐量较2022年实现翻番，超过1.6亿吨。

持续强化港口枢纽功能。重点实施疏港铁路、疏港公路等一批项目，加快推进济宁顺达港务有限公司铁路专用线工程、菏泽港巨野港区麒麟作业区疏港公路等项目。加快推动北方大宗商品交易中心、中国北方生活消费品分拨中心建设，积极推进青岛港和日照港大宗商品储运基地建设，全面构建依托港口的一流供应链服务体系，将"大流量"转化为"高价值"。争取山东省财政厅同意继续实行航线补贴政策，支持山东港口进一步优化海上航线网络，畅通陆向物流通道，完善多式联运服务体系，加强与黄河流域内陆省份的陆海直达连通，力争实现港口吞吐量持续稳定增长。2025年力争新增外贸航线10条、内陆港4个，沿海港口货物吞吐量突破21亿吨、集装箱吞吐量突破4500万TEU。

加快培育发展港口新质生产力。推动省港口集团大力推进传统码头设备更新改造，开展港口重大装备全自主关键技术研发，推动交通运输部、山东省共建国家级科研平台。加快建设零碳码头、零碳港区，大力实施清洁能源替代和利用，全面推广岸电使用，推动港口碳达峰、碳中和。

加快推进小清河市场培育。积极向交通运输部汇报，争取小清河河海直达示范项目获批实施，同步研发河海直达示范船型，最大程度发挥小清河河海直达优势。督促相关企业加快推进船舶建造和投入使用，不断增加船舶运力。按期完成羊口港至寿光港段航道专项养护，加大寿光港进港航道专项维护工程协调推进力度，打通小清河入海口堵点。用好当前各项支持政策，进一步释放政策红利。指导、督促小清河沿线各市，加快发展物流、加工贸易、现代金融等临港产业。

夯实安全生产底线。强化"宁可向前一步形成交叉，不可后退半步形成空当"的担当意识，不断筑牢思想防线和责任链条。全面提高水路运输年度核查和"双随机、一公开"检查的深度，持续开展港口企业第三方专家安全诊断，深化重大事故隐患排查整治，切实督促企业主体责任落实到位。结合海上安全治理水平提升、商渔共治、化工行业安全生产整治提升等专项行动，加强航运公司资质管理，强化港口建设项目源头治理，深化危险货物储存、装卸和客运港口作业安全治理，组织开展港口竣工验收和经营许可等手续不全问题整治"回头看"工作，推动安全生产治本攻坚三年行动落地落细。坚决执行大风禁限航、"客货分离"、安检查危、专家诊断等安全管控措施，做好营运海船"一船一册"、储罐"一罐一档"等台账更新管理，落实船舶"包保责任制"；有计划开展"双随机、一公开"和重点时段及节假日检查等，强化与海事、应急、市场等部门的协调配合，持续推进部门间联合执法，强化监管。

（山东省交通运输厅）

报告7

河南省水运发展综述

2024年，河南水运锚定"两个确保"、紧扣"十大战略"，以"拼"的斗志、"冲"的劲头、"笃"的作风，上下齐心、攻坚克难，推动内河航运"11246"工程取得突破性进展，全省内河航运高质量发展成效显著。

一、水运发展基本情况

推动内河航运发展共识高度凝聚。省委、省政府高度重视，省委书记刘宁实地调研周口、商丘内河航运工作，多次对内河航运工作提出要求，王凯省长、孙守刚常务副省长、孙运锋副省长多次召开专题会议研究，实地调研，多次赴交通运输部、水利部、国家发展改革委，争取支持。省人大专题听取汇报，实地视察调研，加快推进航运立法工作。省政协会同江苏省、安徽省政协建立了协商联动机制，帮助解决省际航道瓶颈制约等问题。省发展改革委、水利厅、生态环境厅、自然资源厅高度支持，做好重大项目立项审批、洪评、环评、用地等要素保障。全省上下达成了全力推动内河航运高质量发展的共识。

内河航运"11246"工程建设全面起势。周口市、省交投集团积极推进全省首个百万TEU集装箱专用码头周口港中心港区建设，21天完成征地拆迁，截至2024年底，完成投资16.5亿元。信阳、南阳、中豫港务集团攻坚克难，加快推进淮河固始段、信阳港固始港区中心作业区、唐河一期等项目建设，"11246"工程完成投资203亿元，超过2021—2023三年投资总额，内河航运实现跨越发展。

"中部便捷出海水运通道"加快形成。联合山西、安徽等6省，依托京广、陇海、京九铁路和沙颍河、淮河、江淮运河、长江干线等高等级航道，谋划构建从中西部经河南、安徽、湖北等地到长江经济带、长三角世界级港口群的大运量、低成本、绿色化的出海水运大通道，已成功申报交通强国试点。

内河航运保障体系不断完善。省政府印发并施行《周口港中心港区总体规划》《河南省水路交通运输管理办法》，编制"11246"一体化实施意见和周口、信阳、漯河等港口总体规划，会同安徽、湖北等开展船舶检验通检互认试点，推进港航船、铁公水、港产城、投建运、省际五个一体化发展。

对外开放合作水平持续提升。省政府与安徽等省签订战略合作协议，共同加快省际航道建设。省交投集团与安徽港航集团签订战略合作协议，发起成立"内河航运产业合作联盟"，中豫港务集团与浙江海港集团成立港航运营公司。全省已开通集装箱航线42条，2024年全省完成港口吞吐量6085万吨，同比增长29.8%；完成集装箱吞吐量10.9万TEU，增长20.4%。

二、2025年工作思路

强化规划体系建设。积极推动"中部便捷出海水运通道"上升为国家战略，印发内河航运"11246"工程一体化建设实施意见，高标准编制内河航运"十五五"规划。积极推动贾鲁河和唐河沙河联通工程纳入国家规划，完成周口、信阳、漯河港总体规划，加快编制平顶山、商丘、南阳、郑州港总体规划。加快编制临港产业、港产城融合发展等规划。

强化通道网络建设。加快谋划重大项目，推动贾鲁河通航工程年底前开工建设，唐河沙河联通工程"十五五"期开工建设。加快实施在建项目，加强质量安全管理，做好资金保障，力争2025年底前建成淮河固始段、黄河小浪底和唐河省界至马店段；淮河息县段等项目取得突破性进展。加快推进前期工作，推动淮河息县段项目尽快解决洪评批复等堵点卡点问题，2025年6月底前开工建设；加快开展沙颍河漯周段"四升三"技术方案研究，2025年9月底前开工建设；积极推进沱浍河、洪汝河等项目前期工作，做好项目储备。

强化港口能级建设。加快推进周口港中心港区一期、固始港区中心作业区一期工程等在建项目建设，加快周口港中心港区二期工程，范营作业区、漯河港、淮滨港扩容提质工程等项目前期工作，2025年6月底前开工建设。加快淮滨港、周口港铁路专用线项目建设，积极推进漯河港铁路专用线前期工作，争取建成国道329改建工程等9条疏港公路项目。加大周口、信阳、漯河等港口城市招商引资力度，大力支持临港产业项目建设，全年力争完成投资50亿元以上。

强化运输能力建设。加强与浙江海港集团、中远海运集团、安徽港航集团等国内先进港航企业合作，在投资、运营、人才和信息化等方面，开展全面合作，引进先进的发展理念和管理模式，提升全省港口一体化运营管理能力和运输组织水平。严格落实国家"两新"工作要求，力争2025年全省报废更新老旧营运船舶300艘，完成投资15亿元，加快适应河南省航道条件标准船型研究。促进水路客运交旅融合发展，推动水上客运旅游化、舒适化，提升客运品质；加快农村渡运设施改造，高标准打造内河精品航线。

推动绿色港航发展。加快推进港口船舶污染物接收转运设施建设和常态化运行，积极推进港口岸电设施建设和船舶受电设施改造，鼓励船舶靠港使用岸电。推动港口"光伏+"储能、"风电+"储能等清洁能源应用。加快实施丹江水上综合保障设施建设项目，强化丹江库区船舶污染防治与水质保护。

强化安全应急建设。印发《河南省内河航运安全生产管理办法》《河南省水路交通突发事件应急管理办法》《河南省通航水域认定管理办法》，强化安全管理政策保障。深入推进水上交通安全治本攻坚三年行动，落实船舶碰撞桥梁安全隐患治理工作，防范安全事故发生。加强安全监管队伍建设，建立船舶检验、船舶监督、船员管理和综合执法专业队伍。强化注册验船师、船舶安检员、内河船员考官、海事调查官等的培训，不断增加持证人员数量。出台加强全省水上搜救中心建设意见、内河水上搜救应急装备配备标准等，推进省级水上搜救中心和沙颍河、淮河及重点库区水上应急搜救分中心建设。

强化智慧港航建设。出台关于加快河南省智慧港航建设的意见，加强智慧港航建设全局性谋划、整体性推进，着力构建"一个平台、两级中心、三个体系、四大板块、N个应用"的智慧港航一体化架构。加快构建全省统一的内河航运综合监管服务平台，建立一套为航道管理、通航服务、应急救助、水上交通安全管理提供支持保障的信息系统，实现水上交通管理的智能化。建成全省首个智能化、专业化内河航运综合性港区——周口港中心港区，推进信阳港、漯河港等全要素智能感知网建设；推进在役干散货码头自动化升级改造。加快推进全省"一纵三横"骨干航道电子航道图、甚高频通信基站、视频监控系统建设，开展航道运行监测，提供航道信息服务，推广自助过闸App应用，提升智慧化运营管理水平。

强化治理能力建设。加快《河南省内河航运和港口建设管理条例》立法进程，出台"水运发展全面建设年"实施方案。印发港口岸线管理实施细则、水路运输企业信用实施细则，加快开展船闸收费政策研究工作，优化支持运输结构调整政策，持续推进"一单制、一箱制"，形成一批"一单制"创新应用典型案例，提升综合物流服务水平。加快建立部门间、省际水资源综合利用和船闸联合调度机制，统一调配航运用水，保障通航需求。坚持河南船检便民新模式，用好宜昌、马鞍山两个船舶检验一体化工作站，持续融入长江区域船舶检验合作体制机制。持续渔船检验工作，落实渔船档案管理，提升检验质量。落实全国船舶检验通检互认机制，持续开展省内集中营运检验，保障信阳、周口两个船舶检验通检互认示范点。研究船检经费保障机制，加强船检装备配备。深化构建水上交通综合治理格局，及时更新海事协同管理平台船舶检验、船舶登记、船员管理、进出港报告、违法信息等数据，实现安全监管类信息数据全国共享。完善部门间应急合作机制，建立与区域一体化发展相适应的水上应急救助机制。

（河南省交通事业发展中心）

湖北省水运发展综述

2024年是湖北港航业高质量发展迈出坚实步伐的一年，全省港航系统坚决贯彻落实上级部署要求，勠力同心、奋楫笃行，全力打造"四个中心"和"六个水运"，圆满完成年度目标任务。

一、水运发展基本情况

水运经济运行。全年完成固定资产投资93.1亿元，连续四年超过80亿元。新开工航道项目4个、港口项目9个。新增高等级航道59公里、万吨级泊位4个、5000吨级泊位11个、散杂货通过能力3547万吨、集装箱通过能力9万TEU。港口货物吞吐量、外贸吞吐量、集装箱铁水联运量分别达到7.5亿吨、2036万吨、24.86万TEU，同比分别增长8.6%、6.7%、41.6%。水路货物运输量、货物周转量同比分别增长8.9%、9.5%，达到7.6亿吨、5470亿吨公里。水运经济多项指标位居全国内河前列。

规划体系完善。研究编制《湖北省港口与航道布局规划》，推动省政府印发施行《关于加快湖北省港航业高质量发展的实施意见》。完成武汉港、钟祥港涧河港区等5个港口总体规划修编修订，荆州港盐卡港区、宜昌港主城港区等5个港口总体规划加快修订。完成一批航道规划等级调整论证，举水、蛮河规划等级提升方案获批。

基础设施建设。组织开展荆汉运河工程规划前期论证两个专题研究，配合编制荆汉运河工程规划；编制《汉湘桂内河航运大通道湖北段工程实施方案》；追加2个航道整治项目前期工作经费2300万元。积极协调三峡水运新通道前期专题审批事宜，完成项目建设对待闸船舶水污染物接收转运处置的影响评估。全速交叉推进"三船闸一航道"项目前期，可研批复工作加快推进。高质量实施项目建设，长江中游荆江河段航道整治二期、兴隆枢纽2000吨级二线船闸、兴隆至蔡甸段2000吨级航道整治等13个项目开工建设；富水航道整治、唐白河航运开发、三峡枢纽江南成品油翻坝码头等项目加快建设；枝城铁水联运码头一期、武穴盘塘散货码头等8个项目建成并投入运营。3个国家级和8个省级多式联运示范工程创建项目加快推进。三个区域港口群集疏港铁路加快建设，港口集疏运体系加快完善。

交通强国建设试点。全力攻坚现代内河航运建设试点，10项试点任务完成自评估和省级验收。大力推进宜昌港旅游码头提档升级，18 项试点任务已完成 10 项。国家南水北调水源地绿色交通运输综合治理工程、依托中部多式联运出海大通道推进降本提质增效、长江绿色智能客船推广应用等项目入选交通强国试点，已取得阶段性成果。

水运安全发展。扎实开展安全生产专项整治三年行动和各类专项整治，妥善应对汛期、枯水期、低温雨雪冰冻灾害天气和开展汉江中下游梯级枢纽联合生态调度。完善水路交通突发事件、水上搜救应急预案，襄阳、宜昌溢油应急设备库加快建设，争取应急抢通补助资金 1709 万元，组织实施 5 次重点浅滩应急疏浚。稳步推进商渔船融合检验。

绿色低碳转型。完成第二轮中央生态环境保护督察反馈的"船舶污染防治"问题、2022 年长江经济带生态环境警示片披露的"黄冈码头与尾矿库"问题整改销号。《湖北省长江船舶污染防治条例（草案）》通过省人大常委会一审。长航集团 50 艘绿色智能船舶批量化建造项目、宜昌市 30 艘公务船全电动化示范项目、长江干线"江陵—武穴"充换电一体化项目启动，黄石仙岛湖 40 艘绿色智能旅游船舶陆续投入使用。完成 236 艘运输船舶岸电系统受电设施改造，船舶靠港累计使用岸电 6.6 万艘次、93.5 万小时、1758.7 万千瓦时，同比分别增长 27%、52%、20%。黄石新港综合智慧零碳电（一期）并网发电；船舶洗舱作业、LNG 加注作业同比分别增长 65%、57%。中远海运 CSP 武汉码头通过能源管理、环境管理体系双认证。

创新数智发展。完成湖北省水路交通基础设施数字化转型升级方案编制。基本建成湖北水路交通运输信息平台一期工程和智慧监测中心，加快推进港口危货安全监管平台建设。武汉阳逻港二期、荆州车阳河智慧港口全面建成并常态化运营，武汉中远海运港口水平运输自动驾驶项目入选智能交通先导应用试点。汉江智慧航道建设加快推进。

民生实事保障。抢抓"两新"政策机遇，出台老旧营运船舶报废更新工作实施办法，新建船舶开工 4 艘，拆解老旧营运船舶 65 艘。及时完成航运航线、船舶污染防治、老旧营运船舶报废更新、"美丽乡村渡口"共同缔造等补助资金的申报审核和发放。顺利组建湖北省港航发展基金。宜昌市开展政、银、企金融对接，累计为 32 艘船舶发放贷款 3.4 亿元。扩大鄂湘赣 3 省船舶审图互认范围，完成船舶营运检验省内通检互认试点并推广至全省，宜昌、黄冈和长江船舶一体化工作站成为首批可实施全国通检互认的检验机构。

二、2025 年工作思路

以更高水准科学谋划水运发展。坚决完成"十四五"规划目标任务，深入研究"十五五"规划编制的重大问题，扎实推进湖北水运"十五五"发展规划编制工作，争取"三船闸一航道"等项目纳入国家"十五五"规划。做好全省港口与航道布局规划报批工作，力争尽早批复。加快襄阳港、鄂州港等港口总体规划修编修订，加强跟踪指导，力争尽早获批。对标"一城一港"总体原则，加快编制修订黄冈港、咸宁港、恩施港、荆门港、孝感港、十堰港港口总体规划。有序推进《湖北省长江船舶污染防治条例》《湖北省水路交通条例》立法工作。研究并争取尽早出台"十五五"水运发展补助、二线船闸收费、支持老旧码头提级扩能等政策。统筹用好"两重""两新"、交通运输重点项目资金补助、航线补贴、船舶污染防治补贴等政策。

以更足干劲建设基础设施网络。一是加快扩能升级"一横一纵"主轴。加快优化调整宜昌港布局，加快建成三峡枢纽江南成品油翻坝码头，加快实现茅坪二期3号~5号泊位开港运营，全力保障三峡水运新通道项目建设。加快王甫洲二线船闸项目前期工作。开工建设"三船闸一航道"、丹江口至襄阳不衔接段航道整治等项目。二是加快打造三大港口群。加快武汉白浒山储配基地码头、蕲春港绿色建材码头、枝江姚家港液体化工码头、荆州煤炭储配基地二期、襄阳港喻家湾通用码头等项目前期工作，力争尽早开工。加快江夏区砂石集并中心、武穴港恒鹏物流码头、武穴港源发散货码头、荆州港白螺二期、襄阳港刘集武坡一期等在建项目施工进度。三是加快完善干支网络。加快清江、童庄河、青干河、蛮河、陆水河、举水等航道整治工程前期工作，力争尽早开工。加快汉北河、忠建河、富水、香溪河航道整治工程施工进度。加快天门港岳口综合码头、仙桃港综合码头二期、潜江港战略储备综合码头、云梦港盐化配套码头等项目前期工作。

以更大力度实施水运数字转型。一是加快智慧航道建设。加强与长江航务系统合作，共同推进水路交通基础设施数字化转型升级，共建智慧水运一体化示范区。开工建设兴隆至蔡甸段智慧航道工程、丹江口至襄阳不衔接段智慧航道工程。建成湖北水路交通运输信息平台一期工程。二是加快智慧港口建设。深化5G、北斗、物联网等数字技术与港口的融合应用。有序推进港口数字化基础设施建设。持续推进集装箱和大宗干散货码头作业自动化升级改造。力争开工建设湖北省港口危货安全监管平台。三是加快推进物流服务智慧化。积极推进多式联运"一单制"，提高集装箱铁水联运"一单制"占比。完善通航建筑物联合调度机制，推广"e船畅"App，提高船舶过闸效率。打造"楚水智行"服务品牌，提升航运服务便民化、智慧化水平。

以更优组织降低交通物流成本。一是推动船舶运力结构和经营主体结构调整。用好"两新"政策，推动船舶运力结构调整。大力培育航运企业，提升水运组织化水平。继续推动大宗货物及中长距离货物运输向水运有序转移，提高全省水路货运量占比。二是推动水运航线结构优化调整。加密至长江沿线、汉江沿线港口的航线，有序拓展至沿海港口的江海直达航线、至东盟的国际直航航线，培育集装箱班轮航线和稳定运行的集装箱多式联运精品线路。三是推动多式联运高质量发展。加快国家级和省级多式联运示范工程创建进度。以多式联运示范工程为依托，完善多式联运通道布局。因地制宜开展多式联运"一单制""一箱制"试点。

以更严作风推进水运绿色转型。一是扎实做好生态环境保护督察反馈问题整改。按整改时限和方案要求完成武汉和润物流码头所在岸线情况复核认定，完成黄石热电厂2号码头拆除及生态修复。二是扎实做好绿色船舶推广应用和绿色航道建设。深入推进长江绿色智能客船推广应用专项试点。加快推进南水北调中线工程水源地船舶绿色更新改造。以汉江、清江、具有饮水源功能的湖库区为重点，加快推广应用新能源清洁能源船舶。加大航道疏浚土综合利用力度，优化通航枢纽鱼道布置。三是扎实做好岸电管理和水污染物"全周期"联合监管。完成600总吨以上内河干散货船和多用途船改造任务、码头岸电设施设备安装任务，提高辖区船舶岸电使用率。严格开展船舶水污染物全链条监管，着力实现硬件全覆盖、接收全免费、处置全闭环。

以更实举措提升水运服务品质。一是大力提升水路客运品质。因地制宜发展水上观光游、休闲游，继续打造国内水路旅游客运精品航线。加快乡村振兴旅游渡运码头建设进度。继续开展"美丽乡村渡口"共同缔造，因地制宜加大渡口撤销、渡船拆解力度。二是大力推进船舶检验高质量发展。改版《湖北省船舶法定检验质量管理体系》，发布《湖北省内河小型渔船检验规则》《湖北省内河小型渔船检验规范》。开展新特异船舶检验技术攻关和联合检验。启动汉江未来船型研究。逐步扩大省内船舶检验通检互认适用范围，培育更多机构承办通检互认。三是大力发展现代航运服务业。指导武汉航运交易所、宜昌市船舶交易中心提升船舶交易服务能力。举办绿色智能船舶用品展示推介会。支持船舶融资租赁业务发展。推动发挥省港航发展基金"撬动"作用，为湖北水运发展注入金融"活水"。

以更严标准筑牢水运安全防线。一是强化水上交通领域安全治理。深入开展水上交通安全治本攻坚三年行动。扎实开展船员考试质量提升年活动。加强涉水工程通航安全管理。建成襄阳、宜昌溢油应急设备库。完善浅滩疏浚实施机制，及时启动应急疏浚。加强航道保护，督促建设单位严格按航道通航条件影响评价审核意见执行。二是强化港口营运领域安全治理。深入开展港口作业安全生产治本攻坚三年行动。扎实开展港口企业危险货物储罐专项整治。继续开展港口危险货物和水路客运企业安全管理"专家会诊"。三是强化水运工程建设领域安全治理。强化水运建设市场监管，加大工程转包、违法分包查处力度。指导参建单位强化安全风险分级管控和隐患排查治理。持续开展平安百年品质工程创建活动，强化平安工地建设，压实全员安全生产责任。强化项目施工驻地等人员密集场所安全防范。

（湖北省港航事业发展中心）

报告 9
湖南省水运发展综述

2024年，湖南立足全省水运高质量发展目标，统筹推进航道扩能、港口提质、绿色转型和智慧升级，推进重大水运项目落地见效，绿色智慧航道建设水平显著提升，全面实现安全畅通、低碳高效发展新突破，奋力开创湖南水运现代化发展新局面。

一、水运发展基本情况

基础设施。全省完成水运建设投资87.1亿元，创历史新高。新增三级航道61公里，全省三级以上航道达1275.8公里。新增千吨级以上泊位16个，全省千吨级及以上泊位总计达160个。

运输生产。全省完成客运量1507.1万人次，同比增长11.0%；完成旅客周转量2.1亿人公里，与上年持平。完成货运量2.4亿吨，同比增长4.9%；完成货物周转量564.6亿吨公里，同比增长26.2%。全省港口完成货物吞吐量3.0亿吨，同比增长10.6%，其中内、外贸吞吐量同比分别增长10.5%和17.8%；完成集装箱吞吐量94.2万TEU，同比下降36.4%；滚装汽车运输完成10.4万辆，同比增长36.2%。全省3条铁水联运线路稳定运行，华容煤炭储运基地码头进港铁路专用线投入试运营；岳阳至俄罗斯直航22航次，同比增长100%，进出口货物1.3万吨。江海直达航线运营1292航次，运输集装箱33.9万TEU。

港航融合。推动各区域港口合理分工，调度、价格、服务标准统一，改变原有分散竞争局面，有力助推湖南水运综合效能发挥。湖南省港航水利集团营收大幅上涨，2024年实现营收52亿元，同比增长29%。完成3条水路旅游客运精品航线试点验收；长沙橘子洲精品航线客运量同比增长97%，营收破亿元，较上年营收翻一番，入选国内水路旅游客运精品航线典型案例；郴州东江湖精品航线带动周边民宿餐饮收入12亿元；完成省内首批10条航线创建申报；张家界茅岩河航线游客量同比增长22%。

安全发展。纵深推进风险防范隐患治理，深入推进水运领域安全生产治本攻坚三年行动；排查处置"三无"船舶1514艘，完成拆解361艘、上岸178艘，其他"三无"船舶采取集中停泊、登记标识等方式妥善处置；开展水运领域"隐患清零"综合督查，交办整改隐患问题159个。推动智能监管常态长效，通过智能识别和人工视频巡查结合，严查渡运违规违章行为，全年核查处置渡船超载行为90余起，同比下降57.5%；全面运行

"客渡通"微信小程序，落实渡船开航前检查、签单发航制度；常态化实施"一会三卡"制度可视化监管。强化应急救援能力建设，妥善处置岳阳"7·25"船碰桥险情和怀化、湘西、株洲等地船舶走锚险情；组织力量参与岳阳团洲垸决堤抢险，开展航路勘测，维护通航秩序，调配 10 艘船舶运输抢险物资、转移受灾群众，在抢险救援中充分展现水运力量；长沙、株洲、衡阳、娄底、郴州、张家界等地开展水上突发事件应急演练，提升应急处置能力；对 2023 年度社会搜救力量参与水上救援行为实施奖补，涉及 33 个救援案例，鼓励社会力量参与水上应急救援；完成省属救援船舶设备更换更新。

绿色发展。持续深入开展水运污染防治，制定《船舶水污染物移动接收服务规范》地方标准，持续推广船舶水污染物监管和服务信息系统，实现水污染物全流程闭环管理，船舶污染物转运处置率达 99%；开展内河散装船舶污染防治专项整治，采取封舱管理；岳阳洗舱站超额完成交通运输部下达的指标。加速推进营运船舶报废更新，加快老旧营运船舶报废更新，制定省级实施方案和部省政策衔接原则，规范报废更新补贴工作，部省政策合计申请老旧营运船舶报废更新 471 艘，涉及奖补资金 1.33 亿元。加快推进新能源应用，208TEU 集散两用"电动湖南"电动货船示范项目入选首批绿色低碳交通强国建设专项试点；完成 191 套岸电设施建设、321 艘船舶受电设施改造，实现全省现有 1000 吨级及以上泊位（油品泊位除外）岸电设施全覆盖；督促船舶规范使用岸电设施，全年累计使用岸电 6169 艘次；开展船舶能耗在线监测试点及船舶使用岸电情况调查，推广节能措施，进一步降低船舶能耗与碳排放。

智慧水运。优化水运信息化顶层设计，编制《湖南省水运信息化建设实施方案》《湖南省智慧航道建设技术指南》；申报并成功入选国家公路水路交通基础设施数字化转型升级首批示范区域；加强监测数据分析，智慧水运综合监管平台检测数据分析模块项目完工并通过验收，提高证书核查的效率和准确性。

行业治理。不断规范船舶监督管理，全省完成船舶现场监督 6.58 万艘次、船旗国检查 2.81 万艘次；处置 1850 艘长期逃避监管船舶、252 艘注销未登记船舶，均实现动态清零；规范水路客运船舶靠泊，完成全省 276 个客运船舶靠泊渡口、653 个港区外停靠点规范工作。增强航道精细化管养水平，全省干线航道航标维护工作量 124 万座天，维护正常率达到 99% 以上，确保全省主要干线航道安全畅通；抓好航评事中事后监管，组织评审 72 个项目航评报告，建立省管航道涉航项目问题清单制，实行销号管理；与长江航道局签订战略合作协议，深化长江与"一湖四水"干支联动、通航保障、信息化建设等方面合作发展。进一步深化便民利民服务，制定省内船舶检验通检互认工作实施指南，推动船舶通检互认；与湖北、江西签订《湘鄂赣船检机构审图合作协议》，提升整体船舶检验质效；做好重点民生物资水路运输保障，助力企业开工和降本增效；完成 80 座便民码头建设，群众水路出行更加舒适便捷；开展公益助航，确保枯水期运输畅通；优化船员考试发证管理，将内河船舶船员发证管理权限下放市州，方便船员就近办理。

二、2025年工作思路

抓实水运基础设施建设。一是完成"十四五"时期目标任务。计划投资90亿元；加快湘江永衡三期等项目施工进度；推动益芦航道等新开工项目实现全面全线开工；推进沅水金紫航道等项目前期工作；新增千吨级以上泊位15个，建设便民码头50座。二是做好"十五五"水运发展规划。围绕构建水运新发展格局等重点领域开展深入研究，全力加快湘桂运河项目预可行性研究，完成"十五五"水运发展规划报告编制工作。三是统筹资金运用。科学统筹交通运输部专项补助资金和湖南省油补资金的使用，制定项目资金管理办法，合理分配项目资金。

提升运输供给能力。一是实施降本增效专项行动。落实降低全社会物流成本专项行动，推进"一湖四水"港航提升工程；盘活港口资源存量，提升岸线使用效能，强化港口规划和岸线管理。二是优化船舶运力结构。全面贯彻落实"两重""两新"工作，推进老旧营运船舶报废更新，加快船舶运力结构调整。三是提高运输组织水平。推进江海联运发展，推进舟山至岳阳、岳阳至俄罗斯等江海直达航线常态化运行，并积极拓展新航线。加快多式联运"一单制""一箱制"发展。四是不断推进交旅融合发展。完成精品航线创建试点验收，启动省内第二批10条精品航线创建工作；完善客运码头适老化"软硬件"服务，提升全省水路旅游客运服务质量和水平。

加快水运绿色智能发展。一是推进水路交通数字化基础设施转型升级。推动基础设施智慧扩容，加快建设湖南电子航道图"一张图"，力争完成智慧水运综合监管平台系统架构升级；推进永衡项目等智慧航道工程；持续推进湖南省国家综合交通运输信息平台部省联动试点。二是提高岸电应用水平。落实港口岸电使用管理制度，推进长江经济带港口和船舶岸电监管与服务信息系统应用。改造优化岸电设施，提高全省港口岸电使用率。三是加强水运污染防治。着力抓好船舶污染物闭环管理和船舶大气污染防治；加强与长江海事局的联动，深化跨区域跨部门合作，鼓励船舶采取"船上储存、到岸交付"的零排放处置方式；推动洗舱站稳定运行，支持开展多元化经营。

坚决守牢水运安全底线。一是深入推进水上交通安全治本攻坚三年行动。统筹开展水上交通安全共享共治行动、违规进入船舶危险密闭空间行为治理、运输危险化学品船舶检验等专项行动。二是加强风险应对防范。继续开展卫星遥感遥测、恶劣气象预警服务；研究编制船舶锚泊技术指南；持续开展船舶碰撞桥梁安全隐患治理；抓好重点船舶、重点时段和严重违法违规行为安全监管。三是压实企业安全主体责任。统筹开展隐患排查治理和安全专项检查，深化双重预防机制建设，逐步推动辖区企业双重预防机制全覆盖；常态化开展"一会三卡"可视化监管；开展水路运输（辅助业）企业、危货港口经营人经营资质核查。四是加强应急能力建设。谋划水上应急搜救能力提升；联合基层开展五年一次的大型水上搜救应急演练；落实社会搜救力量参与水上救援交通运输部、湖南省奖励，鼓励支持社会力量参与水上应急救援；开展水上应急指挥智能调度信息化建设。

（湖南省水运事务中心）

报告 10

重庆市水运发展综述

2024年，重庆水运锚定服务打造新时代西部大开发重要战略支点、内陆开放综合枢纽，自觉融入交通强市建设大局，加快推动水运高质量发展，全市水运发展态势总体向好。

一、水运发展基本情况

基础设施。航道建设进展有力，长江朝涪段航道完成整治、实现三峡库区4.5米水深航道上延至重庆主城、5000吨级船舶满载通航主城，嘉陵江利泽枢纽船闸通航，涪江重庆段航道整治开工建设，乌江白马航电枢纽建设、白马至彭水航道整治加快推进。港口建设取得突破，万州新田二期、涪陵龙头二期、长寿化工码头二期、九龙坡黄磏一期、兰家沱作业区改建5个港口项目建成完工，寸滩港"货改客"等工程稳步推进，客运码头靠泊能力提升专项行动加快实施。船舶建设持续推进，民生130型甲醇-柴油双燃料集散两用船"民厚"轮下水投用，新一代朝天门两江游船"长航朝天星河"正式启航，"世纪远航"豪华游轮开启首航，全市货运船舶总运力达到1192万载重吨、船型标准化率达到90%，单船运力平均吨位超5300载重吨，稳居全国内河第一。

协同发展。长江上游地区5省市航运战略合作持续深化，长江上游地区航运高质量发展论坛、第四次全体会议成功举办，嘉陵江干线标准船型研发推广有序开展，川渝粮食铁公水联运、渝黔磷矿石铁水联运等16个企业合作项目深入实施，累计运输物流产值超过20亿元，万州、涪陵与广元港签订干支联动战略合作协议，共同推动长江—嘉陵江物流通道建设。长江干线协作持续深化，长江沿岸中心城市地方水运年度协调会顺利召开，上海、重庆、南京、武汉四城市共谋水运发展，配合制定出台长江干线省际客船运输市场准入管理、川江及三峡库区客滚船运输市场准入管理等规定，积极推动长江干线干散货运输、省际危险品运输管理及船舶运力结构调整。多领域协作持续深入，成立水上法律服务和船员权益保护中心，长江上游航运中心"检""航"共建协议成功签约，开启合作新篇。

运输服务。水路客运量小幅增长，首批国内水路旅游客运精品航线试点完成验收，三峡游、两江游被评为国家交旅融合发展和水路旅游客运精品航线典型案例。渝中到九龙坡水上客运航线开通运行，"智享船舱"在三峡游轮试点运行，全年完成客运量866万人次，其中三峡游、两江游客运量再创历史新高，分别完成81.6万人次、358万人次，同比分别增长1.9%、3.4%。水路货运平稳运行，新生港集装箱班轮运输开通运行，川江载重汽车滚装运输挂靠港模式创新开启，全年完成货运量2亿吨，货物周转量2441亿吨公里。港口生产创历史新高，全市完成港口吞吐量2.29亿吨（含港区间吞吐量），同比增长2.9%，其中完成集装箱吞吐量133万TEU（含港区间吞吐量），同比增长1.3%。

安全发展。安全专项整治扎实推进，安全生产治本攻坚三年行动深入实施，123处三峡库区危岩地灾水上交通风险隐患点得到管控，318艘在营自卸砂船完成技术复核，144项"夜游船"安全风险隐患完成整改，67艘璧山青龙湖脱检游船完成拆解退市，专项督办酉阳酉水河自用船非法载客、嘉陵江砂石船舶问题。应急能力建设有序开展，启动建设3艘应急趸船和4艘高速救生艇，建成3艘高速救生艇，建立应急物资赋码管理系统及App，组织第七届水上应急救援青工技能竞赛、港口码头危险货物泄漏事故应急处置联合演练、水上应急救援力量无预警应急拉练，推动与海事、消防、水利、水警等单位建立水上应急救援协作联动机制。应急救援处置有力有效，有效应对长江、嘉陵江、乌江、大宁河等多轮洪峰过境，累计实施应急救援212次，出动救助人员93人次、救援船舶10艘，全市水上交通已连续21年未发生较大安全事故。

绿色发展。第三轮中央生态环保督察反馈问题整改扎实开展，持续跟进云阳、奉节码头典型案例问题整改，中心到现场督导10余次。老旧营运船舶报废更新有力实施，推动出台老旧营运船舶报废更新补贴实施方案，搭建报废更新管理信息系统，完成53艘船舶报废拆解，新建造LNG等新能源船舶30艘。港口岸电建设有序推进，新增47个、累计建成281个码头泊位标准化岸电设施，近4.9万艘次船舶靠泊使用岸电，全市岸电使用量达到1260万千瓦时、西部地区排名第一，累计减少碳排放1.2万吨。船舶水污染物"零排放"长效化运行，起草《重庆市船舶水污染物接收资金补助实施方案》，全面推广应用"船E行"，累计接收转运船舶污染物近30万吨。

行业治理。法治建设持续推进，《重庆市船舶污染防治条例》顺利，《重庆市航道管理条例》正式施行，《重庆市水路运输管理条例》修订加快推进。农村客渡运设施持续改善，50处渡口完成改造，农村客渡船安全条件提升实施方案印发，新型客渡船标准船型完成研发。水运保通保畅有力有效，积极协调三峡船闸重点物资过闸，累计协调集装箱快班轮961艘次，完成总箱量29.1万TEU，总价值205.9亿元，建立川渝嘉陵江枯水期通航"放二蓄三"新机制，完成乌江全线多梯级通航建筑物联合调度规程修订，做好通航建筑物联合调度、航道管理养护，嘉陵江草街、利泽枢纽累计过闸船舶1432艘次、货物35.7万吨，乌江银盘、彭水枢纽累计过闸船舶1749艘次、货物55.4万吨，嘉陵江、乌江过闸货运量同比分别增长49%、28%，均实现大幅增长。水上交通审批服务不断优化，推动首批22个海事政务服务事项实现"全域通办"，修订完善行政审批"首问负责制度"

"一次性告知制度"等7项制度，累计办理事项1600余件，办结率、满意度均为100%。

创新发展。 数字建设提速推进，"数字港航"应用三张清单进入"数字重庆"一本账，数字港航应用驾驶舱建成运行，"航道智养""港口智控""船舶智治""航运智管"四个多跨场景加快构建，"航道运行应急响应"多跨事件和"朝天门码头大客流"等多跨事件在市三级治理中心贯通运行，港口岸线超范围作业预警事件完成初步开发并在区县试点运用，嘉陵江、乌江航道及通航建筑物视频数据实现部省共享，投用果园港智慧港口，作业效率提升30%。信用管理深入实施。完成通航建筑物运行单位信用评价标准及措施制定，500余家企业、1.5万名从业人员完成信用评价。"三攻坚一盘活"有序开展，盘活九渡口、茄子溪房产资产，14处房产遗留问题处置取得积极进展。

二、2025年工作思路

坚持夯基固本，在基础建设上真抓实干。 推动规划衔接，做好"十四五"规划收官，提前谋划"十五五"规划，积极争取一批重大项目纳入规划，配合编制长江上游航运中心建设方案。推动航道畅通提能，配合三峡新通道启动建设、涪丰段航道整治，推进涪江重庆段航道整治、乌江白马航电枢纽建设，嘉陵江井口生态航运枢纽、草街库尾整治、綦江航道整治前期工作提速，建成嘉陵江利泽航运枢纽主体工程，力争涪江渭沱、富金坝船闸升级扩能、乌江彭水枢纽新通道等项目开工，加强嘉陵江、乌江梯级通航建筑物联合调度，强化支流航道养护管理，推进重点滩险应急抢通。推动港口功能提升，加快推进渝北洛碛一期、寸滩等港口建设，完善果园港等重点枢纽港口功能。

坚持稳进增效，在促进发展上真抓实干。 深化区域协作，用好长江上游地区五省市航运高质量发展战略合作平台，认真落实《共建长江上游航运中心实施方案》《渝黔深化合作推动乌江航运高质量发展建设实施方案（2023—2027年）》，持续加强川渝共建、渝黔合作。强化长江沿岸4城市合作平台建设，推动拓宽企业合作范围。促进水运发展，继续深入打造国内水路旅游客运精品航线，配合推进朝天门旅游码头提档升级，推动三峡游国内、国际游客联程运输。推动大宗货物和中长距离货物运输"铁转水""公转水"，力争铁水联运量超过2300万吨。调整船舶结构，推动长江干线普货运输市场运力调整，推广嘉陵江标准化船型。

坚持生命至上，在保障安全上真抓实干。 强化责任落实，压紧压实"三个责任"，用好市水安办联席会、水搜会等机制，推动企业完善安全生产"双重预防"机制，督促企业主要负责人带队开展重大风险隐患排查整治。强化重点防控，加强"四类重点"船舶、涉客涉危港航企业、水工作业区等重点领域安全监管，全力保障汛期、中秋国庆等重点时段安全。强化专项治理，深入开展安全生产治本攻坚三年行动，推动重大事故隐患"动态清零"。深化三峡库区危岩地灾治理，完善航运安全防范机制，开展三峡库区地方航道危岩崩塌事件抢险救援应急演练。强化应急救援，持续推进水上应急体系建设三年行动计划，完善各区县港航机构应急工作机制，推广嘉陵江、乌江流域联防联控模式，加强应急项目建设和应急队伍建设，打造应急技能竞赛特色品牌，提升水上应急救援能力。

坚持生态优先，在绿色发展上真抓实干。加强环保问题整改，持续跟进云阳、奉节中央环保督察反馈典型问题整改，推动建立水上交通生态环境保护长效机制。加强污染防治监管，进一步协调完善港口船舶污染物接收转运处置机制，持续落实船舶垃圾现场免费接收机制，督促用好"船E行"系统，强化船舶水污染物"零排放"处置方式。推动岸电设施建设，继续推进港口标准化岸电设施建设，全面完成"十四五"时期港口岸电建设任务，基本实现"应建尽建"，加强岸电使用监管，进一步提高靠港船舶岸电使用率。推进报废更新工作，用好设备更新补助政策，加强纳入补贴政策项目动态监管，推进一批老旧营运船舶报废拆解。鼓励新能源清洁能源动力船舶发展，持续提高新能源、清洁能源船舶应用比例。

坚持提质提效，在服务为民上真抓实干。加快推进数字港航建设，持续优化"数字港航"应用，加快推进"航道运行应急响应"等四个场景贯通实战，稳定运行"港口岸线超范围作业预警""朝天门码头大客流预警"等多跨事件，深化部省联动数据共享试点工作，继续推动乌江白马至彭水航道整治支持保障系统建设，启动视频监控项目、VHF、AIS项目建设，推进支流运输船舶北斗系统终端安装，做好示范项目申报。加快推进法治港航建设，建立与交通执法全面协作机制，做好《中华人民共和国航道法》10周年宣传，配合修订《国内水路运输管理条例》，编撰《重庆市航道管理条例》释义，持续深化水上交通行业信用体系建设，试行开展信用修复工作，修订出台新的《重庆市水上交通信用管理实施细则》。加快推进营商环境优化，加强水路运输市场秩序维护，做好重点时段运输服务保障，推进"全域通办"，提升政务服务效能。提升客渡运条件，用好4600余万元农村水路客运补贴资金，更新改造一批客渡船，完成50个渡口改造。

（重庆市港航海事事务中心）

四川省水运发展综述

2024年，四川水运围绕"四化同步、城乡融合、五区共兴"发展战略和"增活力、防风险、稳预期、保畅通、降成本、提质效"工作要求，坚持统筹发展和安全，扎实推进基础设施提档升级，水路运输提质增量，行业治理规范有序，水运振兴进入新阶段。

一、水运发展基本情况

重点规划完善。组织开展长江上游—金沙江下游千公里航运体系建设论证研究工作，川滇两省签订金沙江航运体系建设工作合作协议，《金沙江下游航运发展规划》及规划环评加快完善。开展扶持内河水运"以奖代补"政策评估工作，推动政策优化调整。完成《四川省"十四五"内河水运建设规划》中期调整并印发实施。锁定"十四五"期"平安渡运"建设专项方案项目库。指导乐山、泸州等市（州）加快推进港口总体规划修编。

基础设施建设。金沙江乌东德库尾航道整治工程实现开工，岷江（龙溪口枢纽至宜宾合江门）航道整治一期工程完成交工验收并进入试运行阶段；岷江龙溪口库区沐溪河旅游航道项目基本完成航道工程建设；泸州港石龙岩作业区一区工程完工；龙溪口枢纽正在开展首台机组发电前准备工作；东风岩枢纽正在加快推进右岸进场道路建设。金沙江向家坝库区航道建设工程（宜宾段）完成施工招标，金沙江向家坝库区航道建设工程（凉山段）正加快推进鱼评、环评专题，涪江三星船闸工程初步设计报告、岷江（龙溪口枢纽至宜宾合江门）航道整治二期工程初步设计报告已审查待批复；岷江张坎航电枢纽工程已完成工程可行性研究报告编制；金沙江下游乌东德、白鹤滩、溪洛渡四川岸翻坝转运设施建设项目7个子项目正推进工程可行性研究报告报批；乐山港老江坝、罗家坝作业区及眉山港川滇藏公铁水货物转运中心正加快工程可行性研究阶段前期工作。

通航要素保障。首次印发《四川省高等级航道养护设施设备标准化配置清单》，成立通航保障工作专班，协调市（州）航道养护部门、通航建筑物运行单位落实专人负责通航保障。长江干线昼夜通航上延至水富，嘉陵江（川境段）开通夜航。基本解决亭子口枢纽坝下通航不稳定和苍溪枢纽超低水位运行影响通航问题；有效缓解草街下游68公里天然航道通航难问题；修订优化嘉陵江通航建筑物联合调度规程，嘉陵江16级通航建筑物开闸次数、通航载货量均创联合调度运行以来新高。有效推进嘉陵江、金沙江水富至宜宾段接入长江水系电子航道"一张图"。

运输服务提升。港口功能加快改善，宜宾港志城作业区一期工程 3 个 1000 吨级兼顾 3000 吨级散货泊位通过竣工验收，泸州港纳溪港区石龙岩作业区一区作为地区性通过能力最大散货码头开港运行。铁水联运发展迅速，宜宾港进港铁路正式运营，实现零的突破；泸州港先行先试，开行到遵义"一箱制"班列，实现新的突破。稳定开行嘉陵江水水中转班轮，开通"宜宾—武汉"水上快班等航线，适水货物"公转水"以及大宗货物（除砂石外）中长途运输同比增长 6.5%，降低物流成本约 6 亿元。水运扶持政策"省市联动"效果初显，全年新增船舶运力 50 万吨，是 2023 年运力增量的 3.8 倍，长江干线船舶平均吨位扩容 25%。联合中国人民银行四川省分行等机构印发实施《关于加快推进现代航运服务业高质量发展的贯彻意见》，川渝沪 3 省市签订《航运领域数字化转型合作备忘录》，新增集装箱企业 2 家、长途水运企业 16 家。"夜游锦江"纳入全国交旅融合示范典型案例。

航运安全发展。细化 10 个方面 69 项水路交通运输领域安全生产治本攻坚三年行动具体任务。扎实开展四川省水上交通安全信息共治共享和高等级航道桥区水域安全专项行动、港口作业安全生产治本攻坚行动，完成"夜游船"安全管理、预防船舶机电设备故障、港口动火作业回头看等专项整治。加快规范客运船舶靠泊问题，156 个停靠站点推进整改。累计注销拆解船舶 547 艘，动态清零"三无"船舶 204 艘。已建成"平安渡运"渡口 138 个，更新改造渡船 105 艘，原渡船注销拆解 60 艘，撤并渡口 90 个，在册渡口降至 557 个。加强对脱检船舶、证书即将过期船舶及异常状态船舶信息的管理处置。稳妥应对 16 次主要江河流域较大洪水过境，行业参与救援 225 起，成功救助 111 人次。

港航绿色智能。长江经济带船舶水污染物联合监管与服务信息系统注册使用率从年初的 32.3% 提高至 100%；全省船舶垃圾、生活污水、含油污水的联单转运处置率分别达到 99.74%、99.75%、99.22%；沱江、涪江流域 8 个城市全域实现船舶水污染物"零排放"。对全省船舶大气污染现状开展评估，摸底排查内河货运能源消费和碳排放强度。推进港口码头岸电建设使用，码头岸电设施达到 188 套，新完成 62 艘船舶受电设施改造，港口码头引进新能源无人集装箱货车 4 辆。新建成"零碳渡口" 6 个，累计建成 14 个，新能源船舶达到 74 艘。"嘉陵江电动货船方案设计"成果落地转化，广安港 2 艘船舶主体基本建成。长江上游运输结构调整优化试点项目入选交通运输部首批"绿色低碳交通强国建设专项试点"。"四川绿色智能船舶研究和发展中心"在宜宾挂牌成立。

行业治理水平。启动水路交通大规模设备更新工作，完成 140 艘老旧船舶报废拆解，工作完成情况及资金兑付比例在全国排名靠前。泸州、宜宾船检机构列入全国通检互认首批试点单位。加强执法联动，推动印发《四川省航务海事领域省级执法协作实施细则》，依法实施行政处罚 249 件，船舶超载、配员不足航行等违法行为显著减少。研究高等级航道养护省级资金因素法分配方案，有序推进最新内河货运统计方法应用、省际普货水路运输"一件事"集成改革。开展"十四五"时期交通运输部和四川省补助资金监管审计以及航道通航条件影响评价事中事后监管，完善水路运输市场和水运工程建设领域信用评价体系。加强行业典型培树，全行业共7人获部省级表彰。

二、2025年工作思路

发展突出"承上启下"，谋划见高度。 编制《四川省港航基础设施中长期建设方案（2035年）》，明确2027年、2030年、2035年全省港航基础设施发展重点。加快开展长江上游—金沙江下游千公里体系建设，进一步完善《金沙江下游航运发展规划》；全面启动四川水运"十五五"规划研究，争取交通运输部支持将长江水富—宜宾—重庆（九龙坡）一级航道建设纳入国家综合交通运输"十五五"规划。持续跟进全国自然保护地整合优化方案批复、跟进自然保护区条例修订和长江上游航运中心建设节点。确保开工建设金沙江向家坝库区航道整治工程（凉山段、宜宾段）、涪江三星船闸工程、金沙江四川岸（乌东德、白鹤滩、溪洛渡）翻坝转运工程。

航道突出"达标攻坚"，通畅见速度。 强化建设监管，确保在建项目完成投资和形象进度"双达标"，重点解决老木孔、龙溪口、东风岩航电枢纽交地问题，积极争取金沙江乌东德库区库尾航道整治工程等项目中央补助资金，基本建成尖子山航电枢纽。加快推进乌东德库区库尾航道整治工程和向家坝四川岸翻坝转运系统建设前期工作。有序开展航道养护工程，完善设施设备硬件配备，同步提升养护队伍对测量技术装备运用水平的"软配备"。建立嘉陵江航道及通航建筑物运行保障协调机制，协同重庆推进草街枢纽以下"放二蓄三"行船保障模式，用好通航建筑物考核通航保障专班机制，提升通航过闸效率。

运输突出"提质降本"，贡献见力度。 积极争取优化调整省级政策，推动市级配套政策加快出台，充分利用港口联盟、合作机制和发展平台。按照"近端承接、中端打包、远端承运、全程统筹"思路，优化货源组织方式，扩大多式联运规模，提升多式联运能级，争取降低交通物流成本10亿元。推动航运企业兼并重组壮大规模，加快培育龙头骨干企业，支持省港投集团发挥国企优势，做大做强当好"主力军"。指导各地根据货源运输需求完善港口功能和集疏运体系，合理布局沿江公共锚地，大力发展货运代理、航运贸易、航运金融、保险等航运服务。

船舶突出"链式治管"，管理见精度。 加强船舶全生命周期管理，在长江、金沙江、嘉陵江分别推广应用标准船型，鼓励新增新能源船舶、LNG船舶。强化全省船舶修造企业管理，研究开展设计、建造企业信用管理措施。全面实施省内船舶检验"通检互认"工作，督促各地加快核查所属船舶检验质量情况，加强船籍港船舶管理和船舶动态管理。有序推进老旧营运船舶报废更新工作，深入推进船舶安全突出问题专项整治行动，动态清零"三无"船舶。

护航突出"绿水安澜"，行动见强度。突出重点监管对象、重点水域、重要时间节点，持续抓好安全生产治本攻坚三年行动水路交通领域专项工作任务推进。坚持体系共建、隐患共治、成果共享，开展水路交通安全信息共治共享专项行动，常态化开展摸排、辨识、评估、管控等工作。强化渡口风险分类分级管理和电动船舶及电动车乘船安全管理。新建"零碳渡口"6个以上。

大局突出"优服保障"，民心见温度。积极谋划储备一批重大水上设施项目，引入权益类资金，解决建设资金缺口。研究制定适合水运发展现状的项目建设模式及资金争取方式，吸引民间资本参与水运项目投资，形成项目组合打包招商新模式。加强水上旅游设施和旅游要素配套。实施船员考试质量提升行动。确保建成"平安渡运"项目50个、新开工200个以上，力争完成撤并渡口60个。

治理突出"破立并举"，协同见深度。修订《四川省航道条例》，推动高等级航道管理和养护体制改革。开展水路电子证照数据清理，强化行政许可事项事中事后管理，对许可要件执行情况随机开展抽查。继续抽选市（州）进行交通运输部、四川省级补助资金建设项目"进驻式"专项专督。开展四川省集装箱铁水联运运量统计数据质量管理与运行监测分析研究工作。

机关突出"强基赋能"，功力见厚度。全行业推广基层党组织标准化规范化建设。加大宣传力度，深化行业精神文明建设。抓好年轻干部培养，挖掘更多复合型人才服务行业发展。巩固拓展党纪学习教育成果，持续擦亮"清廉交通·蜀水清风"廉政品牌。

（四川省航务海事管理事务中心）

报告12

贵州省水运发展综述

2024年，贵州省加快推进港航基础设施建设，着力提升水路运输服务，有力支撑加快建设交通强国和新时代推进西部大开发等政策实施。

一、水运发展基本情况

基础设施。全省水路交通固定资产投资完成4.0亿元。建成16个便民码头、3座渡口改桥等民生工程。建成瓮安云中港区第一作业区主体工程，新增2个1000吨级货运泊位。开工建设乌江渡至龚滩431公里三级航道工程。乌江沙沱、思林二线1000吨级通航设施工程已完成工程可行性研究报告审查。红水河龙滩水电站1000吨级通航建筑物工程砂石系统和混凝土拌和系统完成调试，具备复产能力，正在协调推进环评批复。

运输服务。累计完成客运量、旅客周转量、货运量、货物周转量分别为386万人次、6150万人公里、198.8万吨、4.9亿吨公里；港口吞吐量7.5万吨。水路客运强劲复苏，客运量同比增长11.7%。乌江干流完成货运量39.5万吨、货物周转量1.1亿吨公里，同比分别增长26.6%、27.3%。

运输结构优化。持续开展2024年农村水路客运油价补贴工作，全年补贴资金2513万元，申报完成补贴53家客运企业、265艘机动渡船经营者及676处民生设施。修订《优化运输结构提升乌江运能专项补助资金管理办法》，对参与乌江运输的船舶和新建、改建、引入船舶均给予补贴，大力推动贵州水路运输市场发展。

通航保障。全年共完成航标维护26万座天，航标维护正常率达95%以上，乌江、红水河维护水深保证率为94%以上，赤水河为88%以上。开展4次航道及通航设施执法监督检查，开展航道巡航检查278次，乌江通航设施船舶过闸安检2600艘次，安检率达100%；完成2023年度航道养护技术核查，完成乌江思林、沙沱升船机岁修工作，并如期实现通航。乌江构皮滩、思林、沙沱升船机完成船舶过闸2600艘次，过闸货运量为80万吨。

安全发展。与云南、广西、重庆、四川常态化开展联合巡航执法，累计开展共管库区联合执法行动8次，检查船舶700余艘次。开展运输船舶违法违规信息跨区域跨部门通报专项治理行动，全省共计发布跨区域跨部门水上交通安全共享共治信息95条。积极开展规范贵州水路运输秩序防范水运物流犯罪整治行动，累计督促 32 家企业开展自查，组织干散货物船舶安全检查 15 次、水域巡查 32 次，发现问题 2 个，整治"三无"船舶 9 艘。累计开展海事执法 1.3 万余人次，巡航里程 5.8 万公里，出动执法检查车辆 1528 车次，检查船舶 6808 艘次，检查码头、渡口（含渡船）1636 道次。

绿色发展。按时填报长江经济带生态环境突出问题整改和生态环境污染治理"4+1"工程等重点任务工作中的船舶污染防治工作推进情况。目前，全省在线注册码头管理单位（含第三方服务公司）达 177 个，信息系统覆盖的港口码头涉及全省 9 个市（州）。船舶污染物转运处置率均达到 90% 以上；2024 年共计检查船舶 15682 艘次，持续保持打击船舶违法排污的高压态势。

协同发展。省内协商贵州电网、乌江公司共同建立通航联合调度工作机制。会同重庆交通运输部门、发电企业等制定《乌江全线多梯级通航建筑物联合调度规程》，加快推进联合调度信息平台建设，推动"乌航通"App 升级，同步组建联合调度中心。

创新发展。编制《贵州水运信息化发展规划》，统筹指导全省水运信息化有序推进。完成贵州智慧水运一期工程建设，实现航道通航、船舶过闸、海事监管等管理服务数字化。

行业治理。《贵州省水路交通管理条例》已经过贵州省人大常委会第二次讨论，力争早日颁布实施。积极争取将《贵州省乡镇自用船舶管理办法》立法修订纳入 2025 年立法立项计划。在全省交通执法系统积极开展"执法大讲堂"和学法用法在线学习，组织执法人员参加"行政处罚裁量基准""行政执法文书样式"和"中华人民共和国航道法"等培训。围绕模拟办案、案卷制作和法律知识考试等内容，开展"春季比武""秋季练兵"竞赛活动，以赛促考提升执法规范化程度。

二、2025 年工作思路

强化执法监督指导。在省管航道执法方面，建立临跨拦河建筑物台账，开展全面摸排，督促不符合相关法律法规的建筑物进行整改并按程序开展执法，形成闭环管理。同时，制定《航道通航条件影响评价事中事后监管工作手册》，确保航评审核意见落地落实。在市州执法指导方面。加大与市州工作对接，并建立联系机制，迅速摸清水运企业、港口码头数量及位置、持证情况、企业经营情况等执法对象底数。主动查找市州交通执法队伍在水上执法过程中存在的困难和问题，充分利用省级层面资金和政策优势有针对性地提出解决措施。

强化水上交通巡查。在省管航道执法方面，指导局属航道局每季度至少开展 1 次执法巡查，及时发现案件并处理；联合地方交通、水利、环保、渔政、公安等部门，开展船舶过闸安检、非法采砂、生活垃圾及建筑废弃物河内倾倒、航道内设置渔网、盗取或破坏航道设施等联合执法活动，共同推进相关领域内违法行为治理。在市州执法指导方面。加强共管库区水上交通执法协作，牵头完善省际、省内共管库区联合执法工作机制，定期组织开展高风险水域联合巡航执法活动。

强化行业治理能力。在生态环境方面。持续推进"河长制"工作，针对航运企业港口船舶污染物收集、岸电设施使用不积极等问题，做好宣传引导，同时强化监督检查，推动港口船舶污染防治和岸电设施使用。在船舶检验方面。结合2024年长江海事局督导船检机构提出的问题，举一反三，持续推进整改工作，结合现有管理制度，编制完成省级、市级、县级商渔船检验管理制度和工作程序，抓紧完善船检机构管理体系。建立船舶检验执法监督计划，定期对全省9个市州船检机构进行督导，提升船检人员素质能力，全年至少开展1期船舶检验专业培训。

强化项目统筹调度。积极指导省港航集团加快推动乌江三级航道建设和思林、沙沱1000吨级通航建筑物项目前期工作，同时督导各市州力争建成6座渡改桥和便民码头。持续推进乌江联合调度机制建立，正式组建联合调度中心，开展联合调度试运行、总结评估，形成稳定机制。

（贵州省交通运输综合行政执法监督局）

云南省水运发展综述

2024年，云南省水路交通运输行业按照"夯基础、强服务、优环境、保安全、增功能"的总体思路，立足区位优势，抢抓发展机遇，重大项目建设推进有序，水运通道作用有效发挥，港航管养水平持续提升，运输服务保障稳定有序，绿色智慧水运加快发展，行业治理能力不断增强，安全稳定形势总体向好，党建引领作用发挥明显，各项工作取得积极成效。

一、水运发展基本情况

注重协同推进，水运基础设施不断完善。加快重点项目建设，澜沧江244界碑至临沧港航道整治等4个省级水运专债项目主体工程建设基本完成；乌东德翻坝转运系统建设稳步推进；水富港改扩建二期工程建成2个1000吨级（兼顾3000吨级）多用途泊位；东川港一期工程完成建设；富宁港工程完成临建设施建设；右江百色水利枢纽通航设施建设全面提速；金沙江、澜沧江1003公里等电子航道图项目建设有序推进。全年累计完成投资27.2亿元，同比增长38.7%。推动项目前期工作，加快推进重点项目落地落实，右江百色库区（云南段）高等级航道建设工程前期工作已完成，白鹤滩至溪洛渡航道、乌东德至白鹤滩航道及景洪锚泊地项目完成工程可行性研究报告编制。认真谋划全省水路交通运输"十五五"时期发展思路及重点任务，分片区完成规划编制前期调研，为高质量编制"十五五"发展规划奠定基础。

坚持多措并举，港口航道管养有力有效。有力保障重要航道安全畅通，争取航道养护资金1000余万元，有效夯实航道管养保障；开展重点航道航标巡查，澜沧江对外开放水域巡航78次、航程8634公里，整改隐患7项，维护航标12.9万座天；开展金沙江向家坝、溪洛渡库区川滇协作联合巡航，发现并整改安全隐患2项；指导红河哈尼族彝族自治州、文山壮族苗族自治州完成中越红河界河航道和右江百色库区（云南段）高等级航道应急抢通工作，清漂1100立方米，清淤2700立方米，有力保障船舶航行安全；强化澜沧江、金沙江流域重点航段水情协调，做好通航管理，保障航运生产；2024年全省航道安全畅通，重要航道通航保障率在95%以上。大力推动港口运营安全，扎实开展港口作业安全生产治本攻坚及"小渡口大隐患"专项整治行动，全面摸排，建立健全渡运安全长效管理机制；聚焦货运和客运港口作业安全生产领域；压实港口作业领域动火等特殊作业违规行为整治"回头看"工作；全省重点港口、码头严格落实水路旅客运输实名制，有效保障旅客生命和财产安全。

聚焦提质增效，服务发展彰显更大作为。 强化运输保障高效惠民，优化运输组织，加大重点水域、重点航线运行监测力度，强化部门协同信息共享，全力确保春运、五一、中秋、国庆等重要时段全省水路物资运输安全畅通、群众出行便捷。全年完成客运量659.3万人次、货运量662.0万吨，同比分别增长7.1%、0.13%；客货运周转量稳步提升，同比增长8.9%。持续提升运输服务品质，完成盘龙江、普者黑、普达措3条水路客运精品航线创建。滇池、洱海、澜沧江从消费升级、夜间经济赋能入手，打造"大理夜宴""夜游澜沧江""观鸥水上巴士"等水路旅游产品，推出游船婚拍旅拍等新业态项目，探索出水路客运助力地方经济社会发展的新模式。加快推进多式联运发展，强化政策支持和资金保障，兑现水路运输结构调整补贴1107万元，有效激励水运市场发展。水富港开通运营班轮航线，并获批成为铁路箱下水站，"水公铁"多式联运格局全面形成。水富港全年共完成班轮222航次，同比增长12.1%；完成货物吞吐量713.1万吨，同比增长58.6%；完成集装箱作业量6.9万TEU，同比增长49.8%。澜沧江—湄公河航运国际集装箱运输开通，国际客运功能恢复，水公铁"一单制"多式联运开启，跨境客货运迈上新台阶。关累港全年完成进出港船舶926艘次、货运量16.4万吨，同比分别增长25.5%、26.7%。

坚持综合施策，行业治理能力显著增强。 组织召开共同推进长江上游地区五省（市）航运高质量发展战略合作第四次会议，共话新机遇，共谋新发展，全力构建长江上游航运高质量发展新格局。修订出台了《云南省航道管理规定》，明确航道规划建设及养护保护权责，发布《澜沧江对外开放水域航道养护技术规范》，规范澜沧江航道养护工作。深化"放管服"改革，编写水运工程建设领域政务服务事项办事指南11个，提升企业办事效率。严格落实"企业安静期"制度，规范水路交通涉企行政检查，优化水路交通运输行业营商环境。完成全省水运工程设计和施工企业信用评价，加强行业信用管理。

围绕低碳转型，水运绿色发展底色明亮。 常态化推进船舶和港口污染防治工作，大力推广应用"船E行"App，云南籍船舶及到港船舶注册率全年均保持在90%以上，长期稳定在较高水平。严格落实船舶污染物"接收-转运-处置"一体化链条式闭环管理。坚决守牢生态优先、绿色发展底线，深化绿色水运科研创新，启动金沙江新一代航运系统建设研究。加快清洁能源船舶推广应用，滇池营运船舶已全部实现新能源替代，大理洱海新能源船舶应用实现经济社会效益双丰收。全力推进老旧营运船舶报废更新，昭通市、大理州完成11艘船舶报废拆解工作，获得"两新"补贴资金116万元，为有效改善船舶运力结构奠定了基础。建成景洪港、茈碧湖等16个"绿美港口码头"，打造"畅安舒美"的水路出行环境。

坚持治本攻坚，行业安全形势持续向好。深化源头管控，用好云南省水上交通安全风险辨识评估与分级管控研究成果，全省划分重点监管区 19 个、一般监管区 21 个、其他监管区 52 个，完成船舶等 4 个板块安全检查标准库建设。开展水上交通安全信息共享共治，坚持问题导向，规律分析，科学研判安全风险源 12 次。扎实推进水上交通安全治本攻坚三年行动，切实提升行业安全生产管控能力和水平，全省各级航务海事管理机构出动执法船艇 335 艘次、执法车辆 588 车次、执法人员 2468 人次，检查船舶 1307 艘次，覆盖全省重点航道及库湖区，排查整改问题隐患 715 项，水上交通安全形势更加稳定。严格执行汛期、台风等极端恶劣天气应急调度制度，全省水路交通基础设施安全度汛，水路交通行业平稳运行。开展"2024 洱海卫士"水上应急搜救综合演练，应急搜救能力有效提升。

二、2025 年工作思路

优化提升水运网络体系上实现新突破。加强战略性、前瞻性、引领性水运重大项目研究，提升同毗邻省市及其他交通方式规划的协同性和衔接性，合理确定项目清单，明确项目实施顺序，确保高质量编制水路交通运输"十五五"发展规划，推动全省水运项目谋划储备和建设实施有效衔接。以构建出省出境水运通道主骨架为核心，有序推进实施内河水运体系联通工程，加快推动金沙江—长江和右江—珠江出省通道、澜沧江—湄公河出境通道建设；积极开展红河国际航运和瑞丽江—伊洛瓦底江、怒江—萨尔温江水运通道前期研究，谋划推动横江、南盘江、李仙江、普渡河等支流航道联通研究论证。

充分发挥水运比较优势上实现新突破。持续提升运输服务水平，深化区域合作，向内主动服务和融入全国统一大市场，深化航运上下游产业融合；向外深度融入澜湄合作，推动澜沧江—湄公河国际航运协作，着力提升水运占比。深入推进优质服务提质扩面，聚焦持续改善水上客运服务基础设施、加快水路客运船舶升级改造等方面，引导鼓励水路客运企业根据实际条件加大投入，提升水路客运服务保障能力。深化航旅融合发展，持续创建精品航线，打造经济发展新引擎。因地制宜培育发展水运新质生产力，谋划搭建水路运输信息服务平台。培育壮大水路交通运输经营主体，引导培育行业龙头企业，推进港航企业规模化、专业化发展。深入推进运输结构调整，持续推进多式联运发展，积极争取扩大补助政策辐射范围，引导地方政府出台扶持政策，对国际运输及港口作业给予适当补贴。

加快实现行业健康发展上实现新成效。做好行业政策研究，不断完善配套举措，认真贯彻落实《云南省航道管理规定》，制定航道养护资金管理办法，提升航道养护质量，切实保障航道安全畅通。加快水运绿色低碳发展，持续健全船港防污长效机制，不断加大监管力度，促进船舶污染物"应交尽交、应处尽处"，努力实现船舶污染物接收转运及处置规范有序、高效运行；持续深化港口码头岸电建设，不断提升靠港船舶岸电使用率，促进水路交通与能源融合发展；积极推动新能源船舶发展，落实好老旧营运船舶报废更新政策，优化船舶运力结构；积极落实新一轮绿美交通三年行动，加快绿色港口和生态航道建设，全方位推进绿色水运高质量发展。

全面提升安全发展水平上实现新突破。统筹好发展和安全，全面落实水上交通安全治本攻坚三年行动，确保全省水上交通安全形势持续稳定。做好四类重点船舶、重点水域及船员安全监管，扎实推进各类风险隐患大排查大整治，做到安全责任落实到位、协同治理高效务实、应急救援科学精准，坚决守牢水上交通安全红线底线。高效推进区域安全监管协作，实现共管水域安全规则协同、信息共享、搜救互助。持续健全船舶检验工作制度，深化船舶检验片区管理制度，加强船舶检验队伍建设，重点研究解决渔船检验、船舶修造与报废拆解等问题。加快监管信息化设施应用，探索澜沧江—湄公河对外开放水域水上交通安全及应急智慧化指挥建设。健全视频监控轮巡机制，扩大覆盖范围，逐步实现远程实时监管，推动水上交通安全治理模式向事前预防转型。做好应急运力储备和搜救准备，协同地方加强应急搜救演练，有效提升水上搜救能力。充分发挥省级水上搜救联席会议作用，及时研究全省水上搜救应急工作中的政策，解决重大问题。推动构建"政府领导、统一指挥、属地为主、专群结合、就近就便、快速高效"的水上搜救工作机制，筑牢水上交通安全最后一道防线，让人民群众安全感更加强、水上交通安全更有保障、安全工作更可持续。

（云南省航务管理局）

报告14

陕西省水运发展综述

一、水运发展基本情况

系统谋划行业布局，推动港航协调发展。编制完成陕西省首个水路交通基础设施建设三年规划《全省水路交通基础设施建设规划（2024—2026）》，制定初步项目清单，涉及五大类134个项目。系统研究全省铁水联运发展布局规划，结合陕西煤炭资源分布情况和铁路、水运发展现状，统筹谋划铁水联运新通道，形成初步研究成果。深化汉江"黄金水道"航运治污降碳一体化方案研究、黄河府谷至吴堡段航运建设工程等前期工作。实地查勘汉江汉中至洋县段航道基本现状，编制形成《汉江汉中至洋县段航道通航方案研究（初稿）》。

加大设施建设力度，夯实港航发展根基。投入省级交通资金2300万元，全年下达19个码头、渡口、海事执勤站点等水运基础设施项目，加快推进水运建设项目竣工验收。加强航道养护管理，完成全省航道养护技术核查及内河航道应急抢通补助资金申报工作，航道养护技术指导、监督检查水平明显提升。开展航道通航条件影响评价技术性审查，完成输变电、西气东输等6个项目跨越航道通航条件影响评价评审工作。完成21个水运建设项目工程可行性研究技术审查，为安排年度投资计划提供了技术支撑和决策依据。推进陕西省航道普查工作，先后5轮次赴现场采集全省航道基础数据，基本形成陕西省航道普查成果。

完善行业管理制度，规范港航运营秩序。颁布实施《陕西省小型客船运输管理办法》，编制完成陕西省《封闭水域小型船舶检验技术规范》，修订《陕西省船舶检验工作管理规章制度》，制定《陕西省船舶检验通检互认管理制度》，持续推进《陕西省水路交通管理条例》修订。

强化运输服务保障，提升水路运输效能。组织全省水路运输业及水路运输辅助业核查工作，核查水运企业65家、个体65家、船舶639艘，合格率达到90%。全年完成客运量124万人次、旅客周转量1936万人公里，完成货运量77万吨、货物周转量1944万吨公里，同比分别增长33.8%、26.6%、49.4%、21.7%，圆满完成法定节假日、重要时间段的水路运输保障任务。推动水路交通与旅游融合发展，完成安康瀛湖1条部级精品航线和渭南洽川、安康石泉2条省级水路旅游客运精品航线创建工作，同时安康瀛湖航线已被纳入部级水路旅游客运精品航线典型案例。统计全省营运老旧船舶740艘，印发《陕西省老旧营运船舶报废更新补贴实施办法》，指导各市开展老旧营运船舶报废更新工作，累计完成19艘老旧客船、渡船报废更新。认真贯彻落实部水运局"水路客运服务提升行动"民生实事工作部署要求，统筹安排2024年农村水路客运补贴资金。

加强船员船舶管理，筑牢港航安全防线。开展船员培训质量提升年活动，累计检查14次，整改问题7项。按期完成船员培训机构培训质量体系审核，组织船员考试考官和评估员培训。开展适任培训、合格证培训17期次、399人次，换发适任证782本，签发合格证50本。落实"海事之眼"培训打卡制度，完成率达100%。理顺船检体制机制，建立"1+9"全省统一的船舶检验质量管理体系，印发《关于做好全省船舶检验工作的通知》，明确船舶检验为行政确认事项，解决职责交叉、检验管理不规范等问题。开展小型船舶检验优化试点，突破性实现跨区域建造检验。统筹安排省检船舶集中检验，全年完成定期检验1439艘，检验覆盖率100%。推动"船舶检验实训基地"挂牌成立，打造船检业务人员理论与实操交流平台。组织全省脱检船舶整治专项活动，定期反馈检验证书超期和异常船舶清单。开展渔船基本情况调研，完成船舶档案电子化工作。

抓好安全专项治理，增强应急处置能力。贯彻落实交通运输部、陕西省安全生产工作要求，组织开展水上交通安全信息共享共治、脱检脱管船舶、注销后未登记船舶、预防船舶机电设备故障、船员管理、国内航行船舶进出港报告、高速客船安全监管等7个专项治理活动，防范化解重大安全风险。加强检验证书超期和异常船舶管理，对346艘异常船舶逐船分类处置，保障船舶安全适航。开展"五一"、汛期、国庆等节假日和重要时段水上交通安全督导检查，整改隐患问题35个。围绕交通运输安全生产治本攻坚三年行动部署要求，组织全省79家水运企业的137名水运企业主要负责人和安全生产管理人员进行安全生产培训和考试发证，提升全省水运企业"两类人员"安全素质和企业安全管理水平。在榆林红碱淖水域举办2024年水上交通应急救援演练，设置应急响应、人员救助、消防灭火、遇险船舶救助、漂浮物打捞、泄漏油污处置等6个科目，共投入各类船艇30余艘、参演人员150余人，有效提升湖泊水域水上交通突发事件应急处置能力。

二、2025年工作思路

全面谋划发展大局，统筹港航长远规划。发挥规划引领作用，科学编制"十五五"陕西省水路交通发展规划，统筹谋划好未来五年全省水路交通发展思路、发展目标和重点任务。做好陕西省铁水联运布局规划编制工作，加大与水利、水电部门及地方政府的协同推进力度，加快推进汉江旬阳、蜀河水电枢纽1000吨级船闸前期技术论证，力争尽早开工建设。优化完善《黄河府谷至吴堡航运建设工程可行性研究报告》《汉江汉中至洋县段航道通航方案研究》，积极储备项目。做好陕西省航道普查成果的开发应用，建立航道普查信息管理系统，完成航道普查成果评定验收。组织开展2025年度水运建设项目工程可行性研究技术审查，核准下达年度水运投资计划。认真筹备召开五省（市）共同推进长江上游地区航运高质量发展战略合作会议。

全面提升安全质效，守护水上交通平安。夯实安全管理责任，做好水上安全生产专项指导工作，切实落实好行业安全监管和企业主体责任，夯实水上安全生产基础。加强重点领域、重点时段、重点环节的安全生产工作，开展水上安全生产大检查、安全隐患排查治理，有效防范水上安全事故发生。加强船员培训教育，开展船员培训质量评估，完成年度各类船员培训，建立反馈机制，及时解决船员发证过程中存在的问题。夯实船检工作成效，坚持船舶检验"便捷、便民、高效"工作原则，继续实施省检船舶集中检验。全面完成9个船舶检验分支机构业务范围核定、人员定岗定责。做好船检人员队伍建设，举办5期实践教学。积极对接陕西省农业农村厅渔业渔政局，联合开展渔业船舶试点性检验。

全面增强项目管理，保障建设顺利推进。加大汉江安康至白河航运建设工程、汉江洋县至安康航运建设工程等项目竣工验收工作推进力度，完善项目验收前置要素，力争取得实质性进展。强化水运建设项目的技术指导和监督检查，做好水运建设项目月度投资完成情况的统计报送工作，研究制定陕西省水运工程管理办法，不断规范和提升水运建设项目管理水平。组织开展《中华人民共和国航道法》实施10周年宣贯活动，指导行业单位加强航道养护管理，完成2024年航道养护技术核查和统计年报编报工作。做好航道水毁受损排查，组织航道通航条件影响评价技术审查，按时出具审查意见，保护好航道资源，维护好行业利益。

全面提升服务水平，优化港航营商环境。加强水路运输服务，认真抓好水路运输及其辅助业企业核查、陕西省岛际和农村水路客运成品油价格补助政策调整后有关工作。落实《陕西省老旧营运船舶报废更新补贴实施办法》，做好老旧营运船舶报废更新改造。分析研判水路运输企业发展现状，切实为水运企业纾困解难。发挥水路旅游客运精品航线引领示范作用，打造交旅融合品牌。引导推动水路客运领域实施实名制管理。强化信息安全管理，开展航运海事综合业务管理平台、公众服务平台网络安全等级保护测评。做好2025年公安机关网络和数据安全监督检查，强化中心网络及业务系统网络安全防护。全面巩固队伍作风建设，常态化学习习近平法治思想。将法治思维贯穿于研究工作、依法决策、推动工作全过程各方面。做好陕西省《封闭水域小型船舶检验技术规范》的宣贯及实施，继续推动《陕西省水路交通管理条例》修订工作。

（陕西省交通运输厅）

专题篇

専題 1

发展新质生产力　推进智慧长江建设

发展新质生产力是推动长江航运高质量发展的核心动力。长航局以高质量发展全面推进长江航运现代化，坚持长江航运高质量发展"145"总体思路，实施"131"智慧长江建设路径，奋力谱写新时代交通强国建设长江航运新篇章。

一、"131"智慧长江建设成效

"131"智慧长江建设，即以信息化建设为引擎，以信用管理为基石，构建智能管理、综合保障、公共服务三大平台，打造统一开放的长江航运市场，形成"1+3+1"协同发展格局，实现全要素数字化、全链条智能化、全流域协同化，构建智能化、绿色化、高效化的新质生产力体系。

(一)长江航运信用管理与服务系统

1.信用管理体系框架

形成了较为完善的"1+n+5"长江航运信用管理体系框架："1"即《长江航运信用管理规定》；"n"即配套制度，包括《信用信息管理办法》《信用评价管理办法》《信用联合激励惩戒管理办法》等；"5"即相关信用主体、信用信息、信用行为目录、激励行为、惩戒行为5个清单。

2.信用管理与服务系统

完成长江航运信用管理与服务系统（简称"信用长江"）主体功能开发并持续完善，上线运行2.0版，推广应用船员管理、货主选船等"信用+监管+服务"场景，归集行业数据超580万条，获评第六届"新华信用杯"全国优秀信用案例。

(二)长江航运智能管理平台

1.智能管理业务功能

一是数据赋能，融通航运要素信息。对接VTS、AIS、CCTV、VHF、智能卡口、数据交换网等感知系统，集成航运要素信息超66亿条。发挥大数据规模效应，汇聚形成长江航运态势看板，动态展示"一司全景""一船全景""一员全景""一域全景"，打造江海一张图、虚拟现实（VR）航道，精准掌握水上交通态势，实现"所见即所想、所见即所得"。

二是风险管理驱动，重塑业务管理流程。以风险防范为牵引，开发构建70余项重大风险识别模型，重塑长江航运业务管理工作流程，推动管理模式向事前预防转型，实现风险隐患智能识别、主动预警、提前防范、及时化解。

三是立足现场，应用场景多元一体。突破机构层级、业务界限，构建业务条块融合、事项分类整合的集约化新模式。打造动态监控场景，实时掌握辖区重点船舶、重点水域动态，对重点节点全程智能记实；打造现场管理场景，根据实时巡航动态，智能生成执法任务，精准开展现场检查；打造危防管理场景，实施危险品船舶和防污染分类分级监管；实时掌握船舶运行和作业状态。

四是技术支撑，数字科技因融而能。基于"平台总线化、业务插件化、应用场景化"设计理念，立足全长江，着眼全流域，打造可复制、可拓展、开放、包容的生态化平台，为功能扩展、个性配置、数据交互、模块复用提供支撑。

五是广泛集成，功能模块不断提升。完成长江全线智能卡口的集成接入，实现对各辖区7类重点船舶的智能识别、23种船舶异常行为的自动预警标识；海事慧眼实现对配员情况的一图全览，及时督促船方开展自助核查；智能危管能够智能识别船舶装卸洗舱作业、船舶异常航行等情况，提示高风险货物、禁限航船舶、申报异常船舶等重点情况的风险；智能防污实现了水污染物接收点位、岸电桩分布的展示，提示超时未用电和未排污的船舶。升级建成2.0版，完成40项风险模型开发，丰富了风险管理、动态监控、危防管理、现场管理、应急管理、船籍港管理、航运公司管理、执法督察等9类应用场景，试点运行航运公司体系管理数字化平台。

2.智能管理"驾驶舱"

集成信用、智能管理、综合保障、公共服务、数字孪生等"131"建设成果，基于长江航运数据中心，以长江全景、通航环境、港口+货物、船公司+船员、船舶为主题，提取行业最具代表性、实时性与重要性的数据，设计智能交互可视化效果，集成行业典型特色应用，实现综合展示、调度指挥、决策分析及多层、多维数据钻取展示，初步实现"一屏全览长江"目标。新增30个近景模型开发与数据融合上图，形成长江干线全线近景模型。增加货物等50余项分析指标，以及重点区段水路货运分析等10余个面板；新接入长江航运三峡库区地质灾害信息系统、"长江e+"以及"长江三峡1"号船舶数字模型应用，累计集成11个智慧应用。

3.数字孪生试点研发

编制印发《长江航运数字孪生总体方案》，明确统一配套设施、统一数据底座、统一模型平台、统一标准体系、统分结合应用体系的总体框架；编制印发《长江航运数字孪生共享实施方案》，建设共享平台，推进共享实施，完成资源共享清单编制，初步建成长江航运数字孪生平台，总体完成长江干线 L1 级建设，在三峡、武汉、太仓等区段开展了 L2/L3 级孪生试点并取得了初步成果，正开展南京、镇江、泰州等区段 L2/L3 级孪生试点工作，完成武汉段地理信息系统（GIS）场景、泰州段、三峡船闸在线监测系统接入智能管理驾驶舱。编制印发《长江航运数字孪生建设导则（试行）》，初步构建统一建设标准，积极推进《内河水运数字孪生总体要求》国家标准立项；完成"基于数字孪生航道的长江干线通航保障关键技术研究及示范应用"研究，有力指导局系统数字孪生高效建设，促进资源及成果共享共用。

4. 新一代北斗多功能智能船载终端（MIBT）

新一代北斗多功能智能船载终端（MIBT）2024 年 4 月通过中国船级社（CCS）认证，同时开展鸿蒙化适配，正在进行第一批 MIBT 量产工作。汇集船舶运行关键信息、重要数据，实现船船、船岸间互联互通，提供船舶精准定位、远程申报、信息核查、辅助导航及一键呼救等功能。累计推广单北斗船载智能终端 1.8 万余台。

（三）长江航运综合保障平台

1. 长江航运资源图谱

基于长江航运数据中台所汇聚的长航局系统数据资源，初步构建长江航运资源图谱数据库，完成"三船"信用数据、航道运行监测、"长江 e+"智能客服等典型场景的资源图谱模型、航运资源知识表达模型，具备图谱展示、语义检索、智能问答、关系探索等能力，形成初级版航运知识大脑。

2. 长江新链研究试点

通过卫星、船岸、岸基等多手段融合，政企合作共建沿江无线网，持续推进"长江新链"建设，加强与中国移动集团、湖北移动及局系统单位之间的协调和督导，完成长江干线各省市 5G 站点补点项目立项与设备采购，开始进行基站建设，基本实现长江干线 5G 全覆盖。完成武汉和宜昌 20 公里示范段 5G-A 通感一体网络连续覆盖组网测试，有效识别航行船只的航向、速度和位置；与中国电信就沿江有线网络完善建设达成合作协议，"通感一体"等前沿应用试点取得重要成果。

3. 电子航道图干支联通

积极推进长江水系电子航道图服务联盟相关工作，召开联盟 2024 年联席会议，目前联盟成员共 20 家，并成立理事会，促进优势互补，加快推进电子航道图在国家高等级航道网的全面覆盖、联通运行。持续推进电子航道图干支联通工作，在建设联通长江干线航道 2687.8 公里，数据层面联通金沙江、赣江、信江、汉江、京杭运河等支流高等级航道 2084 公里的基础上，进一步完成湘江河口向内延伸 5 公里，即将完成赣江延伸至赣州的 145 公里和重庆嘉陵江 20 公里航道建设，上海地区已接入长江口电子海图 125 公里、黄浦江电子航道图 83 公里、上海地方支流电子航道图 446 公里；正在推进云南澜沧江、金沙江共1000公里水域建设，"干支联通、水系成网"已具备一定规模，电子航道"一张图"覆盖里程达5586公里。积极推进众源水深研究应用，完成50余艘社会船舶数据接入，汇聚测深点超600万条，并结合电子航道图开展地形演变分析。

4.数据中心

完成数据治理、数据质量管理、数据采集、数据服务、大数据管理及数据可视化等支撑产品升级与能力提升，形成完整专业的数据采集、治理、共享、分析与服务等能力，汇聚了交通运输部、长航局系统、行业相关单位的数据表1018张，存储数据19.81亿条（不含动态数据），建成船舶、船员、船公司、信用、安全等24个主题库，日均新增基础数据超过60.12万条、AIS动态数据3000万条，配置1300余项数据质量稽核规则，数据质量合格率达到95%以上；形成长江航运政务数据目录（涉及信息系统61个、信息资源1339个、信息项29375个），注册发布数据服务接口630个，日均服务调用量达到17.89万次，数据接口实际调用率达到86.1%，基本形成"131"智慧长江建设数据底座。

5.协同办公系统

以"机关业务办公一体化、无纸化、移动化"为目标，初步构建了以协同办公系统为基础的智慧办公体系，实现了公文管理、事务审批、会议管理的在线办理；建设运行电子公文交换系统，实现长航局与系统内各单位的电子公文线上流转；推进协同办公系统单套制归档功能建设，并基于协同办公系统建设了合同管理、财务报销、公务员平时考核、固定资产、党建等子系统，进一步丰富了协同办公功能。

6.统一内外服务门户

基本完成长航局内、外网统一身份认证系统建设，完成信用长江、智能管理平台等系统接入长航局统一身份认证，为智慧长江系统提供统一组织、统一用户、统一认证服务；完成长航局政府网站改版和用户体验优化，建设政务门户统一工作台，集中展示个人信息、待办工作、通知公告等内容，上线运行通航建筑物运行方案审批、港口数据快报、港口岸电设施升级改造管理、长江口航政管理等模块。

（四）长江"e+"公共服务平台

1.公共服务功能不断扩充

接入部海事船舶报港系统，在华为、腾讯、百度应用市场上架，服务功能增至84项，用户总数超过32万，总点击量超过1.3亿次。汇聚用户急需的优质功能，如台风查询、潮汐预报、长江旅游、加油购物等，总体包含了船员、船舶、企业、公众所需的高频次常用功能。

2.公共服务质量稳步提升

"长江e+"以"数字+服务""联动+服务"新模式，提供了集中、便捷的船公司、船舶和船员数据查看及维护功能，帮助用户及时、全面掌握船员、企业相关信息；实现了长江干线28座水位站的5天水位预测，同时提供往年同期水位对比以及7天历史水位查看；长江干线28座水位站的水位发布频率从每天2次提升至每小时1次。

3.公共服务渠道持续拓展

"长江e+"运行初期，主要通过微信小程序向公众提供服务。为使行业用户在使用公共服务时有更多的选择，从2023年10月开始，"长江e+"网站、App、小程序全面向用户开放，并已启动船载智能终端、公共客服中心等服务新渠道建设。

二、深化智慧长江建设举措

一是持续完善长江航运信用体系建设，建立信用一体化合作机制，优化"信用长江"2.0功能，拓展"信用+"应用场景，发布应用指南、行为清单，完善信用积分体系。

二是加快数字孪生资源共享，并在智能管理、公共服务等平台融合应用。在三峡库区探索研究应用智能船舶自动驾驶技术。

三是加强局系统数据资源汇聚共享，完善长江资源图谱，构建长江航运知识库大模型，打造"江小晓"智能助理；全面完成沿江5G覆盖，深化研究、推广应用通感一体技术，推进低空智联网建设；持续深化长江电子航道图干支联通，逐步实现全国内河高等级航道电子航道"一张图"，形成内河航道"一张图、一张网、一标准、一体系"建设、管理、运行和服务工作机制；依托"易长航"，全面拓展综合办公移动端应用，实现主要工作任务、业务流程的移动办理，建设形成上下协同、高效便捷、互联互通的综合办公保障系统；协调推进与部海事局、沿江地方政府身份认证对接和服务事项办理对接，深化与沿江地方政府、港航管理部门及港航企业共享数据和应用，持续做好长航局政府网站、"长江e+"和"易长航"的内外门户整合，全面构建"一站一端"服务框架。

四是深度结合智慧长江建设与应用交通强国试点任务，择优引入社会服务功能，推进"长江e+"持续迭代升级；同时配套适配北斗智能船载终端、设置长江航运公共服务应答中心、建立线上船员权益法律咨询机制、提供人工咨询及政策宣讲直播服务，逐步形成小程序、App、网站、船载系统、应答中心"五位一体"服务模式。积极探索推进长江航运公共数据授权运营，引导建设长江航运市场服务数字化基础平台。建设物流信息、航运人才、船舶港口、船公司、长江文旅等服务系统，面向港航企业提供云计算及航运公司安全管理体系等服务能力，促进企业数字化转型，支撑服务长江船舶运力结构和运输市场经营主体结构优化调整，有效推进市场制度规则统一、航运要素畅通流动、资源配置优质高效，基本建成供需适配、竞争有序、经济和民生贡献度高、统一开放的长江航运市场。

（长航局科技信息化处、长江航运发展研究中心）

交通强国建设试点助推长江航运高质量发展

交通运输部组织开展交通强国建设试点工作以来，长江水系各省市和长航局深入学习贯彻习近平总书记关于交通强国的重要论述，全面落实"两个纲要"，着力推进加快建设交通强国五年行动计划实施，以交通强国建设试点任务为抓手，实现了由先行探路到引领推广的跨越，为加快建设交通强国积累了长江经验、贡献了长江力量。

一、长航系统交通强国试点任务成效

（一）推进内河航运安全与应急搜救建设试点

打造了船岸通信"一张网络"，推动沿线5G信号覆盖率达90%以上，实现"5G+无人机"、移动执法、智慧锚地等应用。构建了监管服务"一套机制"，与沿江7省市建立水上交通安全议事协调机制，建立上游水域执法联勤联动机制，全面实施海事政务服务"全域通办"。汇聚了智慧监管"一个平台"，建设安徽段全要素"水上大交管"，升级迭代"一库一图"，实现多个智慧应用汇聚到海事智能管控平台。形成了规范管理"一系列标准"，印发无人机、智能卡口使用等管理办法，提出《长江干线新型应急搜救装备配备标准》，并获中国航海学会团体标准立项。

（二）深化长江航运多源时空信息智能服务应用试点

北斗位置服务功能进一步完善，提供最高达到实时定位厘米级的高精度服务；北斗应用规模不断扩大，累计为2.2万余艘社会船舶安装单北斗智能终端，实现客船、渡船、三峡过闸船舶全覆盖。北斗应用领域不断深化，"北斗+5G"在安全监管、航道维护、船舶过闸、桥梁防撞、危岩监测等领域的应用进一步深化。北斗智能终端功能进一步完善，成功研发新一代北斗多功能智能船载终端，获得了中国内河首张MIBT型式认可证书，并开始在公务船上安装应用。试点示范效果不断扩大，牵头编制的《内河航运北斗差分数据播发与接收技术要求》由交通运输部发布，自2025年3月1日起实施。

（三）开展长江口韧性航道建设与应用新增试点

开展航道通航保障能力提升研究，部分成果纳入新修订的《长江口深水航道通航安全管理办法》。开展航道整治建筑物耐久性能提升研究，为后续整治建筑物损毁机理研究及服役能力提升奠定基础。开展航道基础设施应急抗灾技术研究，完成长江口航道保通保畅突发事件应急预案修订，研发人工智能航道骤淤预测模型，并得到初步实践应用。

（四）推进长江干线智慧航道建设与应用试点

构建了航道信息感知监测体系，推进整治建筑物运行状况监测、水文泥沙多要素监测，不断丰富航道要素感知基础数据。构建了智慧航道养护管理业务体系，加快数字航道运行条件下长江干线航道尺度预测技术成果推广应用，建立全河段整治建筑物全生命周期信息库。构建了智慧航道公共服务体系，长江水系电子航道"一张图"覆盖航道里程5586公里，建成运行"一站式"综合服务平台，推动长江水系电子航道图服务联盟成立。构建智慧航道制度标准体系，制定国家标准2部、行业标准3部、行业指南1项。

（五）推进长江三峡河段智能通航试点

基本建成智能监测网，推动5G、北斗、建筑信息模型（BIM）等新技术融合应用，实现船舶过闸全过程全要素自动化采集，开发三维可视化船闸运行管理系统，初步实现船闸和升船机设备设施在线自动监测，打造三峡智能通航全要素智能监测"一张网"。基本建成智能调度和运维体系，升级三峡通航调度系统和远程申报系统，建设锚地业务管理系统，实现联动区域船舶统一计划和调度，提炼形成内河通航枢纽运营、管理、维护成套技术，在西江、金沙江、乌江、汉江等内河通航枢纽推广应用。基本建成智能安检和服务体系，升级涵盖海事、公安等联合安检业务的安检信息系统，建设船舶航行全程助航服务系统，实现智能化信息服务。打造智能通航"一张图"，建立二、三维一体化的航道与通航基础设施全景信息模型，开展全河段三维数字航道应用。

（六）推动智慧长江建设与应用新增试点

长江航运信用体系基本建成，上线运行"信用长江"2.0版，主体已覆盖5.8万艘船舶、35.6万名船员、5600余家船公司。升级迭代智能管理平台，集成长江航运智能管理驾驶舱，打造九大应用场景，初步实现"一图看长江、一图管长江"。初步建成综合保障平台，开发完成融合"三船"信用、航道运行、智能客服等典型场景的资源图谱，长江新链基本完成5G补点建设任务；完成国家综合交通运输信息平台长航子平台工程前期工作，并全面进入实施阶段。完善公共服务平台，持续迭代升级"长江e+"，日均点击量稳定在30万次，行业影响力进一步扩大。

（七）高质量完成长江干线绿色航道建设与应用试点

理论研究成效显著，开展21项绿色航道建设关键技术研究，形成具有长江特色的绿色航道建设成套技术，总结形成专著《长江干线绿色航道建设探索与实践》。工程实践不断深入，试点以来，共建成生态护岸28.3公里、生态固滩154.4平方公里；武安段航道整治工程荣获国家绿色建造施工"三星"（最高等级）评价。航道建设信息化管理水平明显提升，构建长江航道整治工程智慧管控平台，实现项目的可视化、精细化管理。创新研究和标准体系不断深化；开展生态结构、施工工艺、检测监测技术等创新；构建长江干流生态环境监测评估方法与指标体系，主导制定行业标准3项，编制长江绿色航道设计指南、施工指南和环保监理指南。

（八）推进长江干线港口和船舶岸电创新发展试点

岸电政策措施进一步完善健全，制定印发《长江水系港口和船舶岸电工作协调机制》等，配合出台船舶受电设施改造中央补助资金政策和补贴标准，推动部分省市出台了补贴政策。推动港口岸电和船舶受电设施改造，截至2024年底，长江经济带非液货生产经营性泊位11141个，安装岸电泊位数10469个，安装率为94.0%，累计完成1.8万余艘运输船舶的受电设施改造。岸电智慧监管服务能力不断提升，开发长江干线港口和船舶岸电监管与服务信息系统、长江经济带运输船舶岸电系统受电设施改造项目管理信息系统、长江经济带港口岸电设施服务系统等，创新管理模式。岸电使用量逐步提升，2023年长江经济带船舶靠港累计使用岸电1.24亿千瓦时，提前2年实现"十四五"期岸电使用年度过亿目标；2024年，长江经济带岸电使用量1.9亿千瓦时，同比增长54%。

（九）开展长江干线船舶新能源和清洁能源应用与监控体系建设试点

加快推进船舶应用试点，推进川江载货汽车滚装船新能源应用试点，积极支持"中远海运绿水01""中远海运绿水02"换电集装箱船等沿江新能源船舶投产应用。开展船舶检验规范研究，上线试运行电池动力船舶辅助检验系统，起草的《电动船舶非船载传导式直流充电设备技术条件》等3个标准正式发布。开展干线船舶充换电布局方案研究，推动"长江绿色交通能源站建设布局方案研究"立项，起草"湖北省长江干线、汉江干流电动船舶充换电设施布局建设推进方案"并提请湖北省政府研究。积极支持绿色能源加注站建设，已建成1座加氢站、4座换电站等。积极搭建监控服务平台。初步建成并试运行长江新能源清洁能源船监控与服务系统，推动18艘新能源清洁能源船舶接入。组织开展安全风险管理制度研究，开展长江干线新能源和清洁能源船舶安全运营管理关键技术研究，专题调研电动船舶运行安全风险，组织电动船舶"三电"系统风险防控专题研讨。

二、沿江省市水运发展交通强国试点成效

（一）江苏打造枢纽经济新格局交通强国建设试点

发挥海江河湖联动的特色优势，推动港口向物流港、产业港转型，江苏省全省80%左右的国家级和省级经济开发区临港而建，形成了以新能源、新材料、装备制造、钢铁等产业为主导的沿河产业带；依托连云港港徐圩港区集聚了盛虹炼化（连云港）有限公司、卫星化学股份有限公司等企业，依托南京港打造南京区域性航运物流中心，依托南通港通州湾港区集聚中天绿色精品钢等重大产业，依托苏州港太仓港区形成千亿级先进制造基地、现代物贸基地，并建设长江最大的汽车滚装码头。开展运河沿线"前港后产"临港经济发展模式交通强国建设试点典型经验复制推广工作，打造"港产园"一体化发展的内河临港经济示范样板。

（二）推进赣鄱黄金水道智能航运发展试点

依托信江高等级航道建设项目，完成信江智慧航道"112"工程建设，即1套电子航道图、1个数据中心、航道运行管理和公共信息服务2个平台，航道管养手段提质升级，并向赣江等高等级航道逐步推广。江西省智慧船闸"112"工程有力推进，智慧船闸感知网覆盖多个节点船闸，并成功搭建了船闸运行管理平台及公共服务平台（"赣航通"App）。目前，信江双港船闸、虎山嘴船闸、貊皮岭船闸、界牌船闸作为首批节点船闸已构建完成。打造"运连连"多式联运平台，实现大宗散货运输模块、集装箱航线模块、可视化数据中心、船舶实时定位、线上订舱等功能，以及货主、船企、港口码头、水情调度、船闸枢纽、政策补贴、税务开票等信息互联、"一网通办"。

（三）依托中部多式联运出海大通道推进降本提质增效试点

推动形成"一体融合、模式创新、运营高效、服务优质、智慧绿色"的中部多式联运出海大通道，通道集聚和辐射效应充分释放，服务功能和物流效率明显提升，支撑国家战略实施能力大幅增强。协同推进机制基本建立，省际协商合作机制有效运行，航道规划建设、航线开辟、运输组织等方面基本实现一体化协同，形成一批可复制、可推广的协作机制、制度方案、标准规范、典型案例。通道内货运结构不断优化，设施互联互通水平有效提升，港站枢纽的物流集聚效应充分发挥，打通跨区域航道230公里以上，铁路和内河水运货运能力和分担比例稳步提升。通道物流组织集约高效，通道内铁水、公水联运等运输组织方式得到广泛应用，开辟铁水、公水联运精品线路，集装箱铁水、公水联运量年均增长15%以上，"一单制"模式不断探索发展。智慧绿色发展显著加快，主

要骨干航道建成电子地图，新建、改扩建码头岸电设施实行同步规划、同步建设，岸电设施普及率达到100%。通道（枢纽）经济实现突破性进展，产业链上下游协同步伐加快，形成10个以上产业融合品牌项目。

（四）推进湖北现代内河航运体系建设试点

坚持示范引领、高位推进、统筹规划综合施力，推进绿色智慧转型、跨领域融合、关键技术突破等建设现代内河航运体系。建设生态航道，运用生态护岸技术，建设鱼道和鱼类增殖放流站，定期实施汉江梯级联合生态调度。打造智慧港口，武汉阳逻港铁水联运二期通过全港区覆盖的5G网络，建成我国首个内河铁路装卸自动化码头。发展低碳船舶，打造纯电动船舶，"三峡氢舟1"号氢能源动力船、"华航新能1"换电动力集装箱班轮，全省新能源船舶达到152艘。推进铁水联运，实现铁路、港口信息互通共享，车船驳接智能化统一调度。武汉、宜昌等地文旅资源融入水运，打造覆盖多业态、无边界的"水上旅游街区"。加强交通与电力部门合作，组建长江流域首个岸电运营服务公司，打造国内跨省域、跨流域的岸电服务平台岸电云网。推广新技术新设备，开发智能洗舱技术，建成长江干线智能化程度最高、设施设备技术最先进的武汉、宜昌洗舱站。开发江海直达集装箱新船型，攻克江海直达船舶宽扁船型双尾线型开发、高效螺旋桨运用、结构轻量化设计技术及节能减排应用等多项关键技术。研发智能船舶技术，攻克内河高效船型技术、节能减排技术，相关研究成果纳入中国船级社指导性文件《船舶智能机舱检验指南》。

三、下一步工作思路

一是强化顶层设计与方向引导。依据交通运输部发布的最新修订版《交通强国建设试点工作管理办法》（简称《办法》），加强对重点领域如智慧航运、绿色低碳、多式联运等的引导和建设，明确对试点任务的申报、立项、实施管理、验收评估等方面的要求。同时，结合交通强国试点任务，将其纳入"十五五"发展规划中，通过规划引领确保任务的完成。

二是深化动态管理与评估优化。强化领导小组统筹协调作用，细化部门分工与区域协同，形成跨层级、跨领域的联动格局。实施年度评估与动态调整机制，对试点任务进展进行全程跟踪，建立任务清单和进度台账。按照《办法》要求对试点任务验收工作进行规范，完善试点任务验收自评估要求，细化工作流程，持续开展试点任务的评价工作。

三是推动成果转化与全域推广。加大对试点任务成果的总结推广，安排专项资金或提供相关政策、激励支持。编制经验成果清单及典型案例，制定推广实施方案，将典型经验与创新成果向全国、区域及相关单位推广应用，充分发挥试点在加快建设交通强国中的突破、示范、带动作用。

四是聚焦重点领域突破创新。聚焦新形势、新要求、新技术，围绕服务国家重大战略，突出加快建设交通强国的关键环节，在新质生产力培育、生态绿色环保、安全韧性发展、降本提质增效等方面，通过加快应用前沿技术、创新管理体制、完善实施机制等措施，谋划提出新一批引领内河高质量发展、推动长江航运现代化发展的交通强国试点任务。

（长航局规划基建处、长江航运发展研究中心）

2024年航运指数运行状况综述

一、波罗的海干散货运价指数

波罗的海交易所发布的波罗的海干散货运价指数（BDI）显示，2024年BDI均值为1754.7点，同比上涨27.30%，国际干散货运价前高后低，上半年超预期上涨，整体底部支撑有力，下半年短期震荡后波动下滑，呈现旺季不旺的态势（图3-3-1）。具体来说，2024年1—2月初，受春节假期影响，干散货运价市场季节性走弱，铁矿和煤炭运输需求持续疲软，市场运力过剩，运价持续下跌；2—3月，铁矿和煤炭运输需求较为旺盛，市场运力供应紧张，叠加远期运费协议（FFA）远期合约上行和节后国内复工复产需求预期，供需偏紧叠加市场情绪发酵，推升运价持续上涨，达到全年最高点2419.0点；4—6月，整体运价呈震荡上涨趋势，南美粮食收获发运旺季、亚太地区煤炭进口回暖及铁矿季末冲量，运输需求较大；7月，国内电厂日耗季节性上行，煤炭运输需求增加，为巴拿马型船运价提供支撑，受部分主流矿山季末冲量结束后运输需求惯性走弱，BDI整体下行；8—9月，8月煤炭和粮食发运需求减少，运价走弱，9月中旬北美粮食收获，发运增加，8—9月铁矿运输需求回升明显，海岬型船运价上涨，支撑BDI整体震荡上行；10—12月，四季度铁矿冲量和煤炭冬储不及预期，粮食发运逐渐进入淡季，整体干散货运输需求相对较弱，可用运力累积过剩，运价在10月持续走低后，11月中旬有所回升，但后续动能不足，运价走低至近年低位。

二、中国航运指数

（一）中国航运景气指数

上海国际航运研究中心发布的《中国航运景气报告》显示，2024年第一季度，中国航运景气指数为103.88点，较上季度下降6.1点，维持微景气区间；中国航运信心指数为114.77点，较上季度上升17.13点，由微弱不景气区间回升至相对景气区间。2024年第二季度，中国航运景气指数为122.05点，较第一季度大幅上升18.17点，跃入较为景气区间；中国航运信心指数为141.88点，较第一季度大幅上升27.11点，从相对景气区间升至较为景气区间，景气指数及信心指数持续回调。2024年第三季度，中国航运景气指数为112.23点，较上季度下降9.81点，落入相对景气区间；中国航运信心指数为113.17点，较上季度大幅下降28.72点，由较为景气区间跌至相对景气区间。2024年第四季度，中国航运景气指数为115.73点，较上季度上升3.49点，维持在相对景气区间；中国航运信心指数为129.28点，较上季度上升16.12点，由相对景气区间上升至较为景气区间，所有企业信心指数均有不同程度上升（图3-3-2）。

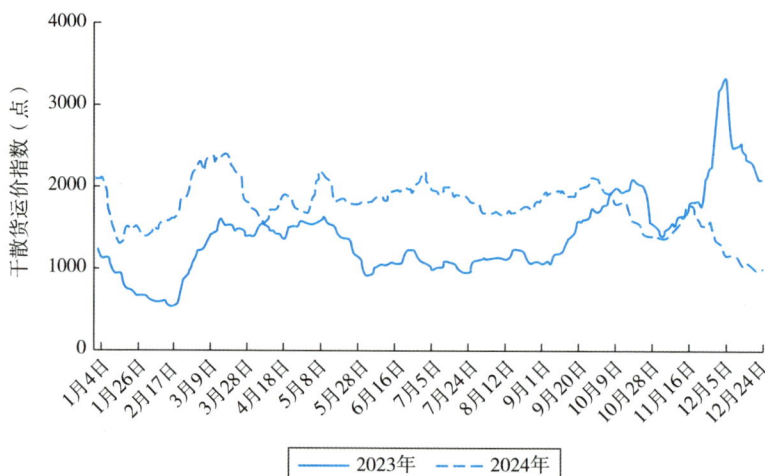

图3-3-1　2023—2024年波罗的海干散货运价指数走势图
注：数据来源于波罗的海交易所。

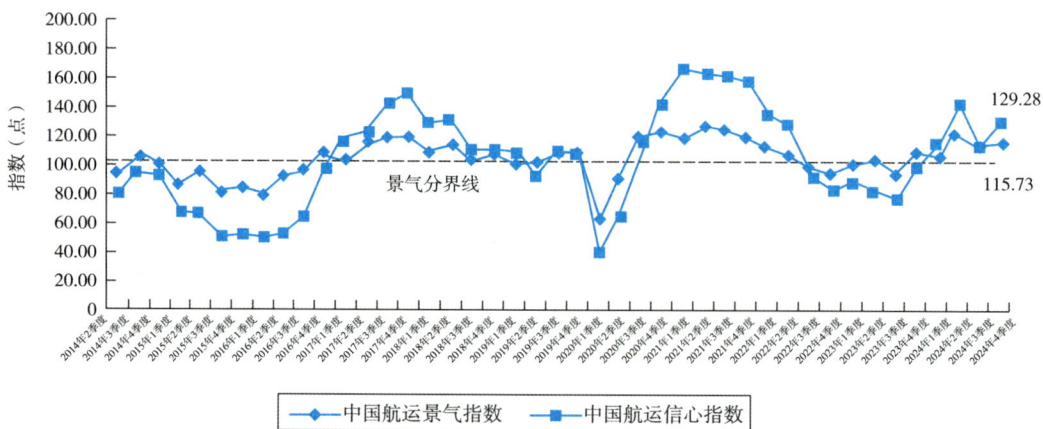

图3-3-2　2014—2024年中国航运景气指数和信心指数走势图
注：资料来源于上海国际航运研究中心。

（二）中国沿海散货综合运价指数

上海航运交易所发布的《2024—2025年水运形势报告》显示，2024年，沿海散货运输市场行情呈筑底反弹态势（图3-3-3）。前三季度，大宗散货能源供应相对宽松，下游需求跟进有限，库存偏高，运输需求持续低迷。多年来运力规模持续增长，内贸市场运力过剩较为严重，一部分运力转至外贸市场，供需依旧失衡；叠加货主订船更多选择招投标模式，运价持续承压，运输需求的几次阶段性释放未有效带动运价反弹。四季度，在政策效应的拉动下，伴随粮食市场运力紧缺、恶劣天气、季节性需求提振等多重因素影响，运价上行至年内高点。12月27日，中国沿海（散货）综合运价指数报收1033.51点，全年平均值为1008.06点，较2023年平均值下跌0.7%。全年指数最高值为12月6日的1142.71点，较2023年高点回落3.8%。

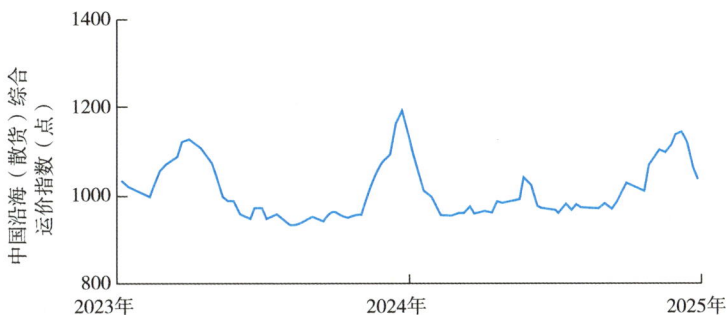

图3-3-3　2024年中国沿海散货综合运价指数走势图

注：资料来源于上海航运交易所。

（三）中国出口集装箱运价指数

上海航运交易所发布的《2024—2025年水运形势报告》显示，2024年初，国际地缘风险持续，短期内运力供给较为紧张，市场运价持续上涨。传统春节假期后，市场运输需求的恢复略显缓慢，供需形势趋于宽松，市场运价出现调整行情。4月，欧美补库需求明显提升，国际贸易复杂局势等因素刺激货主提前发货，年中旺季提前到来，运力供给再度趋紧，市场运价在第二季度再次冲高。下半年，伴随各大班轮公司运力调配逐步到位，地缘政治局势对集装箱运输市场的影响趋于平稳，市场运价在高位缺乏进一步的支撑，走出调整行情。四季度，市场进入年底集中签约的关键时期，班轮公司调涨运价意愿增强，并陆续进行技术性宣涨，叠加年前需求提升，运输市场企稳反弹。2024年12月27日，中国出口集装箱综合运价指数为1515.07点，较年初上涨61.7%，全年平均值为1550.59点，较2023年平均值上涨65.4%（图3-3-4）。

三、长江航运指数

（一）长江航运景气指数

2024年长江航运景气指数为98.29点（均值，下同），同比下降1.45点，见表3-3-1；

长江航运信心指数为98.19点（均值），下降6.66点，长江航运景气指数处于临界区或不景气区（图3-3-5）。一季度，长江沿江地区钢铁行业比较低迷，矿石采购、运输需求恢复不及预期，三峡船闸检修期间，部分货物选择铁路、公路分流运输，港航企业盈利水平下降，景气指数环比下降5.86点。二季度，国家推出一揽子增量政策，基建、制造业等重点领域投资扩张，给长江航运带来积极影响，景气指数环比上升7.05点。三季度，内贸运输市场持续承压，下行压力较大，江船竞争激烈，长江大宗散货货运需求疲弱，受多次台风影响，下游港口运力积压，船舶周转率下降明显，景气指数环比下降1.89点。四季度，多地区多部门加大力度推动增量政策落地实施，西部陆海新通道贸易新政策效能发挥，长江沿江地区外贸韧性持续显现，"新三样"产品销量提升较快，外贸进出口形势好转，综合业务量有所提升，景气指数环比上升0.73点。

图3-3-4　2024年中国出口集装箱运价指数走势图

注：资料来源于上海航运交易所。

2024年长江航运景气指数（单位：点）　　　　表3-3-1

景气指数	2024年				
	一季度	二季度	三季度	四季度	平均
长江航运景气指数	93.77	100.82	98.93	99.65	98.29
长江航运信心指数	96.27	97.54	97.79	101.14	98.19
港口企业景气指数	94.41	102.53	101.43	101.26	99.91
航运企业景气指数	92.93	99.89	96.18	97.89	96.72
上游企业景气指数	94.08	100.90	98.68	103.08	99.19
中游企业景气指数	91.94	100.57	95.76	100.85	97.28
下游企业景气指数	94.29	98.64	100.19	97.28	97.60
客运景气指数	95.94	101.27	99.32	96.49	98.26
货运景气指数	93.67	99.83	98.90	99.67	98.02

景气指数	2024年				
	一季度	二季度	三季度	四季度	平均
其中:干散货运输	94.36	99.87	98.30	99.75	98.07
液体散货运输	91.33	100.27	100.71	99.26	97.89
集装箱运输	93.84	103.45	99.38	100.09	99.19
载货汽车滚装运输	90.13	100.94	95.77	98.21	96.26
内贸运输	89.94	101.32	100.46	99.32	97.76
外贸运输	97.46	99.02	97.39	99.98	98.46

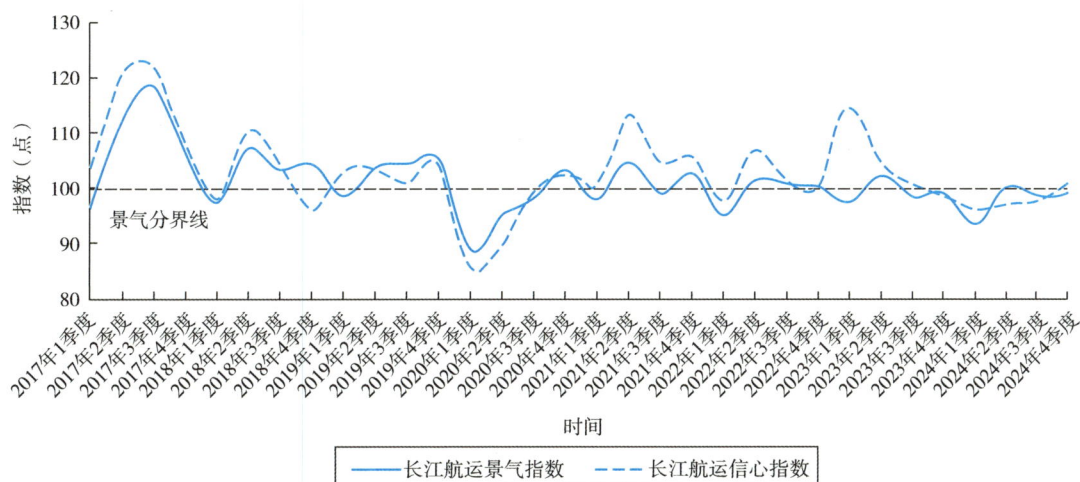

图3-3-5　2017—2024年长江航运景气指数和信心指数走势图

（二）长江航运运价指数

1.长江干散货综合运价指数

2024年长江干散货综合运价指数为605.8点（均值，下同），同比下降7.2%。其中，煤炭、金属矿石、矿建材料运价指数分别为619.1点、427.1点、1127.5点、894.6点，同比分别下降7.0%、7.9%、10.7%；非金属矿石运价指数894.6，同比上升5.2%。一季度，长江沿江地区经济延续回升向好态势，社会需求进一步复苏，制造业景气水平有所回升，春节部分船员陆续放假、船舶停航，市场运力供应减少，推动干散货运价指数环比上升3.8%。二季度，受原材料市场需求收缩、雨水天气增多等影响，干散货运输市场需求整体偏弱，干散货运价指数环比下降10.8%。三季度，受汛期水位流速等因素影响，上行船舶综合能耗明显增加，减载运行，运输成本增加，干散货综合运价指数环比上升6.7%。四季度，长江沿江地区地产投资、基建规模有所下滑，船舶运力总体呈过剩，干散货运价指数环比下降2.3%。2022—2024年长江干散货综合运价指数走势如图3-3-6所示。

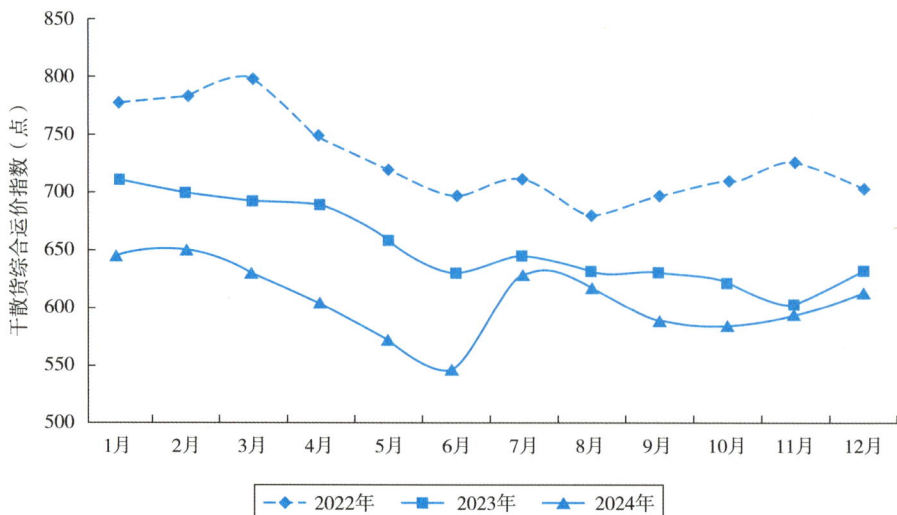

图 3-3-6 2022—2024 年长江干散货综合运价指数走势图

2. 长江集装箱综合运价指数

2024 年，长江集装箱运价指数为 1005.8 点（均值，下同），同比下降 1.0%。其中，长江上游指数、中游指数、下游指数分别为 1040.2 点、934.9 点、1057.0 点，同比分别下降 0.9%、0.5%、1.6%；内贸指数、外贸指数分别为 1046.6 点、969.4 点，同比分别下降 2.2%、上升 0.2%。一季度，长江沿江地区经济保持稳定，装备制造业生产良好，内贸集装箱运输需求稳定，国际形势复杂，红海地区局势紧张，部分出口货物订单延迟发货，影响外贸集装箱运输需求，集装箱运价指数环比下跌 0.1%。二季度，沿江房地产行业仍处在调整阶段，居民消费复苏偏慢，内贸有效需求有所不足，集装箱运价指数环比持平。三季度，长江沿江地区持续高温，少数地区遇洪涝灾害天气，部分行业进入生产淡季，制造业市场需求有所波动，内贸需求有所不足，集装箱运价指数环比下跌 1.4%。四季度，制造业市场总体持稳运行，化工、家居建材、矿粉等内贸适箱货物需求持平，新造船舶增加运力供给，集装箱运价指数环比下跌 0.2%。2022—2024 年长江集装箱运价指数走势如图 3-3-7 所示。

3. 长江船员工资指数

2024 年，长江船员工资指数为 1733.3 点（均值，下同），同比下降 0.5%。其中，集装箱、液货一类、载货汽车滚装、旅游客运船员工资指数同比分别上升 4.4%、7.1%、8.5%、16.4%，普货一类、江海直达船员工资指数同比分别下降 2.4%、10.1%；大副、轮机长、大管轮船员工资指数同比分别上升 0.1%、0.7%、1.2%，船长、二副、三副、水手、二管轮、三管轮、机工船员工资指数同比分别下降 0.4%、2.0%、3.6%、0.7%、1.7%、2.2%、0.4%。一季度，长江沿江地区机电设备、化工产品等运输需求良好，旅游客运公司发放年度奖金，船员工资指数环比上涨 1.4%。二季度，沿江地区经济仍面临有效需求不足、企业经营压力较大等挑战，干散货、江海直达运输停航船舶逐渐增多，船员工资指数环比下跌 2.4%。三季度，长江上游、中游地区港口吞吐量下降，大宗散货货运需求比较疲软，部分干散货公司采取船舶停航、船舶出售等措施，减少船舶运力投入，船员下船流入劳务市场，船员工资指数环比下跌 0.6%。四季度，长江运输生产稳中有进，外贸出口结构进一步优化，年底船员开始下船换班，船员工资指数环比上涨 0.6%。长江船员工资指数走势如图 3-3-8 所示。

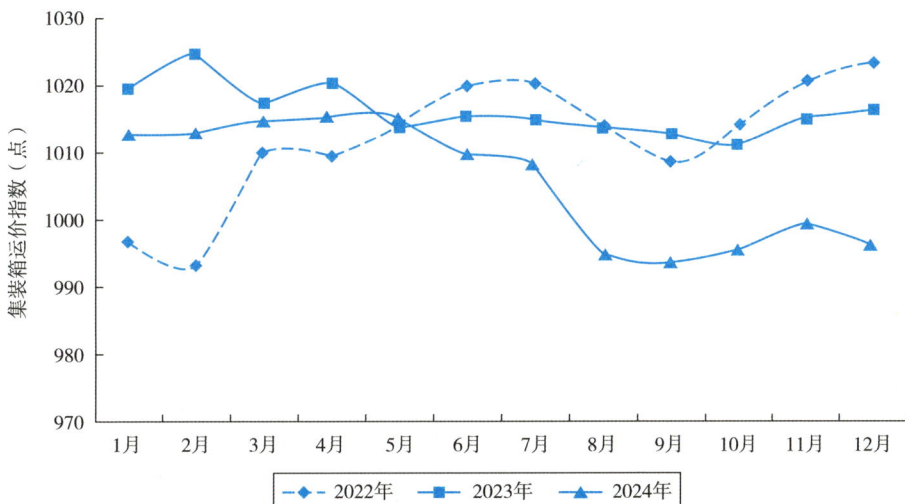

图 3-3-7　2022—2024 年长江集装箱运价指数走势图

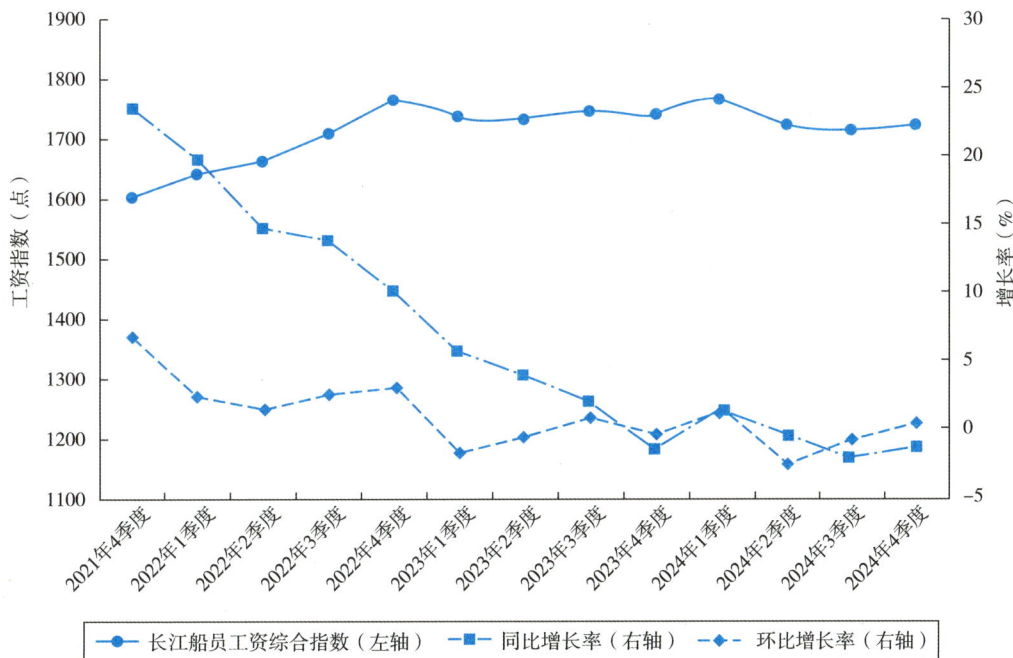

图 3-3-8　长江船员工资指数走势图

4.长江船东满意度指数

2024上半年、下半年长江船东满意度分别为91.1分，91.9分，均为优秀等级（分值大于等于90分为优秀等级）。满意度趋势如图3-3-9所示。

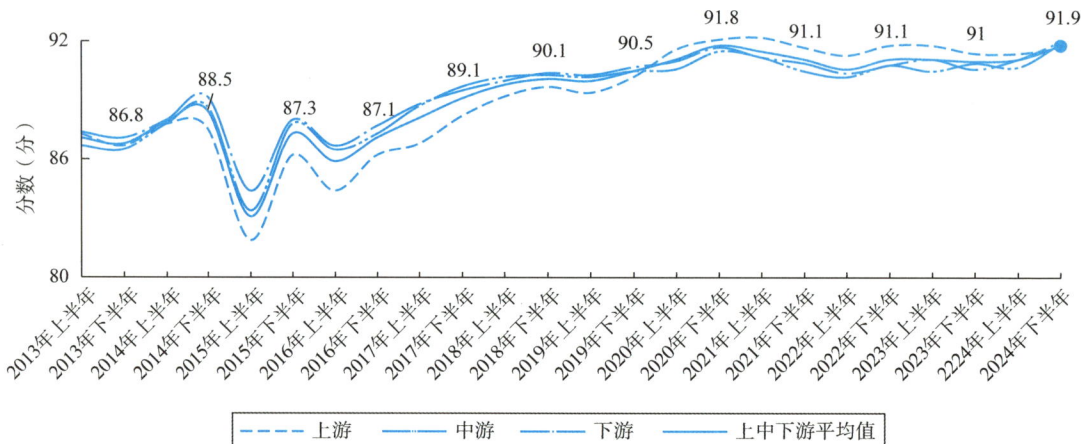

图3-3-9　长江船东满意度走势图

上游区域2024年上半年、下半年满意度分别为91.8分、91.7分，中游区域2024年上半年、下半年满意度分别为90.5分、91.9分，下游区域2024年上半年、下半年满意度分别为91.1分、92.0分（表3-3-2）。

2024年长江船东区域满意度表（单位：分）　　表3-3-2

区域	2024年上半年	2024年下半年
长江上游区域	91.8	91.7
长江中游区域	90.5	91.9
长江下游区域	91.1	92.0

一级指标"运输市场管理"2024年上半年、下半年分别为89.6分、91.0分，"海事和通信管理"2024年上半年、下半年分别为91.3分、91.8分，"航道维护管理"2024年上半年、下半年分别为91.3分、91.8分，"三峡通航管理"2024年上半年、下半年分别为92.8分、93.4分（表3-3-3）。

2024年一级指标满意度表（单位：分）　　表3-3-3

一级指标	2024年上半年	2024年下半年
运输市场管理	89.6	91.0
海事和通信管理	91.3	91.8
航道维护管理	91.3	91.8
三峡通航管理	92.8	93.4

（长江航运发展研究中心）

专题4

长江港航企业2024年度生产经营状况分析

为了掌握长江港航企业生产经营状况，加强市场监测分析和形势研判，长航局组织对170家港航企业（包含144家航运企业和26家港口企业）2024年度生产经营情况开展调查，进行了汇总分析。

一、航运企业情况

调查重点航运企业共144家，其中84家盈利，总体盈利面为58.3%，同比下降1.4个百分点。不同类型航运企业经营状况差异较大。

（一）干散货运输企业

干散货运输企业样本有77家，其中33家盈利，盈利面为42.9%，同比下降3.9个百分点。样本企业主营业务收入为62.5亿元，同比减少2.8%。样本企业整体处于亏损状态，平均收入利润率为−1.6%，同比下降0.6个百分点。主要生产经营特点如下：

（1）船舶数量减少、运力增加。样本企业共拥有船舶3294艘，同比减少0.5%；船舶载重吨为1308.0万吨，同比增长3.0%。

（2）货运量增长、货物周转量下降。样本企业共完成货运量2.8亿吨，同比增长7.1%；完成货物周转量966.7亿吨公里，同比减少2.1%。

（3）船舶运输效率下降。船舶平均运距为340.6公里，同比减少8.6%。单位运力完成货物周转量7391吨公里，同比下降5.0%。

（4）船舶运价下跌。企业反馈干散货平均运价为0.028元/吨公里，同比下降10.2%。其中，煤炭运价为0.027元/吨公里，同比下降13.7%；金属矿石0.028元/吨公里，同比下降7.0%；矿建材料0.028元/吨公里，同比下降10.3%。

（5）企业经营效益不佳。样本企业中，64.9%的企业主营业务收入减少。在33家盈利企业中，57.6%的企业利润减少，63.6%的企业利润额在100万元以内。

（二）液货危险品运输企业

液货危险品运输企业样本有22家，其中18家企业盈利，盈利面为81.8%，同比上升

9.1个百分点。样本企业主营业务收入16.9亿元，同比持平；平均收入利润率为5.4%，同比上升0.6个百分点。主要生产经营特点如下：

（1）船舶数量、运力均小幅减少。样本企业拥有各类液货危险品船365艘，同比减少2.4%；船舶净载重吨共计104.9万吨，同比减少1.6%。

（2）货运量增长、货物周转量下降。样本企业完成货运量1355.3万吨，同比增长4.6%；完成货物周转量115.7亿吨公里，同比减少9.1%。

（3）船舶运输效率下降。船舶平均运距853.9公里，同比减少13.1%。单位运力完成货物周转量11034.4吨公里，同比下降7.6%。

（4）船舶运价下跌。企业反馈危险品平均运价为0.108元/吨公里，同比下降3.7%。其中，散装化学品平均运价为0.108元/吨公里，同比下跌3.4%；原油及成品油平均运价为0.109元/吨公里，同比下跌3.9%。

（5）企业经营效益相对稳定。受益于货运需求增长、较好的成本控制，企业整体利润小幅增加，盈利面相对较高，同时呈现一定程度分化，68.2%的企业主营业务收入同比增长，但盈利企业中61.1%的企业利润减少。

（三）集装箱运输企业

集装箱运输企业样本有22家，其中13家盈利，盈利面为59.1%，同比上升4.5个百分点。样本企业共实现主营业务收入20.0亿元，同比增长1.1%；平均收入利润率为0.7%，同比有所回升。主要生产经营特点如下：

（1）船舶数量增加、运力减少。样本企业共拥有集装箱船233艘，同比增长5.4%；拥有船舶标准箱位8.6万个，同比减少10.7%。

（2）集装箱运量、周转量增长。企业共完成集装箱运输量306.6万TEU，同比增长3.1%；完成集装箱周转量32.4亿TEU公里，同比增长1.3%。

（3）船舶运输效率总体上升。船舶平均运距为1055.5公里，同比减少1.8%。单位运力完成货物周转量37718.0TEU公里，同比增长13.4%。

（4）运输价格下跌。企业反馈集装箱平均运价为0.637元/TEU公里，同比下降4.8%。

（5）企业经营效益总体稳定。50%的企业主营业务收入同比增长，盈利企业中，69.2%的企业利润增加；亏损企业中，88.9%的企业亏损额收窄。

（四）省际旅游客运企业

长江干线省际旅游客运企业样本有12家，盈利面为91.7%，同比持平。样本企业共实现主营业务收入22.1亿元，同比增长8.8%；平均收入利润率为21.6%，同比下降8.7个百分点。主要生产经营特点如下：

（1）船舶数量略减、客位数略增。样本企业共拥有省际旅游客船48艘，同比减少1

艘；船舶总运力为1.98万客位，同比增长3.9%。

（2）客运量同比减少。样本企业共完成省际旅游客运量123.5万人次，同比减少10.2%。

（3）船舶运输效率有所下降。船舶综合载客率为74.4%，同比下降7.6个百分点。其中，豪华游轮载客率为83.0%，同比下降2.5个百分点；经济型游轮载客率为57.6%，同比下降16.3个百分点。

（4）船票价格总体上涨。高客单价和"一价全含"游轮数量增多，推动整体运价上行，企业反馈豪华游轮平均运价为2597元/人，同比增长7.4%；经济型游轮运价有所下滑。

（5）企业经营效益总体稳定。75%的企业主营业务收入增加，企业盈利面高位运行，受上年同期基数较高、本年度短线客运量萎缩等因素影响，总体客运量有所减少，企业利润有所下降，但仍高于疫情前正常年份，企业总体效益平稳。

（五）川江客滚船运输企业

川江客滚船运输企业样本有11家，盈利面为81.8%，同比下降9.1个百分点。样本企业共实现主营业务收入4.0亿元，同比减少19.9%；平均收入利润率为9.0%，同比下降2.2个百分点。主要生产经营特点为：

（1）船舶运力基本平稳。样本企业实际投入运营Ⅰ型客滚船1艘、Ⅱ型客滚船41艘，4艘Ⅱ型客滚船停航，与上年同期相比，Ⅱ型客滚船停航船舶减少1艘。

（2）汽车运量明显减少。样本企业共完成载货汽车运输量20.8万辆，同比减少19.9%。其中，上水航线9.37万辆，同比减少22.5%；下水航线11.43万辆，同比减少17.6%。

（3）船票价格总体平稳。Ⅱ型客滚船除6月宜昌—万州上水航线下降100元/车外，其他航线运价总体保持稳定。

（4）企业经营效益有所下滑。受重庆地区货运需求阶段性减少、降低运输成本的"气罐车"数量增多等因素冲击，加之上年同期基数较高，样本企业完成的载货汽车运输量大幅减少，企业利润有所下降，但仍高于疫情前正常年份，总体运行基本平稳。

二、港口企业情况

长江干线港口企业样本共有26家，盈利面为80.8%，同比下降3.8个百分点。港口企业总体主营业务收入183.6亿元，同比增长1.2%；平均收入利润率为14.3%，同比下降2.6个百分点。主要生产经营特点如下：

（1）**货物吞吐量小幅增长**。样本企业共完成港口货物吞吐量9.4亿吨，同比增长

1.1%。其中，完成外贸货物吞吐量2.2亿吨，同比增长8.3%。

（2）**集装箱吞吐量明显增长**。样本企业共完成集装箱货物吞吐量1823.8万TEU，同比增长8.6%。

（3）**装卸价格总体小幅降低**。干散货平均装卸价为11.48元/吨，同比下跌4.3%。其中，煤炭装卸价为14.53元/吨，同比下跌3.7%；金属矿石装卸价为12.45元/吨，同比下跌4.7%；矿建材料装卸价为7.38元/吨，同比下跌4.7%。液货危险品装卸价为17.8元/吨，基本持平。集装箱装卸价为250.53元/TEU，同比下跌4.4%。

（4）**经营效益总体小幅下滑**。57.7%的企业主营业务收入同比增加，主营业务收入、业务成本同比分别增长1.2%、6.2%，由于成本增加相对较多，企业总体利润有所减少。调查的上、中、下游港口企业盈利面分别为66.7%、80.0%、92.3%，中下游港口企业经营效益相对较好。

（长航局运输服务处、长江航运发展研究中心）

长江干线省际运输市场监测分析

2024年，长江干线省际客运、液货危险品运输、滚装运输市场呈现新发展态势。长江游轮旅游市场从快速复苏、爆发式增长转向繁荣发展新周期，新模式新业态竞相涌现，新产品新航线蓬勃发展。滚装运输市场受到柴油价格高位运行及新能源产业的巨大挑战，叠加宏观经济环境不景气的因素，导致滚装运输量呈现下降态势。

一、船舶运力情况

(一)长江干线省际客运船舶运力

2024年，长江干线省际游轮共有企业13家，游轮51艘，总客位数2.02万个。其中，重庆企业6家，游轮34艘；湖北企业7家，游轮17艘。

(二)长江干线省际液货危险品运输船舶运力

2024年，长江水系共有省际液货危险品运输企业142家。与去年同期相比，企业减少4家。从行政区域分布看，重庆市16家，湖北省22家，湖南省6家，江西省15家，安徽省22家，江苏省54家，浙江省1家，上海市6家。从经营区域分布看，从事长江上中下游干线及支流省际运输的有61家，从事长江中下游干线及支流省际运输的有81家。从船舶情况看，长江水系省际液货危险品运输船舶有2185艘，388.2万载重吨，同比分别减少5.0%、3.0%，平均载重吨为1777吨/艘，同比增长2.1%。长江干线省际液货危险品运输船舶运力情况见表3-5-1。

长江干线省际液货危险品运输船舶运力情况　　　　　　　表3-5-1

船舶类型	数量（艘）	载重吨（万吨）	平均船龄（年）	船龄16~26年		船龄26年以上	
				数量	占比（%）	数量	占比（%）
油船	957	152.1	12.9	199	20.8	51	5.3
散装化学品船	825	82.8	16.3	593	71.9	1	0.1
油船/化学品船	395	152.0	9.6	44	11.1	0	0
液化气船	8	1.3	13.4	4	50.0	0	0
合计	2185	388.2	1776.66	840	38.4	52	2.4

（三）长江干线省际载货汽车滚装船运力

2024年，长江干线省际载货汽车滚装船共有43艘、2575车位，均为59车位或60车位的标准船型，较2023年减少120车位。实际投入运营船舶为41艘，其中宜渝航线22艘、宜忠航线10艘、宜万航线9艘。企业运力情况见表3-5-2。

长江干线省际载货汽车滚装船运输企业运力情况   表3-5-2

地区	序号	企业名称	船舶（艘）	车位（个）
重庆	1	重庆市万州区渝通滚装运输有限公司	5	300
	2	重庆鸿富船务有限公司	6	359
	3	云阳县永盛实业有限责任公司	5	300
	4	重庆市河牛滚装船运输有限公司	4	240
	5	重庆重轮航运有限公司	4	236
	6	重庆顺华滚装船运输有限公司	2	120
	7	重庆市凯乔船务有限公司	2	120
	8	重庆创润滚装船运输有限公司	3	180
湖北	9	宜昌和济运输股份有限公司	7	420
	10	湖北强舟滚装船运输有限公司	3	180
合计			41	2455

二、运量完成情况

（一）长江干线省际旅游客运量

2024年，长江干线省际游轮共计发船5396艘次，为2023年的99.7%，为2019年的94.4%，共计完成客运量123.59万人次，为2023年的89.8%，为2019年的113.3%。游轮平均载客率（床位）为74.4%，较2023年下降7.6个百分点，较2019年上升5.3个百分点。其中，重庆籍游轮完成客运量80.06万人次，湖北籍游轮完成客运量57.56万人次。

分船型运行情况看，2024年，豪华型游轮共计发船3018艘次，为2023同期的95.5%；完成客运量89.55万人次，为2023年同期的90.6%；经济型游船发船2378艘次，为2023年同期的105.5%；完成客运量34.04万人次，为2023年同期的87.7%。

（二）长江干线省际液货危险品运量

2024年，长江干线省际内河船舶完成货运量4827.48万吨、货物周转量364.1亿吨公里，平均运距为471.8公里。从货运量完成情况看，原油运量为469.59万吨，占比9.73%；柴油/汽油运量为1900.93万吨，占比39.38%；石脑油运量为125.36万吨，占比2.6%；沥青运量为155.26万吨，占比2.6%；一般油类运量为428.26万吨，占比8.87%；硫酸运量为318.6万吨，占比6.6%；植物油运量为176.12万吨，占比3.65%；液碱运量为112.44万吨，占比2.33%；一般化工品运量为1110.61万吨，占比23.01%；液化气运量为30.32万吨，占比0.63%。

（三）长江干线省际载货汽车滚装运量

2024年，长江干线省际载货汽车滚装运输量为20.74万台，其中上行9.35万台，下行11.39万台。整体车流量较2023年同期下降20.1%，其中宜渝航线整体下降17.4%，宜忠航线整体下降19.9%，宜万航线下降24.9%。宜渝航线下降幅度最大，但从分航线车辆数量占比来看，宜渝航线仍然继续占据主航线的地位。

三、2025年市场发展趋势分析

（一）长江干线省际旅游客运市场趋势

预计长江旅游客运行业发展形势总体向好，机遇大于挑战。长江游轮旅游已进入高质量发展新阶段，游轮总体呈大型化发展趋势，运力更新换代迎来小高峰，绿色化、智能化游轮将成为行业发展新的风向标。游轮与景区联动更加深入，码头靠泊能力及配套完善等软硬件提升，游客体验感将进一步增强，长江省际游轮的服务质量和市场影响力将大大提升。预计2025年长江旅游客运市场将维持在较高水平，有望突破2024年的游客接待总量，接近2023年的总量，其中境外游客量接近2019年。

（二）液货危险品运输市场趋势

预计市场需求结构将发生变革，下游产业和终端消费市场份额将大幅提升，联网运营比例将显著增加，专业化细分和精细化制造将成为新的发展趋势。全球液货危险品运输市场规模将显著扩大。原油方面，由于沿江部分区段运输管道大修，水路将承接转移200万~300万吨的增量。液化天然气方面，受全球能源转型和环保政策推动，运输需求将持续增长。

（三）载货汽车滚装运输市场趋势

根据目前国际、国内柴油价格长期在高位徘徊以及新能源产业势如破竹的发展形势，结合国内宏观经济形势低迷的局面进行研判，预估川江滚装全年运输总量在2024年的基础上将略有下降，整体降幅预估在10%~20%之间。

（长航局运输服务处、长江航运发展研究中心、中国船东协会长江船东分会）

专题6

2024年长江干线江海运输市场监测分析

随着长江干线江海运输市场不断壮大，掌握江海运输总体格局和发展态势有利于江海运输持续健康发展。基于2024年"海事船舶进出港报告系统"和"国际贸易单一窗口"两个系统数据，以进出长江干线港口的海船、特定航线江海直达船舶及其运输的货物为主体对象，对长江干线江海运输情况进行监测分析。

一、江海运输船舶情况

根据"海事船舶进出港报告系统"和"国际贸易单一窗口"统计，2024年全年进出长江干线的海船共13900艘，同比减少1.5%。其中，通过进出港报告系统申报的国内航线海船5628艘，同比增加0.8%；通过单一窗口系统申报的国际航线海船8272艘，同比减少3.0%。

(一)船舶结构

国内航线海船按船舶种类划分，干散货船3829艘，较上年增加79艘；集装箱船465艘，较上年增加36艘；液货船993艘，较上年减少32艘（其中油船658艘，较上年减少25艘；化学品船273艘，较上年减少5艘；液化气船62艘，较上年减少2艘）；其他普货船341艘，较上年减少36艘。

国际航线海船按船舶种类划分，干散货船4162艘，较上年增加17艘；集装箱船1424艘，较上年减少123艘；液货船1273艘，较上年减少61艘（其中油船151艘，较上年增加23艘；化学品船932艘，较上年减少72艘；液化气船187艘，较上年减少13艘；沥青船3艘，较上年增加1艘）；其他普货船1413艘，较上年减少90艘。

2024年进出长江干线的最大参考载重吨为26万吨（2023年为25万吨），停靠的港口为太仓港；最大总吨为14万吨（2023年为13万吨），停靠的港口为上海港。

(二)船舶艘次与负载

2024年进出长江干线的海船共99824艘次，同比增长3.5%，其中国内航线海船71905艘次，同比增长11.5%；国际航线海船27919艘次，同比减少12.5%。

从海船靠泊情况看，干线港口靠泊海船艘次沿长江从下游往上游方向递减。上海港（宝山、外高桥、崇明）最多，达到3.5万艘次，张家港港、太仓港、南通港、江阴港、泰州港、南京港超过5000艘次，芜湖港、镇江港、常熟港、扬州港超过2000艘次，马鞍山港、常州港、铜陵港超过1000艘次，其余港口不足1000艘次。从海船负载情况看，2024年进出长江干线的国内航线海船平均7926吨/艘次，上行平均装载率为83.7%，下行平均装载率为17.9%；国际航线海船平均8886吨/艘次，上行平均装载率为39.7%，下行平均装载率为15.8%。

二、江海运输进出长江干线货物情况

2024年全年长江干线江海运输货物量为15.7亿吨（其中进港量为12.3亿吨，出港量为3.4亿吨），同比增长2.9%，其中国际航线运输货物量5.8亿吨，同比增长4.4%；国内航线运输货物量9.9亿吨，同比增长2.0%。

(一)江海运输货物种类

国内航线运输货物中，"海事船舶进出港报告系统"中的江海运输数据按货物种类排序，依次是煤炭及制品、金属矿石、集装箱、矿建材料、钢铁、石油、天然气及制品、水泥、粮食、化工原料及制品、非金属矿石、轻工、医药产品、木材。

"国际贸易单一窗口"中的全部数据按货物种类排序，依次是集装箱、金属矿石、煤炭及制品、化工原料及制品、粮食、钢铁、木材、化学肥料及农药、非金属矿石。

(二)江海运输航线与货物流量流向

从国内航线看，2024年长江干线港口与中国沿海各港口运输货物运输量的排序依次是环渤海、舟山港、南方其他港口、珠三角、洋山港、北方其他港口、长三角其他港口。根据分货类分析，江海运输国内航线货运量主要在上海、江苏、安徽三省市。2024年上海江海运输进出港主要货种为矿建材料，进出港量分别为2431.0万吨、1827.2万吨；江苏江海运输进出港主要货种为煤炭及制品，进出港量分别为3.1亿吨、577.8万吨；安徽江海运输进港主要货种为金属矿石，进港量为1709.2万吨，出港主要货种为非金属矿石，出港量为180.5万吨。

从国际航线看，2024年长江干线港口与世界各大洲及地区之间国际航线货物运输量的排序依次是亚洲、大洋洲、美洲、欧洲、非洲。根据分货类分析，江海运输国际航线货运量主要在上海、江苏两省市的港口。2024年上海江海运输进出港主要货种为金属矿石，进港量为1237.1万吨，出港量为20.8万吨；江苏江海运输进出港主要货种为金属矿石，进港量为1.5亿吨，出港量为403.0万吨。

三、江海集装箱运输情况

（一）江海集装箱运输

2024年全年长江干线江海运输的集装箱总箱数为2570万TEU（不含干线港口—上海洋山），同比减少5.3%，其中国内航线集装箱运量为831万TEU，同比减少6.7%，国际航线集装箱运量为1740万TEU，同比减少4.6%。从重箱空箱看，重箱为1933万TEU，空箱为637万TEU；从进港和出港看，进港量为1237万TEU，出港量为1333万TEU。国内航线、国际航线集装箱运输量情况分别见表3-6-1、表3-6-2。

国内航线集装箱运输量统计表（单位：TEU） 表3-6-1

港口	进港		出港		合计
	重箱	空箱	重箱	空箱	
上海港	2094557	257959	2024087	592836	4969439
南通港	444916	16140	319357	128487	908900
太仓港	612487	169229	488993	297152	1567861
张家港港	83742	8295	71447	55225	218709
常熟港	945	0	0	0	945
泰州港	6701	80	6789	519	14089
江阴港	82761	8175	38302	24315	153553
常州港	18059	14586	67101	7344	107090
扬州港	138053	79915	114055	24459	356482
镇江港	516	0	241	0	757
南京港	2030	341	3371	416	6158
芜湖港	710	80	768	294	1852
马鞍山港	240	0	1104	104	1448
总计	3485717	554800	3135615	1131151	8307283

国际航线集装箱运输量统计表（单位：TEU） 表3-6-2

港口	进港		出港		合计
	重箱	空箱	重箱	空箱	
上海港	3511428	4124218	8108938	130426	15875010
南通港	2789	8110	7634	748	19281
太仓港	230368	236141	589357	47717	1103583
张家港港	33944	18142	74411	3403	129900
常熟港	24	1131	24	1263	2442
泰州港	388	5969	10573	400	17330

港口	进港		出港		合计
	重箱	空箱	重箱	空箱	
常州港	69	3152	4076	0	7297
扬州港	0	0	145	0	145
镇江港	52	126	805	0	983
南京港	43521	94809	71036	4	209370
九江港	174	0	365	0	539
武汉港	2228	15398	11168	528	29322
岳阳港	992	0	248	0	1240
总计	3825977	4507196	8878780	184489	17396442

(二)干线港口—上海洋山港集装箱运输

2024年长江干线港口—上海洋山港集装箱运输总箱数为417万TEU，同比减少4.9%。从重箱空箱看，重箱为327万TEU，空箱为90万TEU；从进港和出港看，进港量为181万TEU，出港量为236万TEU。长江干线各个港口—上海洋山港集装箱运输量情况见表3-6-3。

干线港口—上海洋山港集装箱运输量统计表（单位：TEU）　　　　表3-6-3

港口	进港		出港		合计		
	重箱	空箱	重箱	空箱	重箱	空箱	总计
上海港	351719	59061	596261	8341	947980	67402	1015382
南通港	106032	62133	99179	2858	205211	64991	270202
太仓港	218786	329832	620229	23756	839015	353588	1192603
张家港港	46836	22702	64720	260	111556	22962	134518
常熟港	54613	17533	5280	86	59893	17619	77512
泰州港	9215	27064	77278	200	86493	27264	113757
江阴港	3415	11610	4947	105	8362	11715	20077
常州港	5953	18602	53825	169	59778	18771	78549
扬州港	11678	45002	151190	1314	162868	46316	209184
镇江港	23467	37608	65942	59	89409	37667	127076
南京港	84636	155255	230463	1335	315099	156590	471689
马鞍山港	1940	2080	4014	0	5954	2080	8034
芜湖港	17405	56451	176368	29	193773	56480	250253
九江港	12481	9956	7611	32	20092	9988	30080
武汉港	4290	4086	142990	372	147280	4458	151738
岳阳港	516	0	16184	71	16700	71	16771
总计	952982	858975	2316481	38987	3269463	897962	4167425

四、特定航线江海直达船舶营运情况

2024年全年投入运行的特定航线江海直达船舶共有27艘，较去年增加10艘，均为干散货船。其中，集装箱船8艘，营运446航次，装载货物240.8万吨，同比减少15.9%，平均装载量为4812.1吨/艘次（其中上行4919.8吨/艘次，下行4704.4吨/艘次），平均装载率为40.9%（其中上行41.8%，下行40%）；干散货船19艘，营运1006航次，装载货物1304.3万吨，同比增长188.8%，平均装载量为12008.4吨/艘次（其中上行11858.4吨/艘次，下行12158.4吨/艘次），平均装载率为84.6%（其中上行83.5%，下行85.7%）。

五、长江干线下游港口江海中转（水水中转）情况

（一）金属矿石

金属矿石江海中转主要集中在长江干线下游港口。2024年，长江干线下游12个主要港口接卸海进江金属矿石4.5亿吨，同比增长25.9%，其中，江海中转约2.5亿吨，同比增长12.5%，占金属矿石接卸量54.7%。综合江海中转量及占比看，南京港、镇江港和泰州港是海进江金属矿石前三大中转港，其后是江阴港和太仓港。长江干线下游12个港口海进江金属矿石水水中转情况见表3-6-4。

金属矿石在长江干线下游港口江海中转运输情况　　　　　　　表3-6-4

港口	进港量（万吨）	出港量（万吨）	中转量/海进江量（%）
上海港	3051.1	324.4	10.6
南通港	3194.0	1150.1	36.0
太仓港	3737.4	2685.7	71.9
张家港港	6048.9	1384.4	22.9
常熟港	7.3	21.6	33.8
泰州港	4625.8	3128.4	67.6
江阴港	6944.8	4426.5	63.7
常州港	1420.9	995.7	70.1
扬州港	1490.9	784.7	52.6
镇江港	3534.1	3018.6	85.4
南京港	7494.4	5689.3	75.9
马鞍山港	3326.6	937.4	28.2
总计	44876.2	24546.8	—

（二）粮食

长江干线粮食水水中转主要集中在下游 6 个港口，2024 年通过水运进港量（包含海船进港和江船进港两种情形）为 5746.8 万吨，同比增长 21.3%。通过水运中转 4061.0 万吨，同比增长 13.7%。综合水水中转量及其占比看，南京港是粮食第一大中转港，水水中转比重超过 80%，南通港和泰州港在粮食水水中转方面也占据重要地位。长江干线下游 6 个港口粮食水水中转情况见表 3-6-5。

粮食在长江干线下游港口水水中转运输情况　　　　　　　　　　表 3-6-5

港口	进港量（万吨）	出港量（万吨）	中转量/海进江量（%）
南通港	1751.3	1224.0	69.9
张家港港	849.6	495.5	58.3
泰州港	1303.7	823.7	63.2
江阴港	345.5	235.2	68.1
镇江港	729.3	360.0	49.4
南京港	767.4	922.6	83.2
总计	5746.8	4061.0	—

（长航局运输服务处、长江航运发展研究中心、长江水上交通监测与应急处置中心）

専題7

三峡枢纽通航情况综述

2024年，三峡河段水上安全形势持续稳定向好，实现了"零死亡、零沉船、零污染事故"目标，全年安全无事故，"四项指标"全面下降，船闸（升船机）运行安全平稳，枢纽通航组织高效，管控措施成效明显，通航信息保障有力，锚地待闸管理有序，三峡—葛洲坝枢纽通航安全、高效、有序。

一、三峡枢纽总体情况

2024年，三峡枢纽累计运行14903个有载闸（厢）次，同比下降5.0%；通过船舶4.27万艘次、旅客59.26万人次、货物1.57亿吨，同比分别下降9.9%、上升25.9%、下降8.8%；计入客轮折合吨后枢纽通过量1.59亿吨，同比下降8.5%（图3-7-1）。

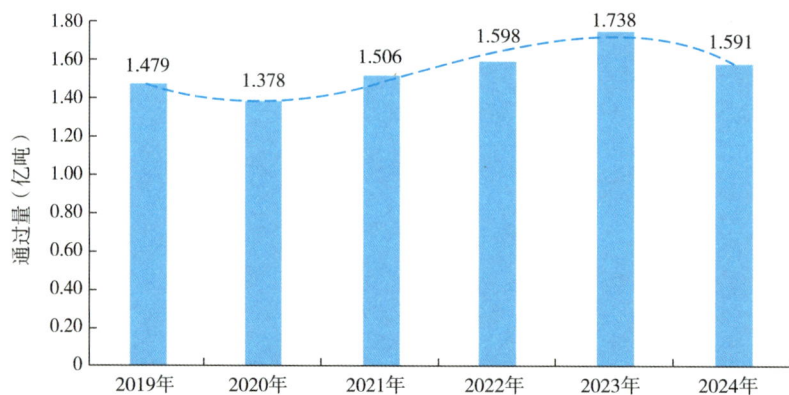

图 3-7-1　2019—2024年三峡枢纽通过量

二、三峡船闸过闸统计分析

2024年，三峡船闸日均运行30.84闸次（其中南线15.49、北线15.35）；单闸次过坝船舶艘次为3.731艘/闸（上行3.689、下行3.771）；折算客轮约占24.93闸次（上行12.20、下行12.73）；货船平均额定吨位为5954.68吨（上行5999.65、下行5911.73），单闸次通过货船平均额定吨位22214.25吨/闸（上行22135.28、下行22291.33）；货船平均实载吨位为

4055.75 吨（上行 4079.19、下行 4033.36），单闸次通过货船平均实载吨位为 15130.20 吨/闸（上行 15049.90、下行 15208.58）；船舶平均装载系数为 0.681（上行 0.680、下行 0.682）。

全年三峡船闸运行 10169 个有载闸次，同比下降 8.1%；通过各类船舶 37936 艘次、旅客 26162 人次、货运量 1.53 亿吨、通过量 1.54 亿吨，与 2023 年相比分别下降 11.2%、上升 39.4%、下降 9.0%、下降 8.9%。

（一）过闸船舶吨位分析

2024 年，三峡船闸过闸船舶 2500 吨以上船舶占比达到 95.4%，5000 吨及以上船舶占比达 68.2%。三峡船闸过闸船舶额定载重吨位占比见表 3-7-1。

三峡船闸过闸船舶额定载重吨位艘次比例统计表　　表 3-7-1

吨位级别	500吨及以下	501~1000吨	1001~1500吨	1501~2500吨	2501~4000吨	4001~5000吨	5001~6000吨	6001~8500吨	8501~12000吨	12000吨以上	艘次合计
2024年（艘次）	208	5	232	1320	6243	4076	8268	12397	5187	0	37936
所占比例（%）	0.55	0.01	0.61	3.48	16.46	10.74	21.79	32.68	13.68	0.00	100.00

（二）过闸货运量情况分析

2024 年船闸运行保持高效，因三峡北线船闸开展年度计划性停航检修、汛期长时间大流量，通过量同比有所降低。2011 年以前，三峡船闸年均货运量增长 16.6%，2011—2023 年平均增速降至 4.5%，2024 年过闸货运量 1.54 亿吨，同比下降 8.9%，船闸通过能力已接近极限，难以实现持续增长。三峡船闸分月运量如图 3-7-2 所示。

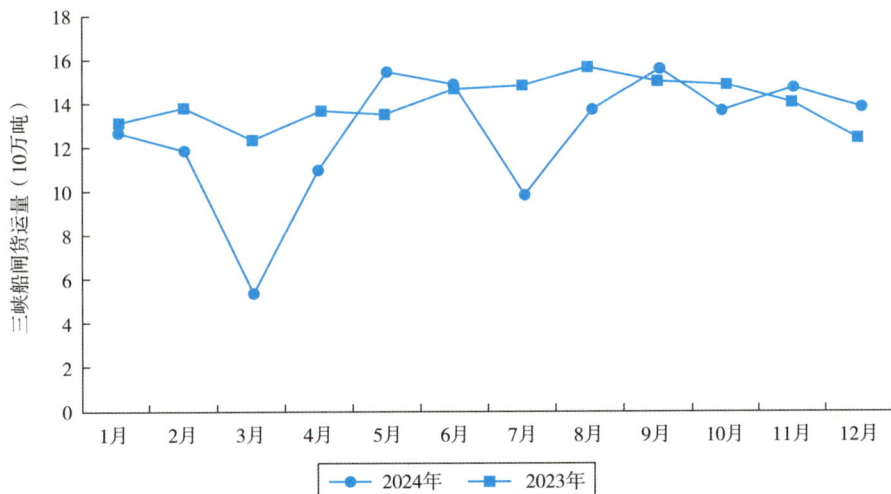

图 3-7-2　三峡船闸分月货运量

过闸货种结构。2024年，三峡船闸主要过闸货物为矿石、矿建材料、集装箱、煤炭、粮棉、水泥、钢材、石油、化肥、木材等，占比分别为30.6%、29.3%、8.3%、6.8%、6.6%、3.4%、3.1%、3.1%、1.2%、0.2%，三峡船闸过闸主要货物见表3-7-2。

三峡船闸过闸主要货物 表3-7-2

货种	货物量			
	上行(吨)	下行(吨)	合计(吨)	比例(%)
矿石	32283051	14720858	47003909	30.6
矿建材料	5382684	39533569	44916253	29.3
集装箱	6560807	6167494	12728301	8.3
煤炭	8038904	2460381	10499285	6.8
粮棉	10046881	61738	10108619	6.6
水泥	94938	5162023	5256961	3.4
钢材	2268288	2543090	4811378	3.1
石油	3948896	745589	4694485	3.1
化肥	57772	1734700	1792472	1.2
木材	338267	11793	350060	0.2
其他	6391574	4928535	11320109	7.4
合计	75412062	78069770	153481832	100.0

三、三峡升船机运行情况分析

升船机运行情况。三峡升船机自2016年9月试通航以来，设施设备运行总体平稳，通航管理各环节协调有力，分流部分三峡过坝船舶，较好发挥了快速通道功能，一定程度上提高了三峡枢纽综合通过能力。2024年，三峡升船机实际通航时数为7726.49小时，通航率为88.0%，共运行4734个有载闸次，通过船舶4775艘次，通过旅客56.6万人次，通过货物378.99万吨，见表3-7-3。

三峡升船机运行数据统计 表3-7-3

年份	厢次	通过船舶(艘次)	旅客人数(万人次)	货运量(万吨)
2024年	4734	4775	56.6	378.99

通过船舶类型。2024年，通过三峡升船机的船舶类型以普通货船、客船为主，普通货船占比达20.5%，表明升船机除满足符合升船机通行条件的客船、商品车滚装船、集装箱船、公务船等优先过坝需求外，同时也兼顾了部分符合升船机通行条件的普通货船的过坝需求，成为符合技术要求的小型船、轻载（空载）船快速分流通道，见表3-7-4。

三峡升船机通过船舶分类情况表（单位：艘次）　　　　表 3-7-4

年份	客船	货船	商品车运输船	集装箱船	其他	合计
2024年	1158	2080	717	4	816	4775

四、通航建筑物运行情况

通航建筑物通航率。2024年，受到三峡北线船闸、葛洲坝一号船闸、三峡升船机计划性停航检修，以及汛期大流量停航等因素影响，通航率略有下降，其余大风、大雾等恶劣天气影响停航与往年无明显差别。船闸及升船机通航率情况见表 3-7-5。

船闸及升船机通航率统计表　　　　表 3-7-5

船闸		停航时间（小时）	通航时间（小时）	年通航率（%）	年设计通航天数（天）	通航保证率（%）
三峡	三峡南线船闸	346.76	8437.24	96.05	335	114
	三峡北线船闸	1397.15	7386.85	84.09	335	100
	升船机	1057.51	7726.49	87.96	335	105
葛洲坝	一号船闸	1502.08	7281.92	82.90	320	110
	二号船闸	174.92	8609.08	98.01	335	117
	三号船闸	194.11	8589.89	97.79	335	117

注：通航率=实际通航天数/366，通航保证率=实际通航时间/（年设计通航天数×22小时）。

通航建筑物面积利用率。三峡船闸和葛洲坝一、二号船闸平均闸室面积利用率维持在70%以上；除三峡北线船闸外，其他船闸闸室面积利用率都有所提升。2024年船闸及升船机闸室面积利用率情况见表 3-7-6。

船闸及升船机闸室面积利用率统计表　　　　表 3-7-6

船闸		面积利用率（%）
三峡	三峡南线船闸	74.88
	三峡北线船闸	73.61
	升船机	66.77
葛洲坝	一号船闸	74.98
	二号船闸	71.99
	三号船闸	68.05

五、三峡坝区船舶待闸情况分析

2024年，过坝申报船舶平均待闸时间为 220.67 小时（表 3-7-7），联动控制水域内申报过闸船舶日均1084艘。

过坝申报船舶待闸时间统计表

表3-7-7

方向	类型	待闸时间(小时)	
		平均值	最大值
葛洲坝上行	普通船舶	194.11	906.63
	危险品	183.56	874.00
	上行	193.08	906.63
三峡下行	普通船舶	256.91	950.93
	危险品	185.17	562.98
	下行	249.54	950.93
上下行	综合	220.67	950.93

（长江三峡通航管理局）

长三角地区港口经济运行情况及形势分析

2024年，尽管国际经济形势愈加复杂，地缘政治冲突带来船舶绕行，但我国国民经济运行平稳，进出口贸易再创新高。长三角地区港口群通过跨省域资源整合、绿色智慧转型、航道网升级、口岸营商环境优化，促进长三角地区港口一体化高质量发展。2024年，长三角区域港口吞吐量同比增长3.0%，实现稳步增长；集装箱吞吐量增长8.2%，外贸货物吞吐量增长6.7%。

一、国民经济持续发展，外贸规模再创历史新高

上海市、江苏省、浙江省、安徽省三省一市共完成生产总值33.17万亿元，同比增长5.6%，经济总量占全国的24.6%，比上年增加0.4个百分点，经济贡献进一步扩大，区域经济韧性与活力持续增强。其中，上海市生产总值为5.39万亿元，同比增长5.0%；江苏省生产总值为13.71万亿元，同比增长5.8%；浙江省生产总值为9.01万亿元，同比增长5.5%；安徽省生产总值为5.06万亿元，同比增长5.8%。

长三角地区进出口总额为16.01万亿元人民币，同比增长5.6%，占全国进出口总值的比重提升至36.5%，依托新质生产力培育和区域协同深化，长三角地区仍是全国高质量发展的核心引擎。其中，上海市进出口总额为4.27万亿元，同比增长1.3%；江苏省进出口总额为5.62万亿元，同比增长7.0%；浙江省进出口总额为5.26万亿元，同比增长7.4%；安徽省进出口总额为0.86万亿元，同比增长7.4%。

二、长三角地区水路货运量和货物周转量

长三角地区完成水路货运量51.02亿吨，同比增长4.1%，占全国比重为52%，其中，上海市完成水路货运量10.3亿吨，同比增长0.8%；江苏省完成水路货运量12.17亿吨，同比增长3.5%；浙江省完成水路货运量12.25亿吨，同比增长5.2%；安徽省完成水路货运量16.3亿吨，同比增长5.8%。

长三角地区完成水路货物周转量66033亿吨公里，同比增长9.4%，占全国比重为46.7%，其中，上海市完成水路货物周转量35686亿吨公里，同比增长12.0%；江苏省完

成水路货物周转量9871亿吨公里，同比增长5.0%；浙江省完成水路货物周转量12459亿吨公里，同比增长7.0%；安徽省完成水路货物周转量8017亿吨公里，同比增长7.3%。

三、长三角地区港口货物吞吐量

长三角地区规模以上港口共完成货物吞吐量68.88亿吨，同比增长3.0%，占全国规模以上港口货物吞吐量比重为39.2%。其中，上海港共完成货物吞吐量8.64亿吨，同比增长2.5%；浙江省规模以上港口完成货物吞吐量20.79亿吨，同比增长3.4%；江苏省规模以上港口完成货物吞吐量32.98亿吨，同比增长3.0%；安徽省规模以上港口完成货物吞吐量6.47亿吨，同比增长2.9%。

其中，宁波舟山港完成年货物吞吐量超13.77亿吨，同比增长4.0%，连续16年位居全球第一。鼠浪湖矿石中转码头卸船泊位延伸工程获批对外启用，迎来全球首次"双40万吨世界最大矿船"同靠接卸；金塘港区大浦口集装箱码头能力提升工程收官，梅山港区10号泊位正式对外启用，一系列重点工程项目的有力推进，为宁波舟山港生产按下了"加速键"。台州获批成为"国家物流枢纽承载城市"，跻身国家物流骨干网络，推动港口枢纽能级跃升，台州港吞吐量同比增速达15.4%。合肥至上海洋山港的"河海直达"航线开通，新能源汽车产业带动合肥港吞吐量快速增长，合肥港货物吞吐量同比增速达17%。长三角地区规模以上港口货物吞吐量及其同比增长率如图3-8-1所示。

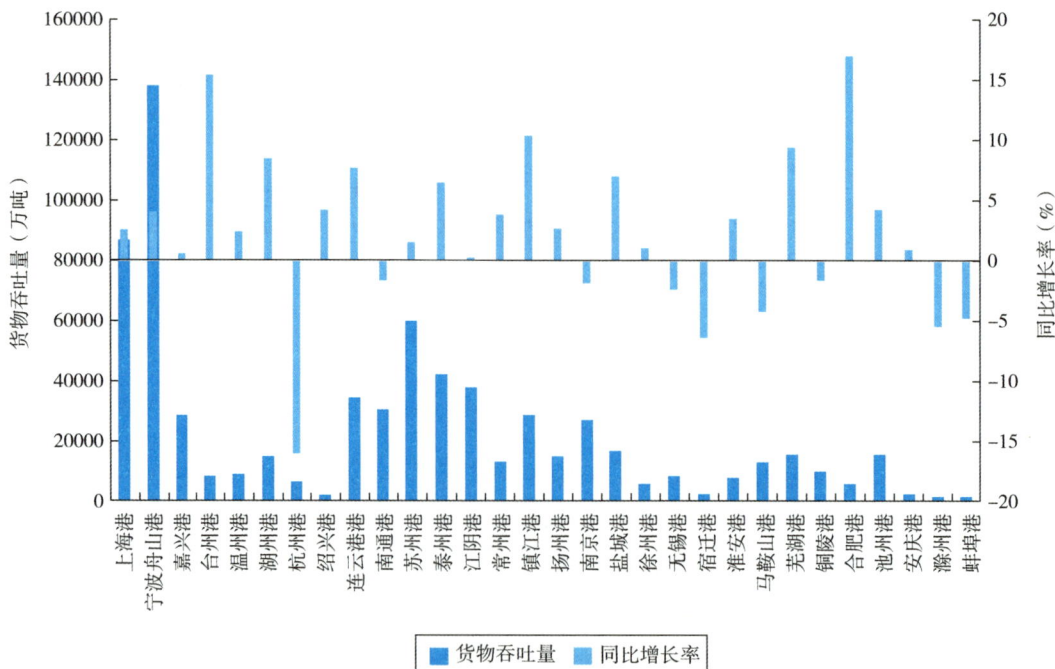

图3-8-1 2024年长三角地区港口货物吞吐量及其同比增长率

四、长三角地区港口外贸货物吞吐量

长三角地区规模以上港口外贸货物吞吐量共完成 18.18 亿吨，同比增长 6.7%，占全国港口外贸货物吞吐量比重为 33.7%。其中，上海港完成外贸货物吞吐量 4.47 亿吨，同比增长 5.0%；浙江省规模以上港口完成外贸货物吞吐量 6.75 亿吨，同比增长 5.9%；江苏省规模以上港口完成外贸货物吞吐量 6.76 亿吨，同比增长 8.6%；安徽省规模以上港口完成外贸货物吞吐量 0.2 亿吨，同比增长 12.7%。

其中，杭州港外贸货物吞吐量同比增长 376%，新质生产力为杭州港外贸吞吐量跃升提供了强大动力，2024 年杭州港的电动汽车出口 4.7 万辆，同比大幅增长 330.6%。另外，徐州港、宿迁港外贸货物吞吐量同比增长率分别为 225.8%、107.3%。长三角地区规模以上港口外贸货物吞吐量及其同比增长率如图 3-8-2 所示。

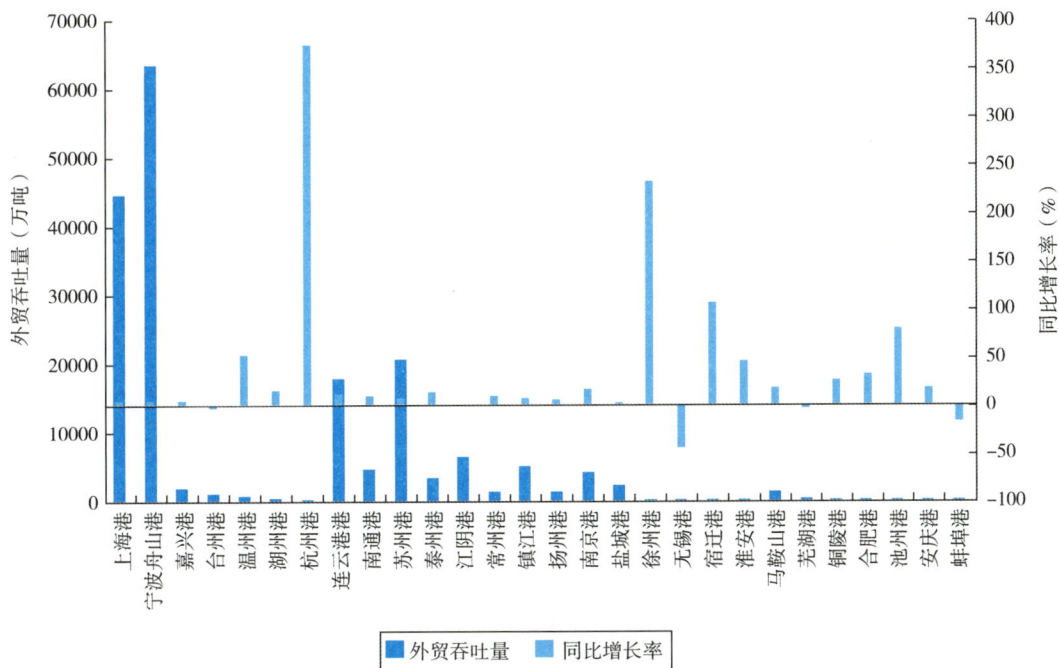

图 3-8-2 2024 年长三角地区港口外贸货物吞吐量及其同比增长率

五、长三角地区集装箱吞吐量

上海港全年完成集装箱吞吐量 5150.6 万 TEU，同比增长 4.8%，连续 15 年位居世界第一。上海港集装箱吞吐量再创新高的原因如下。一是上海国际航运中心集疏运体系进一步优化：2024 年，上港集团与长三角 16 个港口及长江沿线省市的 22 个港口深度合作，布设24个内陆集装箱码头，水水中转完成箱量3169.1万TEU，同比增长11.5%，占上海港集装箱吞吐量的比例提升至61.5%。二是上海港的智慧化建设成果显著：国际集装箱运输服务平台（集运MaaS）上线，构建了覆盖9省40市的海铁联运信息网络，实现"一门式查询"服务；上港集团与上海海关协同打造物流数据交互体系，构建"无事不扰"的精准监管体系，实现集装箱物流全数字化作业，助力集装箱码头7天×24小时不间断作业；罗泾港区一期全自动化码头投用，实现岸桥智能化运转和"零排放"。三是新业态和新业务成绩亮眼：2024年，上海完成全国首单"沿海捎带"出口流向业务，打通进出口双向通道，助力全年外资班轮"沿海捎带"运输规模突破12万TEU，同比增长87.3%；另外，国际中转、跨境电商及国际集拼等新业务，也为集装箱增量带来新的引擎。

浙江省规模以上港口集装箱吞吐量完成4733万TEU，同比增长11.3%。浙江省以宁波舟山港总体规划批复为契机，打造世界级集装箱泊位群、亿吨级大宗散货泊位群，构建顺畅高效的集疏运体系，增强港口吞吐能力。宁波舟山港实现庞大基数下的快速增长，全年集装箱吞吐量3930.1万TEU，同比增长11.3%，增幅为近7年新高，稳居集装箱吞吐量世界第三。浙江还大力发展海铁、江海河等多式联运，进一步延伸网络、拓展腹地，全年宁波舟山港海铁联运总运量达185.8万TEU，同比增长15.4%，增速与业务规模均刷新历史纪录。浙江内河港口同样成绩斐然，由于京杭运河杭州段二通道的通航，浙北、浙东及浙中西部航道完全贯通成高等级内河水运网，让浙江省内河集装箱吞吐量大幅提升，同比增长15.8%，其中，杭州港集装箱吞吐量为29.1万TEU，同比增长74.5%。

江苏省规模以上港口集装箱吞吐量完成2731.1万TEU，同比增长8.8%。江苏的"水水直联、通港达园"联运体系，为货主企业提供更加便捷降本提质增效的物流服务。江苏中欧（亚）班列全年开行2286列，同比增长7.7%，连续5年创新高，推动多式联运业务快速发展。全省首个全智能化、无人化集装箱码头通州湾吕四起步港区集装箱码头实现"开港即繁忙"，全年南通港集装箱吞吐量271.9万TEU，同比增长33.1%。

安徽省规模以上港口集装箱吞吐量完成281.9万TEU，同比增长14.7%。其中，芜湖港集装箱吞吐量完成162.9万TEU，同比增长15.6%，占全省比重达58.0%，连续9年占据全省半壁江山，服务国家战略和长三角区域经济发展的能力持续提升；另外，滁州港增速较高，同比增长88.9%，达到11.9万TEU。

长三角地区规模以上港口集装箱吞吐量及其同比增长率如图3-8-3所示。

六、2025年全国及长三角地区港口经济运行态势展望

展望2025年，海运贸易和港口行业将面临更加复杂多变的国际形势。美国特朗普政府贸易政策通过关税壁垒、贸易限制措施和针对中国制造船舶的限制，将对中美贸易及跨太平洋航线的运输需求产生严重冲击，贸易格局重塑的进程或将加快，新兴市场航线

有望迎来新机遇。面对贸易局势的巨大变化，我国港口或将在港口群建设、技术升级、"走出去"等方面取得更大突破和调整。

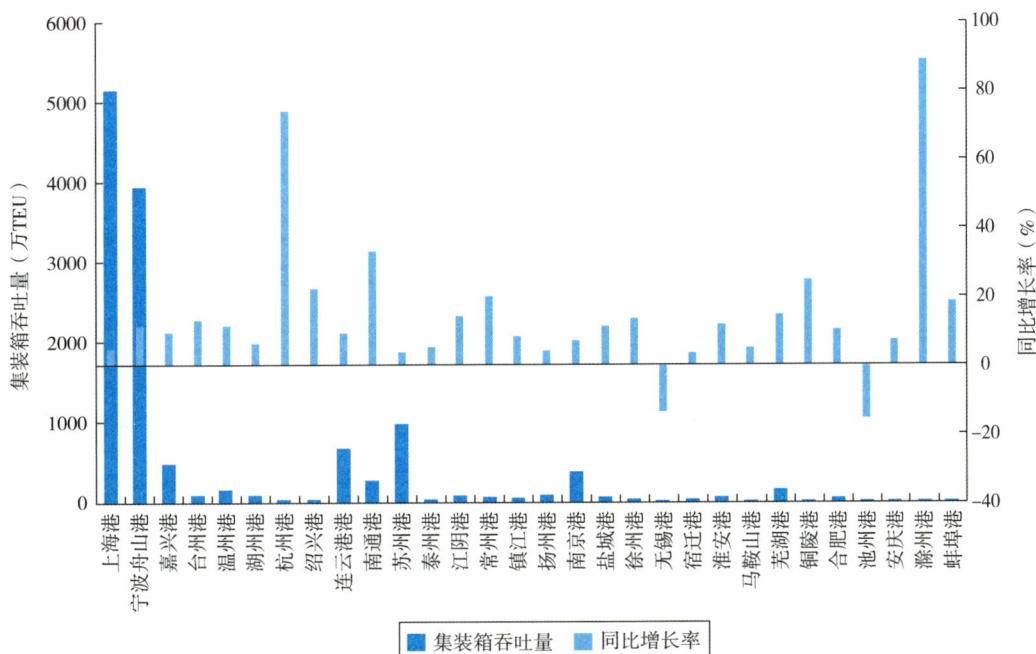

图 3-8-3 2024年长三角地区港口集装箱吞吐量及其同比增长率

当前，长三角地区成为外向型经济的高地，外贸进出口总额占全国比重的36.5%，长三角地区至美西航线占中美海运量的45%。要保持长三角地区港口经济形势稳定发展，长三角地区港口一是要主动"走出去"，加大与海外港口的联动，为船公司开辟新航线提供更好的服务，分散对美依赖风险；二是推动智慧港口与绿色港口技术升级，抵消部分政策导致的效率损失；三是继续推动港口资源整合，长三角地区港口集群效应将得到进一步发挥，实现规模效应和功能互补；四是推进以港口为枢纽的多式联运，优化运输结构，有效降低全社会物流成本。

美国特朗普政府贸易政策通过关税壁垒和船舶收费，将会对长三角地区港口造成短期阵痛（如吞吐量波动和成本增加），但也将倒逼区域港口加速智慧化转型、绿色技术创新、市场多元化和区域协同。长期看，长三角地区港口群凭借全球领先的港口基建、完整产业链和绿色智慧技术优势，有望转型成为全球供应链的核心节点与规则制定者。

（上海组合港管委会办公室）

上海国际航运中心现代航运业发展情况

2023年11月28日—12月2日，习近平总书记亲临上海考察，提出"加快建设'五个中心'，是党中央赋予上海的重要使命"●。2024年是中华人民共和国成立75周年，也是实现《上海国际航运中心建设"十四五"规划》目标的关键一年。上海在国际航运中心建设方面推出一系列具有创新性的举措，以发展高端航运服务业为突破口，加快补齐短板；以数字化、智能化、绿色化发展为主线，加快转型发展；以构建航运新生态为导向，打响高端航运服务品牌。航运服务质量进一步优化、航运枢纽功能持续增强、"三化转型"（数字化、智能化、绿色化转型）方面抢占先机、高端航运短板取得突破性进展、航运资源全球配置能力得到进一步提升。

一、共建全球领先的国际航运中心

10月22日，交通运输部与上海市政府在2024北外滩国际航运论坛上签署《共建全球领先的国际航运中心合作备忘录》。新一轮合作备忘录明确了近阶段交通运输部、上海市合作的五个方面重点：一是共建辐射全球的航运枢纽；二是提升上海航运服务业能级；三是推动航运业绿色智慧安全发展；四是提升上海国际航运中心国际影响力；五是加强部市协同组织保障。通过备忘录签署，部市双方明确合作要点，强化工作机制，共同推动上海国际航运中心提质升级。12月31日，上海市十六届人大常委会第十八次会议表决通过了修订后的《上海国际航运中心建设条例》，在提升发展能级、统筹规划编制、聚焦服务短板、推动科技创新和优化营商环境等方面作出具体规定，为建设全球领先的国际航运中心提供法治保障。

二、航运枢纽功能持续强化

上海连续五年保持全球航运中心城市排名第三位。《2024新华·波罗的海国际航运中心发展指数报告》显示，上海连续5年排名全球航运中心第三位，全球范围内航运集聚能

● 《习近平在上海考察时强调　聚焦建设"五个中心"重要使命　加快建成社会主义现代化国际大都市》，《人民日报》2023年12月4日。

力和配置能力分配格局趋于稳定。

上海港集装箱吞吐量连续 15 年位列全球第一。2024 年 8 月 7 日，上海国际航运中心罗泾集装箱港区一期正式开港，上海港规模再次扩容。一期工程包含 1 个 10 万吨级泊位和 4 个 1 万吨级泊位，设计年吞吐量为 260 万 TEU，航运枢纽功能进一步提升。同时，罗泾集装箱港区一期以数字化、智能化、绿色化为主线，以提效能、扩功能、增动能为导向，为上海港高质量发展和未来箱量增长提供新的空间。12 月 22 日，上海港集装箱吞吐量突破 5000 万 TEU 大关，全年吞吐量达 5150.6 万 TEU，成为全球首个突破 5000 万 TEU 的港口，创下全球集装箱港口发展史的最高纪录，连续 15 年排名全球第一。

三、航运服务质量进一步优化

上海航运金融服务能级再上新台阶。集运指数（欧线）期货顺利完成首次交割，集运指数（欧线）期货全年共完成五次现金交割，全年累计成交量为 2111.57 万手，累计成交额为 2.82 万亿元，成交量和市场活跃度远超境外同类产品，为更好服务实体经济奠定基础。

海事仲裁制度国际化道路上迈出重要一步。在全国率先引入仲裁地、临时仲裁等接轨国际通行规则的仲裁制度，出台《上海市涉外商事海事临时仲裁推进办法（试行）》，对临时仲裁适用范围、选定仲裁员和仲裁规则、仲裁程序推进和保障等作出规定，上海在全国率先构建起由人大地方性法规、政府部门规范性文件、人民法院司法政策文件、行业协会仲裁规则、仲裁机构服务指引等文化组成的多层次、全链条临时仲裁制度规则体系。2024 年 8 月，一宗双方境外当事人海事临时仲裁案件在北外滩开庭，上海海事临时仲裁实现零的突破。

上海航运保险业高质量发展。2024 年 10 月，央地联合出台《关于推动上海航运保险业高质量发展的指导意见》，提出加快打造具有强大保险承保能力、全球服务能力、产品研发能力和人才供给能力的航运保险中心，为航运保险业发展提供指引及更广阔的发展空间。

长三角海事创新服务推动交通物流降本增效。2024 年 3 月，交通运输部海事局在上海召开长三角海事监管与服务保障一体化工作推进会，推出包括实施"一次性船位报告"举措、实施一体化船舶安全等级标识等在内的 10 项利企便民的海事创新服务，从更大范围、更宽领域、更深层次支持长三角一体化更高质量一体化发展。同时，智慧海事监管系统和海事通 App 正式上线运行。

国际邮轮运输业持续恢复。国产首艘大型邮轮"爱达·魔都号"全年共运营 84 个航次，接待旅客数突破 30 万人次。3 月 16 日，亚洲最大邮轮——"地中海荣耀"轮开启中国大陆地区母港首航。4 月 26 日，超大国际邮轮"海洋光谱"轮回归上海母港。上海邮轮港全年共接靠邮轮242航次，接待旅客137.2万人次，占全国邮轮接待总人次的68%。

四、航运数字化、智能化、绿色化发展取得新突破

航运数智化转型升级持续推进。2024年3月，上海市印发《上海国际航运中心数字化、智能化、绿色化转型发展方案》，大力推进上海国际航运中心"三化转型"工作。9月10日，上海国际集装箱运输服务平台（集运MaaS）系统正式上线，形成以港口服务为核心的统一公共服务平台。

多方协作共促航运低碳转型。2024年1月19日，北外滩国际航运绿色发展共同体正式成立，标志着绿色航运产业生态圈的建设迈出重要的一步。3月，临港新片区成立绿色航运产业联盟，由临港新片区管委会、中国远洋海运集团、国家电力投资集团、上港集团、中国船级社、全球甲醇行业协会共同成立。9月，由上海环境能源交易所、上海勘测设计研究院有限公司（三峡上海院）、蓝晶微生物、中国质量认证中心等60家企业组成的北外滩绿色低碳服务产业联盟正式成立，绿色航运产业生态圈初具雏形。

绿色转型相关配套逐步完善。上海港国际航行船舶LNG加注业务实现常态化运营，上海港全年国际航行船舶保税LNG加注服务超过100艘次，LNG加注量位列全球前三。2024年1月，上海海事局印发《水上甲醇燃料加注作业安全管理办法》，4月10日，中国首艘、世界最大的绿色甲醇加注船"海港致远"轮在上海港洋山港区首次完成国际航行集装箱船舶绿色甲醇"船对船"同步加注作业，上海港成为国内首个具备船对船同步加注绿色甲醇能力的港口。3月20日，为推进航运业绿色转型发展，交通运输部在上海设立并正式启用统一负责中国籍船舶碳排放管理的机构——上海海事局船舶能效中心，出台了《中国籍国际航行船舶碳强度管理履约实施指南》《船舶能效管理整改行动计划工作指南》等规范指南，为提高船舶能效水平提供切实指导和服务。

绿色国际航运走廊取得新进展。2024年6月，上海港—洛杉矶港/长滩港绿色航运走廊合作伙伴在上海举行了自项目启动以来的首次面对面会议，并重申了加速减少走廊碳排放的共同愿景。10月23日，在2024年北外滩国际航运论坛的绿色低碳主题论坛上，走廊全体合作伙伴共同发布《上海港洛杉矶港/长滩港绿色航运走廊合作伙伴关系2024年度进展报告》，工作机制得到进一步完善，能源保障工作组、承运人工作组、港口工作组各工作小组分领域开展工作，逐步落实走廊实施计划纲要中设定的目标任务。上海港和汉堡港也在2024北外滩国际航运论坛上联合宣布共建绿色航运走廊。

五、航运服务品牌影响力持续提升

航运文化交流互鉴，为航运业高质量发展贡献智慧力量。2024年6月28日，以"蓄

力要素聚变，服务航运高端"为主题的2024国际航运服务暨中国船东互保事业40周年论坛在上海北外滩举行。7月8日，以"数智提升效率、绿色引领未来"为主题的滴水湖高能级航运服务业创新大会在临港中心举行。7月11日，上海航运交易所编制的《2023年中国航运发展报告》在第20个中国航海日主题活动会上发布。10月22—24日，以"数字、智能、绿色——共建全球航运新生态"为主题的第四届北外滩国际海运论坛在上海世界会客厅举办，论坛上发布了十余项航运领域重要成果。12月2—7日，"航稳智远　共赢生态"为主题的第二届"浦东航运周"活动在上海国际会议中心举行。多层次、多领域的航运交流平台形成，"上海航运"服务品牌国际化、高端化、专业化日趋明显，影响力日益扩大。

（上海航运交易所）

武汉、重庆航运中心及南京区域性物流中心建设综述

建设武汉长江中游航运中心、重庆长江上游航运中心和南京区域性航运物流中心是依托黄金水道加快推动长江经济带高质量发展的战略举措。2024年，各地区各部门深入贯彻党的二十大和二十届二中、三中全会精神，深入落实《关于加快推进现代航运服务业高质量发展的指导意见》等决策部署，聚焦基础设施扩容和航运枢纽能级提升、多式联运突破和创新、绿色智慧转型及区域协同深化，实现现代航运服务能级跃升与综合效益提升，成为长江经济带高质量发展的关键引擎。

一、完善统筹机制，强化制度保障

强化规划引领。《南京区域性航运物流中心发展专项规划（2024—2035年）》获批，明确南京区域性航运物流中心以航运物流为核心，以便捷高效的综合运输体系为基础，以集装箱、大宗商品、专业物流为重点的综合性功能区定位。国务院批复《武汉市国土空间总体规划》，明确武汉"国际性综合交通枢纽城市"定位，支持建设长江中游航运中心。作为航运中心的核心载体，《武汉港总体规划（2035年）》《南京港总体规划（2024—2035年）》相继获交通运输部湖北省／江苏省联合批复，为武汉港、南京港更好服务国家战略、高质量建设武汉长江中游航运中心和南京区域性航运物流中心建设提供了支撑。重庆市人民政府批复《重庆市航道规划（2035年）》，为重庆市打造新时代重要战略支点、内陆开放综合枢纽提供了保障。

强化制度保障。武汉市制定《武汉港高质量发展三年行动方案（2024—2026年）》，从提升港口枢纽能级、完善航运服务功能、推动临港产业发展三个方面提出十项重点任务；印发《关于加快推动交通区位优势转化为国内国际双循环枢纽链接优势的实施意见》，明确加快推进长江中游航运中心建设，强化集装箱港口群基础设施建设。南京市出台《关于加快推进南京区域性航运物流中心建设的实施意见》及配套资金支持政策，成立由市政府主要领导任组长的建设工作专班，印发年度建设计划，构建航运中心政策框架。川渝落实《共建长江上游航运中心实施方案》，携手共建多向出渝出川大通道，加快构建互联互通的区域综合交通网，合力打造高能级综合交通枢纽。

二、聚焦提档升级，提升航运能力

优化通航条件。 重庆市加快形成以长江、嘉陵江、乌江、涪江、渠江"一干四支"国家高等级航道为骨架的航道体系，加快长江干线涪陵至丰都河段航道整治工程，完成长江干线朝涪段航道整治，4.5 米深水航道由涪陵上延至果园；新开工涪江重庆段航道整治工程，嘉陵江利泽枢纽船闸正式通航，乌江白马航电枢纽、白马至彭水航道整治工程加快推进。长江干线武汉至安庆段 6 米水深航道整治工程通过竣工验收，长江中游荆江河段航道整治二期工程、汉江兴隆至蔡甸段 2000 吨级航道整治工程、汉江兴隆枢纽 2000 吨级二线船闸工程开工建设。南京以下 12.5 米深水航道后续完善工程项目前期工作加快推进，南京港 11.8 米吃水船舶常态化靠泊，刷新开埠以来纪录。

加强港口建设。 重庆市加快建设以果园、新田、龙头、珞璜等铁公水多式联运枢纽为主的现代化港口集群，万州新田二期、涪陵龙头二期、长寿化工码头二期、九龙坡黄磅一期、兰家沱作业区改建等 5 个港口项目建成投用，辐射范围扩展至陕西、甘肃及鄂西、湘西地区；寸滩港"货改客"等工程稳步推进，客运码头靠泊能力提升专项行动加快实施。武汉五大铁水联运枢纽（阳逻港、林四房港等）加速推进建设，阳逻港完成铁水联运二期建设，新港江北铁路通车。南京加快推进龙潭六期、七期及梅钢原料码头改造、新生圩改建二期等重点港口项目，码头靠泊能力提升至 5 万～10 万吨级，形成以 7 万吨级为龙头的泊位结构。

三、聚焦港口能级，强化枢纽功能

货运规模再创新高。 重庆港集装箱吞吐量达 133 万 TEU，铁水联运量超 2600 万吨，稳居长江上游首位；中欧班列中间走廊成渝中心专列首发、成渝累计开行 3.6 万列、居全国第 1，水路、铁路、公路 3 种运输方式累计运输货物超 78 万 TEU。武汉港集装箱吞吐量突破 238 万 TEU，稳居长江中上游港口首位，集装箱铁水联运量达 23 万 TEU，居内河港口第一，占武汉港总吞吐量的近 10%；武汉阳逻港年出入境船舶首破 100 艘次；中欧班列（武汉）新增德国汉堡、杜伊斯堡线路，全年开行 1008 列，运输货值 183.84 亿元，同比增长 9.43%，实现"铁水联运＋国际班列"无缝衔接。南京港集装箱吞吐量突破 371 万 TEU，稳居长江沿线港口前列；龙潭、新生圩、西坝三大铁水联运枢纽投用，铁水联运班列覆盖成渝、武汉等长江经济带城市群，铁水联运量超 2000 万吨；通过中欧班列（南京）与海铁联运衔接，年开行量突破 1000 列，货值超 180 亿元。

完善航运服务网络。 重庆持续完善西部陆海新通道"四向网络"，运输网络拓展到 127 个国家和地区的 555 个港口；开通重庆港至宁波舟山港江海直达航线，实现"万吨级海船出巴蜀"，全年外贸货物吞吐量同比增长18%，带动四川、云南等地90%以上集装箱通过重庆中转；铁水联运模式创新，新田港开通"散改集"粮食铁路专列。武汉港构建"16+4+9"航运网络体系（16条国际航线、4条江海直达航线、9条省际航线），开通集装箱航线20余条，形成"国际直航+江海直达+省际支线"多层次网络，中三角省际集装箱公共班轮常态化运营；推广"联动接卸""上游全中转、下游全分流"模式，武汉港至上海洋山港中转时间缩短2天。南京多式联运、近洋航线稳定运行，远洋航线取得新突破，年内新增南美及远东国际远洋航线，国际航线总数达15条，构建直达日韩、东南亚、印巴、远东、南美等地区的由近及远国际航线网络；服务多式联运发展，建设南京龙潭"公铁水"多式联运中心，推进集装箱"一单制""一箱制"，促进铁水联运、江海联运高效衔接。

提升安全绿色智慧水平。重庆"数字港航"应用三张清单进入"数字重庆"一本账，数字港航应用驾驶舱建成运行；果园港、新田港、珞璜港等枢纽完成智慧化改造，港口货物吞吐能力突破2.5亿吨；果园港获评"四星级绿色港口"，建成涪陵、南岸水上绿色综合服务区；国内首艘绿色智能三峡船型"理航渝建1"号投运；推广标准化船型，货运船舶单船平均运力达5300吨，居全国内河第一；淘汰老旧船舶120艘，船型标准化率提升至90%。武汉阳逻港二期智慧港口全面建成并常态化运营，长江干线武汉、宜昌洗舱站实现远程操控一键洗舱，建成"互联网+航运服务+陆上接送"模式的武汉新五里水上绿色服务区；全球首制700TEU纯电池动力集装箱船"中远海运绿水01"投入运营，长江内河首艘智能游轮"和悦"号首航，黄石新港建成长江首个零碳港口。南京港龙潭港区集装箱码头实现远程操控，远程操控作业箱量单月最高达8.3万TEU，建成全国首座锂电池集装箱专用堆场，年吞吐量为3.4万TEU；积极打造智能化、便捷化的货运服务平台，实现货源、船源、港口的高效对接。

四、聚集高端航运要素，拓展现代航运服务

提升现代航运服务业发展水平。以航运交易、信息咨询、航运金融保险、海事仲裁、航运人才、技术服务等为重点，着力补短板、强弱项、优环境、增功能，提升现代航运服务业发展水平。重庆联合11省市签署长江经济带多式联运中心建设合作意见书，成立重庆市水上法律服务和船员权益保护中心，建成西南最大船舶交易中心，年交易船舶达到4215艘，交易额突破110亿元、规模突破600万总吨。武汉航运交易所、宜昌市船舶交易中心提升船舶交易服务能力，举办绿色智能船舶用品展示推介会，支持船舶融资租赁业务发展。

建设现代航运服务业集聚区。江苏自贸区南京片区集聚85家高端航运服务企业，引入南京国际航运仲裁院、长江引航中心等机构。其中，长江引航中心是交通运输部设立在长江干线的唯一引航机构。武汉市江汉区围绕建设现代航运服务业集聚区，加快武汉

"三个优势转化"展开深入研讨。川渝以重庆航运交易所和泸州航运贸易中心为平台,协同推进长江上游航运服务集聚区建设。

五、聚焦协同发展,深化区域合作

产业协同。果园港临港产业园入驻企业超200家,汽车、电子信息产业产值突破800亿元;长江三峡游轮旅游恢复至疫情前水平,带动沿江旅游业收入增长15%;长江上游航运中心"检""航"共建协议。武汉探索港航"政校企·产创研"联合人才培养机制,成立国内首个绿色智能船舶研发工作室,6家参研单位在"长江三峡1号"纯电动船研发建设过程中开展行业合作。南京市政府与长航局签订战略合作协议,合力打造具有国际资源配置能力和区域影响力的航运物流中心;与江苏省港口集团签订战略合作协议,加快龙潭公铁水联运中心建设,构建港产城一体融合发展新格局;与马鞍山交通运输局沟通港口合作事宜,谋划建设都市圈集装箱组合港;龙潭新城港产城融合示范区吸引新能源汽车、光伏等产业入驻,临港物流园区年产值突破500亿元。

区域合作。川渝合作机制升级,川渝共建"港口联盟",统一船舶检验标准,推动中、上游港口与下游枢纽"港港联动",破解区域壁垒;泸州港与果园港合作开展"磷铁对流"项目,年运输量超67万吨,降低物流成本20%;万州、涪陵与广元港签订干支联动战略合作协议,共同推动长江—嘉陵江物流通道建设;渝川黔滇陕五省市航运合作机制深化,举办长江上游地区五省(市)航运高质量发展论坛、第四次全体会议,贵州余庆—重庆涪陵集装箱班轮首航,跨省船闸联合调度覆盖嘉陵江、乌江。鄂湘赣三地海关实现"系统互通、数据互享",电子口岸业务三省通办,推动"组合港"通关新模式;武汉都市圈获批国家级都市圈,与黄石、鄂州等城市共建"港口集群",实现资源共享与航线互补。召开南京区域性航运物流中心建设推进会,交通运输部、江苏省、南京市及港口航运领军企业共议共建航运物流中心。

跨领域合作。武汉推进岸电跨领域平台建设,以宜昌为试点,加强交通与电力部门合作,组建长江流域首个岸电运营服务公司,打造国内跨省域、跨流域的岸电服务平台岸电云网;武汉至西南地区货运铁路"折角"问题通过国家铁路网规划调整逐步解决,香炉山站拟更名为"武汉港站"并提升口岸资质。南京推动相关区域结合产业及枢纽功能构建与龙头企业签署系列合作协议,以下关航运物流服务集聚区、龙潭港产城融合示范区等为抓手,打造南京市航运要素集聚高地,积极探索水路网络货运新业态,签订《培育南京市网络货运平台合作框架协议》,运满满、中储智运等网络货运平台领跑全国,水路货运平台探索"运力共享"新模式。

(江苏省交通运输厅、湖北省港航事业发展中心、重庆市港航海事事务中心)

专题 11

舟山江海联运服务中心发展综述

2024 年，舟山江海联运服务中心紧密围绕长江经济带发展战略，以完善港口集疏运体系建设、升级综合航运服务能力为关键着力点，大力提升大宗商品海进江、江出海运输效率，为长江经济带的高质量发展注入强劲动力。全年完成港口货物吞吐量 6.83 亿吨，同比增长 4.45%，其中：完成集装箱吞吐量为 352.18 万 TEU，同比增长 17.44%；完成江海联运量为 3.36 亿吨，同比增长 4.67%；海事服务总产出为 650 亿元，同比增长 27.2%。

一、2024 年发展成效

(一)港口枢纽能级跃升

港航基础设施建设加快推进。宁波舟山港总规修订获批，七姊八妹危化品码头、鱼山自备 LNG 接收站、佛渡集装箱项目围填海、金塘原油储运基地码头等一批重大项目需求全部纳入规划。加快强港建设步伐，全市综合交通水运项目投资 134.83 亿元，位列浙江省第一。提前建成条帚门航道口内段、国能电厂三期等 3 个项目，新增万吨级泊位 1 个，顺利开建自在盛达 3 号码头、佛渡陆域先行工程等 5 个项目，超节点推进宁波舟山重大基础设施项目主体工程；以"实船试验"方式打通镇海—鱼山危化品水路滚装通道。

强港改革一体化发展纵深推进。深化引航一体化，协助成立宁波舟山港引航站，建立宁波舟山港全港型引航员培养长效机制。实现甬舟两地船舶转港"一次查验"，以及保税船用燃料油供应、拖轮（海事）和港口理货经营许可互认、信息互通、一体化监管，推进应急救援一体化服务，全省推广内贸供油两港互认机制。开展长三角"通检互认"试点工作，为船企提供就近申请、就近检验、就近发证的便民服务，试点经验全国推广。基本实现宁波舟山港边检通关一体化，边检行政许可实现长三角地区"一地办证、区域通用"互认。

(二)江海直达规模扩大

直达航线开辟新版图。新开通鄂州、重庆、荆州 3 条江海直达航线，其中重庆航线突破长江上游节点，创造万吨双燃料动力海轮首次翻过三峡大坝和直航里程最长的历史纪录。目前，已开通舟山至安徽、江西、湖北、湖南等 10 条江海直达线路。

运力结构打造新矩阵。 新增江海直达船舶 7 艘，新建成 1.1 万吨散货新船型适配中上游航线运输，构建 1.1 万吨、1.4 万吨、438TEU 集装箱轮船型矩阵，运力已达 21 艘、27.8 万载重吨。全年培训江海直达船员 57 人次。

货源组织拓展新渠道。 紧密与长江中上游货源企业合作联系，拓展铜精矿、石英砂、麦芽、己二酸等新货种进江出海，江海直达重进重出率由 30% 提升至 35% 以上。创新推出江海联运在线平台"直达快配送"板块，每月在线公布运价议定、货盘发布、船港匹配等信息，提升江海直达衔接效率约 90%。

（三）江海联运格局焕新

东西合作开拓联运格局。 联合四川蜀道铁路集团创建"江海直达+长江班列"战略合作协议，利用长江中上游港口节点，多元化寻求江海直达和长江班列的中转站衔接港口，打造"1+N+1"新型江海铁多式联运模式，做到大宗货物无缝入川渝。

粮仓前移提升联运效能。 开辟舟山至长江中上游等地"海江铁"多式联运分拨通道，优化港口调度规则和内贸二程船靠离泊机制，精准安排泊位资源和船舶作业计划，提升港区中转粮食接卸效率 10%、增长卸载量 7%。探索外轮查验新模式，推动进境粮食船舶到港由"分头查验"向"集中查验"转变，缩短单船通关靠泊时间约 3 小时，平均节约运输企业经济成本约 2 万美元。升级江海直达船舶监管系统，强化江海转运模式全程可视监管，全力保障粮食运输安全。

集结全链共谋联运发展。 建立江海直达产业链协会，实现全国首个集船舶设计研发、建造检验、运营管理、船员培训和金融保险等 30 余家企业于一体的全产业链服务保障体系。组织江海直达产业推介会，协同重庆物流集团，邀请沿江近 30 家政府部门、60 多家企业和众多业内专家，探讨内河与沿海航运经济高质量联通发展的新路径、新观点、新技术。

（四）海事服务实力进阶

传统航运加速转型。 加强"专精特新"航运企业培育，专业化船队建设卓有成效，舟山市 6 艘液货危险品船通过 2024 年度国家评审，占全国新增总量的 1/4。向上争取老旧船舶拆解补贴 3389 万元、项目专项再贷款 9.2 亿元，"两新"案例入选浙江省典型经验。普通货船、油化船船龄实现双降，明显低于全国平均船龄。

产业平台模式创新。 线下，构建"两区五园"发展格局，新城、普陀纳入全省五大重点航运服务集聚区；投运小干岛产业园，建设普陀、衢山等产业园，首创"园区+锚地"综合海事服务新模式。线上，打造舟丰海事等市场化平台，上线"海上的士""船供超市"等应用。聚焦检验检测、船舶技术等中高端海事服务，谋划招引优质产业项目，全年引进企业 121 家、亿元以上项目 4 个，其中落地华洋海事等头部企业 5 家。

综合服务全面提能。出台海事服务"三提升"举措 45 条，突破锚位间距优化、条帚门锚地夜间供油等关键举措，新增供油锚位 6 个，提升服务效率 30%。实现海上 LNG 加注常态化，LNG 加注作业拖轮等总费用降至全国最低。开通舟山至香港航线，优化船员换班出行路径。海事服务"一类事"入选全省交通运输领域增值化改革优秀案例。

（五）港口环境持续优化

口岸开放成果斐然。对外开放大洋世家、鼠浪湖等 6 个项目，新增开放泊位 12 个，助力企业增收 12 亿元；出台全国首个地市级保税仓库和出口监管仓库布局规划，支撑大宗商品进出口及加工贸易业务。

智慧口岸走在前列。迭代智慧化"一站式"平台，同时国家智慧口岸试点获批；"国际航行船舶一表申报"创新模式全省复用推广，实现一次申报、无感通行，船舶进出境申报数据项压缩 41%。

服务企业多元高效。建立"企呼我应"工作机制，打造"港航企业码"，构建便企管理、为企服务、扫码履职等七大场景，闭环解决涉企问题数量 122 项。建立"信用+承诺+容缺""极速办"审批制度，实施海船"一船多证一次通办"政务服务，解决船舶"不停航办证"期间"准航不准营"的难题。

二、2025 年工作思路

2025 年是"十四五"规划收官之年，也是大宗商品资源配置枢纽建设开局起步之年，舟山江海联运服务中心将紧紧围绕对标国际一流锻造强港硬核力量、明确世界级航运中心定位和标准的总要求，以完善大集疏运体系、高能级开放体系和海事服务产业发展体系"三大体系"为主题主线，聚焦"六强"任务，全面提升港口核心竞争力。

强项目，全力建设大宗商品资源配置枢纽。基本建成条帚门航道扩建、交杯山锚地等项目，新增万吨级泊位 5 个、大型锚地 2 个，打造全国唯一超大型船舶进出港"双通道"。全力推动六横佛渡集装箱码头、金塘原油储运基地码头、六横南航道等 6 个项目开工，确保新建项目开工率。有序推进小洋山北集装箱码头等在建项目，加快形成工程实物量。

强转型，加快推进港口智慧绿色升级。深化智慧港口建设，推动大宗散货码头升级和集装箱码头智能化改造，提高全港装卸效率。积极运用人工智能、大数据，加快虾峙门等沿海航道数字化转型。深化绿色港口建设，实现集装箱码头及 5 万吨级以上散货码头岸电全覆盖。加快老旧港作机械设备更新，提升港口绿色低碳水平。

强开放，充分释放优质海港资源产能。系统谋划未来五年舟山口岸开放，编制全市

"十五五"口岸发展规划，推动 QS 基地等项目纳入国家"十五五"口岸开放规划。确保 MJS 基地项目如期开放，保障华泰、亚泰等项目临时开放，高质量完成浙石化、惠生海工、中远海运重工等项目对外启用验收，推进衢山、绿华东等海事服务锚地对外开放。

强物流，纵深开拓江海联运发展空间。 拓展物流模式，深化港航联动，搭建"船港货"沟通平台，推动引导沿江港口建设大宗商品散货集散中心，常态化运行"江海直达+长江班列"等多式联运新模式。广辟货源货量，争取在舟山开展进境粮食直接提离运输试点，提高中上游粮食直达货运量；开展东西向物流大通道协作，开发出口化肥、进口煤炭等江海联运新货种，提升长江经济腹地货运量。壮大运输船队，新增江海直达船 4 艘、5 万吨，总运力达到 25 艘、32.8 万吨；做好江海直达船舶市场调查，研发甲醇等清洁燃料动力江海直达船舶并投入建造。

强产业，持续升级综合海事服务平台。 做强产业特色，锚定全球船加油中心，攻坚船加油数字化、绿色船燃加注常态化等举措。集聚平台空间，推动"两区五园"建设走在全省前列，形成"一区一特色、一园一品牌"，打造全国首个覆盖市域的海事服务网络。注重招商引资质量，优化产业招商工作机制，紧盯检验检测、船舶技术等中高端服务领域，争取引进海事服务企业 100 家以上，其中头部企业 5 家以上，推动产业链向上游拓展，服务向贸易延伸。

强服务，积极打造港口营商环境标杆。 聚焦业务更便捷，深化全国船舶检验通检互认，推进航修业务试点；完善甲醇加注船、仓储配套，实现甬舟新型燃料加注互认；开展引航技术攻关，优化引航调度，实现马峙锚地船加油 7 天×24 小时引航。聚焦成本更低，规范港口服务收费，建立动态价格监测机制；促进拖轮市场多元竞争，优化拖轮基地布局，规范市场经营秩序。聚焦效率更高，迭代智慧化"一站式"平台，创新大宗商品全链条全流程智慧监管；推进大宗散货码头技术改造赋能，加快港口机械设备升级改造；研制粮食新型扦插取样设备，提升查验效率。

（舟山市港航和口岸管理局）

长江干线航标绿色养护示范段建设综述

2024年，长江航道局坚持绿色发展理念，紧紧围绕"畅安优智美"现代化长江航道建设目标，充分依托新技术、新材料和新工艺研究应用成果，在长江干线重庆段和武汉段开展了航标绿色养护示范段建设工作，进一步提升长江航道航标绿色养护水平，助力长江航道高质量发展。

一、新材料应用

(一)新材料浮具

示范段共试点应用新材料浮具10艘，均为10m标志船，材质分为线性低密度聚乙烯、石墨烯共聚材料、纤维树脂增强复合新材料3种，结构形式有一体化和模块化两种，基本采用滚塑工艺。

新材料浮具在降本增效提质方面优点突出，一是线型低密度聚乙烯性能稳定，在水中不会产生分解污染水体，并且浮标颜色为原料自身颜色，避免喷漆带来污染；二是降低了航标维护工作量和维护成本，钢制浮具需要定期上岸集中维护，全面维护成本约为4000元/艘，耗时、耗油、耗人力，新材料浮具则不需要上岸开展集中维护。同时，新材料浮具也存在一些问题：石墨烯共聚材料浮具结构材料强度不足，干舷设计较低；线型低密度聚乙烯浮具船体稳性不足，栏杆松动锈蚀且易缠绕作业绳索，缆桩高度偏低，外观喷字褪色明显等。纤维树脂增强复合新材料浮具在结构设计上存在船舵设计易积聚杂物、吊环位置稍偏离中心、船头导缆口不易操作等问题。从质量、稳定性、使用效果、经济成本等方面综合考虑，线性低密度浮具具备推广应用价值。

(二)新材料缆绳

示范段共试点应用超高分子量聚乙烯纤维复合缆绳2530米，分布在25座航标。新材料缆绳与钢丝绳相比，体现出重量轻、强度高、更环保、易操作等优点，从降低作业强度和提高安全性考虑，可以继续推广使用新材料缆绳。

(三)新材料涂料

示范段试点在标志船涂覆外用聚氨酯底漆和双组分丙烯酸面漆，减小鸟粪、泥浆等固体物在船表面的黏附力，降低航标船的清洗难度，延长维护作业周期，降低维护成本；应用超疏水超自洁防污涂料以及无溶剂型防腐涂料，提升钢制浮标抗腐蚀、抗冲击、耐老化性能。从测试结果来看，新材料涂料的应用有效降低了一线职工清洁维护工作量，提高了清洁效率，提升了水上作业的安全水平，综合考虑新涂料价格、施工等因素，可考虑在部分钢质浮具上继续试用。

(四)新材料标体

示范段试点应用了聚乙烯（PE）环保型材料标体，经过测试，与传统铝板、不锈钢材质的标体相比，PE 环保型材料标体更加轻便，便于安装和更换，作业耗时有效缩短50%；颜色鲜亮，视觉效果佳；单价比传统标体便宜200元/套，降低了采购成本。

二、新技术、新工艺应用

(一)新型航标灯

示范段试点应用了新型航标灯120座，新型航标灯实现了灯光亮度四挡可调，有效节约了资源；具有单北斗遥控遥测功能，能实现短报文收发功能，提高了复杂条件下对航标灯工况的监测能力，减少了无效出航次数和养护费用支出；采用模块化的结构，解决了备件难以互换使用等实际问题，在性能指标、稳定性、通用性、便捷性等方面具有较多优点，具备全面推广应用的条件。

(二)虚拟航标

示范段试点设置虚拟航标25座，其中 AIS 虚拟航标5座，电子航道图虚拟航标20座。虚拟航标显示符号、发布流程和数字航道系统的功能模块等已进行了相应优化完善，目前已基本具备扩大应用范围的技术条件，可扩大应用规模。但虚拟航标应用也具有一定局限性，主要表现在用户对虚拟航标的接受程度和船舶设备配置方面。

(三)智能通行信号指挥系统

智能通行信号指挥系统集成了视频监控、发光二极管（LED）灯监控、高频通信、雷达及 AIS 设备等关键功能，形成了完善的远程指挥体系，带来了显著的效能提升。一是指挥通行效率更高，通过人机交互智能指挥，船舶平均等靠时间缩短；二是人员运行成本降低，信号台需要配置的信号员明显减少；三是工作环境改善，信号指挥工作从偏僻的信号台"解放"，转变为生活和工作环境更好的指挥室工作。智能通行信号指挥系统可逐步推广建设，应用于上游所有控制河段。

（四）极昼视频监控

示范段三角碛控制河段首尾两端各安装了2套人工智能（AI）极昼视频，通过应用人工智能深度学习技术，融合图像识别、AI宽动态成像、AI白平衡调整、神经网络等多种技术，实现了视频监控夜间极低照度的极昼效果，相比传统视频监控，显著提升了夜间、雨天等复杂场景下的显示效果，清晰地以彩色方式呈现航道现场情况，实现了航道"全时段"监控，但由于安装和使用费用较高，建议在关键河段使用。

（五）无人机巡航巡查

示范段试点应用无人机开展巡航巡查工作，通过远程规划航线、远程控制方式，实现试验段航道运用无人机自主化对航道、航标、整治建筑物等要素进行巡查巡检，通过远程平台实时监看，获取航道运行状态信息。降低船艇开航巡查频次，实现绿色、低碳、高效的航道巡查。

（长江航道局、长江航运发展研究中心）

长江海事监管与服务保障一体化工作综述

2024年，长江海事局贯彻落实部党组工作部署，紧扣一体化和高质量，立足长江实际，丰富应用场景，坚持问题导向，突出基础建设，实现了长三角海事监管与服务保障一体化与长江全线贯通。

一、全面推广应用

（一）全面推广应用智慧海事监管系统和"海事通"App

截至2024年底，已累计登录使用61.4万人次，宣传推广下载使用5.1万人。将辖区69个锚地纳入一体化管理，服务船舶锚泊6.6万艘次；推进实现长江全线VTS"一次报告、全程通行"，减少报告140万次；结合船舶安全等级标识，针对性开展检查近4000艘次；将省际客船100%纳入"四直"管理，提供"四直"服务1211艘次。

（二）推动政务服务实现"一体化"

推行与长三角区域"跨域办"和长江干线"全域通办"，18项政务服务事项在长三角和长江全线实现通办，34项高频政务服务事项在长江干线56个服务窗口就近可办、异地能办，推动16项"全域通办"政务服务事项向长江支流水域延伸；全面推行海事"一网通办"平台和"海事通"App，服务事项网办率达95%，掌办率为80%；推广应用电子证照，船员业务电子证照覆盖率达90%以上；开通长江海事政务服务"客服"，实施"首接负责、接诉即办"，接收处置各类诉求2349件，高效承接中国海事"总客服"转办事项22件，有效处置率达100%。

二、丰富应用场景

（一）"可视长江"建设覆盖辖区75.3%水域

开展统一的视频平台建设，协调接入95路三峡坝区水域视频、70艘客船船载CCTV、500艘危险品船船载CCTV；完成60座桥梁CCTV补点，实现辖区127座桥梁全覆盖；探索视频智能化应用，对23个视频点位进行了智能化改造。截至2024年底，累计汇聚视频4350路，其中自建552路、外接450路、船载3350路，覆盖辖区1581.4公里航段，覆盖率为75.3%。针对视频监控盲区，将规划建设410路CCTV及33架无人机，并推动辖区涉客、涉危码头全部建设智能CCTV。

(二)辖区省际客船全部实现动态实时监控

围绕"全航程智能跟踪、风险智能预警、应急资源智能搜索与匹配"，开发省际客船"一线一策"模块，集中展示客船基础信息、航行动态、船期计划、安全监管、船员旅客等信息。辖区12家省际客运公司、48艘省际客船全部安装运行智能监控系统和船载CCTV，并接入了主要停靠码头CCTV，实现了客运企业对客船动态的实时智能监控、海事部门对客船动态的实时掌控。

(三)三峡待闸船舶实现一体化管理

实施交通组织一体化，会同三峡通航管理局研究优化待闸船舶调度模式，探索实施智能指泊、移泊机制。开发应用三峡过闸船舶交通组织一体化功能场景，实施核心、近坝、控制水域分区管理、分类统计，对"错位"违规移泊等行为智能报警。

(四)三峡库区地灾实现智慧预警防控

参与建设重庆市危岩地灾管控系统，制定地质灾害风险防控"一点一策"，研发应用长江航运三峡库区地灾信息系统，全面展示74处风险点位置、规模、预警等级、稳定状态等，预测可能影响的码头、船舶，汇集可用的CCTV信息及应急资源，辅助推送风险防控和应急响应措施，确保重大风险可控。

三、全力破解难题

(一)实施船岸智能监控

研发应用船岸自主智能监控、危化品船舶洗舱系统，辖区534艘危险品船舶安装智能CCTV（注册船舶安装率为65%），对预警船员及船舶航行、停泊、作业不安全行为进行智能警示，并将洗舱纳入船载危险货物申报前置预审内容，实现对风险隐患的实时感知、及时预警、高效控制、闭环管理。

(二)实施体系数字化管理

制定体系文件模板，统一运行标准，开发推广航运企业安全管理数字化平台，推动辖区 664 家公司运行使用（涉客、涉危体系公司应用率为 100%），实施体系"全过程跟踪、全自动提醒、全闭环处置"管理，助力企业实现风险隐患常态化自查自纠。

(三)打造长江航运气象服务联盟

联合沿线气象、海事、航道及科研院所共 25 家单位，建立长江航运气象服务联盟，探索基于集装箱船舶的移动气象观测点建设，联合制定水上交通气象条件等级划分指导意见，开发气象监测预报预警产品共享平台，实现长江流域 478 个气象站点、65 个水文站点监测信息及预警数据的实时共享。后续，还将联合推进长江干线气象高风险航道气象观测站网建设。

四、强化基础建设

(一)持续完善 AIS 多源融合

开展 AIS 基站改造补点 45 处，消除了四川段等 AIS 盲区，覆盖率达 95% 以上；推进新北斗终端设备迭代升级并通过中国船级社（CCS）认证，完成"一船一号"软硬件模块适配试验，具备数据高频回传和移动基站的能力；推动 1.5 万艘船舶安装使用北斗终端，覆盖率近 80%（不含江苏段）；深化北斗和 AIS 基站互联互通，对 184 座基站多源数据进行融合，长江干线船舶 AIS 识别数量增加了 27%，为智慧海事建设提供了高质量 AIS 数据。

(二)全面打造综合通信网络

开展 VHF 基站补点改造 28 处，完成重庆段 VHF 数字化改造，基本实现 VHF 全覆盖；开展百兆数据传输专网建设，将长江海事局至部海事局带宽升级到 200 兆，长江海事局至各分支局带宽升级到 300~1000 兆；与移动、电信、铁塔等单位开展长江新链建设，推进 5G 岸基网络与低轨卫星通信网络融合，创新开通全国首个 5G-A 内河航运通感一体试点基站。

（长江海事局）

专题 14

重庆水上交通信用工作推进情况

近年来，重庆交通运输主管部门深入学习贯彻习近平总书记关于社会信用体系建设的重要指示批示精神，认真落实交通运输部市委、市政府和相关工作要求，全力推进全市水上交通运输行业信用体系建设，以深化"信用交通省"建设为载体，聚焦行业信用和业务深度融合，有效促进水上交通行业管理由"管行为"向"管信用"转型提升，不断强化信用评价结果运用，推进信用信息共享公开，加快推动全市水上交通运输信用体系建设。

一、工作推进情况

为加强和规范全市交通运输信用管理，建立以信用为基础的新型监管机制，构建守信激励、失信惩戒的营商环境，提高全行业诚信意识和信用水平，重庆市交通运输委员会于2021年12月印发了《重庆市交通运输信用管理办法》（渝交规〔2021〕24号），明确在水路运输行业开展信用管理。同时，还配套印发了《重庆市水上交通信用管理实施细则》（渝交规〔2021〕25号），明确了在水路运输企业、港口企业和水路运输从业人员中开展信用管理工作，并开展试运行工作。在开展为期一年的试运行工作后，重庆市交通运输委员会有针对性地修改了相关评价标准，加大对失信行为的惩戒力度，并要求区县交通运输管理部门根据信用评价结果有针对性地实施重点监管、精准监管和差异化监管。2023年3月，新修订的《重庆市水上交通信用管理实施细则》（渝交规〔2023〕3号）印发实施。

重庆开展水上交通运输信用管理以来，已连续三年发布针对水路运输业、港口业企业和水路运输从业人员的信用评价评级结果。

（一）评价结果

2022年，作为信用主体受到评价的水路运输企业共322家，其中AA级238家，A级79家，B级4家，C级1家。水路运输从业人员共13352人，其中AA级13290人，A级62人。港口企业共167家，其中AA级152家，A级15家。

2023年，作为信用主体受到评价的水路运输企业共343家，其中AA级217家，A级88家，B级38家。水路运输从业人员共15320人，其中AA级14961人，A级206人，B级153人。港口企业共171家，其中AA级127家，A级35家，B级7家，C级1家，D级1家。

2024年，作为信用主体进行评价的水路运输企业共 333 家，其中 AA 级 194 家，A 级 105 家，B 级 31 家，C 级 1 家，D 级 2 家。水路运输从业人员共 14447 人，其中 AA 级 14371 人，A 级 48 人，B 级 28 人。港口企业共 170 家，其中 AA 级 125 家，A 级 38 家，B 级 7 家。

(二)结果分析

从评价结果上看，重庆开展水上交通信用管理工作三年以来，水路运输从业人员、水路运输企业、港口企业总体信用情况较好，企业、从业人员 AA 级、A 级综合占比均接近或超过总量的 90%，均未发现重大失信行为。从扣分情况上看，主要是企业在经营行为中受到了行政处罚、发生了安全事故、安全标准化体系不健全、安全教育培训不够或被其他有关主管部门处罚等，但扣分频次、数量总体不高，企业和从业人员总体保持了较高的信用水平，具体情况见表3-14-1~表3-14-3。

水路运输企业信用评价结果各等级占比情况（%）　　　　　表3-14-1

年份	AA级	A级	B级	C级	D级
2022年	73.92	24.53	1.24	0.31	—
2023年	63.26	25.66	11.08	—	—
2024年	58.26	31.53	9.31	0.3	0.6

水路运输从业人员评价结果各等级占比情况（%）　　　　　表3-14-2

年份	AA级	A级	B级
2022年	99.54	0.46	—
2023年	97.66	1.34	1
2024年	99.48	0.33	0.19

港口企业信用评价结果占比（%）　　　　　表3-14-3

年份	AA级	A级	B级	C级	D级
2022年	91.02	8.98	—	—	—
2023年	74.28	20.47	4.09	0.58	0.58
2024年	99.48	0.33	0.19	—	—

(三)结果应用

《重庆市水上交通信用管理实施细则》明确，被评为 AA 级、A 级的运输企业或从业人员，被列为信用好和较好企业或人员，各级交通主管部门可对其实施守信激励措施。近三年，重庆市交通运输委员会、重庆市港航海事事务中心等地方主管部门联合重庆海事局等相关主管部门，针对信用较好的企业和从业人员开展了以下信用评价结果应用：

一是积极协调集装箱运输企业、商品汽车滚装运输企业优先过闸。结合集装箱运输企业信用评价结果实际情况，重庆市交通运输、港航海事部门积极协调长航局、三峡通航局，保障粮食等重点物资运输优先过闸，支持商品汽车滚装运输企业每日优先过闸一艘。

二是水路货物运输企业信用评价结果在信用中国（重庆）网站上展示。自修订发布《重庆市水上交通信用管理实施细则》以来，水路运输、港口及从业人员信用评价结果除在重庆市交通运输委政务网站上展示以外，还直接联通了信用中国（重庆）网站，目前2022年度、2023年度评价结果已在该网站展示，供社会大众查询监督。

三是积极推荐有关单位参评国家重要项目评选。2024年7月，交通运输部公布首批绿色低碳交通强国建设专项试点，重庆市交通运输委员会推荐申报的"内河甲醇船舶推广示范应用试点项目"成功入选。该试点项目由AA级企业民生轮船股份公司牵头实施，拟在实施期内应用一批甲醇-柴油混合动力集散两用船舶，建成后将实现我国内河甲醇动力船舶零的突破。

四是积极推荐有关企业和船员参与业内重要活动。海事部门组织民生公司、重轮集团等AA级航运企业的船员参加第六届中国海员技能大比武内河企业组比赛。并在赛前组织行业专家和老师对船员进行系统性技能培训，最终民生轮船公司获得了团体组三等奖，其余公司获得优胜奖。

五是积极推荐有关企业船员参评职称评审。《重庆市内河船舶专业副高级职称申报条件》的出台，使重庆市在国内首开推行内河船舶专业副高级职称评价制度的先河。重庆市交通运输委员会、重庆市港航海事中心、重庆航运交易所等各级部门通过各种渠道加强宣传，主动联系重轮集团、民生轮船等AA级企业船员参评副高级职称，2023年，重庆地区航运企业共有14名技术船员获评高级船长或高级轮机长职称，2024年共有5名技术船员获评高级船长或高级轮机长。截至2024年底，重庆市内河船员具备高级（副高级）职称的有93人。

二、下一步工作思路

随着重庆市及周边地区经济社会的快速发展，重庆市及上游地区面临通航建筑物通过能力不足、航道建设投入不足、航道养护作业受制、航运水资源综合利用效益受限等困难。下一步，重庆市交通运输委员会、重庆市港航海事事务中心等行业主管部门将联合相关单位和组织，梳理分析通航建筑物通航维护、运行、通航调度等关键点，结合适航通行船舶信用记录，将通航建筑物运行管理单位纳入水上交通运输信用管理工作体系，通过监督通航建筑物运行管理单位的安全运行、养护管理、高效运行、服务质量、监督检查、企业责任、行政处罚、廉洁自律、表彰奖励等方面，对其开展信用评价并出台相关应用措施，以进一步修订完善《重庆市水上交通信用管理实施细则》。

（重庆航运交易所）

专题 15

乌江全线多梯级通航建筑物联合调度机制建设综述

乌江作为长江上游南岸的最大支流，其航道资源丰富，横跨贵州、重庆两省市，是连接西南与长江中下游的重要水上通道。乌江渡至涪陵段595公里航道，被誉为"黄金水道"，在国家"四横四纵两网"高等级航道体系中占据重要地位。

一、总体建设情况

乌江全线多梯级通航建筑物联合调度是交通运输部统筹部署的工作任务，是贵州省交通2024年改革重点事项，是"我为群众办实事"的具体体现，是提高乌江全线通航效率的关键举措。黔渝两省市建立乌江全线多梯级通航建筑物联合调度机制，工作任务主要包括制定印发工作方案，审定印发联合调度规程，开发联合调度信息平台，组建联合调度中心，联合调度中心试运行以及总结评估等。

2024年8月，黔渝两省市交通运输主管部门共同印发了《乌江全线多梯级通航建筑物联合调度规程（试行）》，12月开发了联合调度信息平台（"乌航通"二期），组建了联合调度中心（贵州）、分中心（重庆）具体负责联合调度工作。为检验联合调度信息平台功能，同时为联合调度试运行做准备，12月16—19日，黔渝两省市联合组织开展乌江全线多梯级通航建筑物联合调度试运行试验。12月19日，船舶分别从构皮滩升船机上行出厢和银盘船闸下行出闸，标志着乌江全线多梯级通航建筑物联合调度机制试运行试验工作完成。本次试验历时4天，通过五级枢纽，实现了"一次申报、连续通过"工作目标，减少了船舶过闸安检频次，船舶通过五级枢纽时间总体缩短30%以上，船舶过闸效率大幅度提高。

二、工作成果

(一)建立健全制度体系、保障联合调度规范高效运行

建立乌江全线多梯级通航建筑物联合调度联席会议机制，定期组织各部门召开联合调度联席会议，一是畅通两省市水位申请渠道，提高水位批复时效；二是加快完善过闸

水量联合调度和安全保障措施，探索全线通航建筑物枯水季节集中"调水走船"机制，切实缓解通航卡点堵点问题。

(二)深化行业数字赋能,大力推广应用"乌航通"平台

联合调度中心、分中心积极向黔渝两省市交通、电力、通航建筑物运行管理、航运企业等有关部门推广联合调度信息平台，实现信息共享，构建上下联动"一盘棋"发展格局。

三、取得成效

(一)乌江全线调度模式得到新突破

乌江全线共有5级枢纽、6座升船机、2座船闸，涉及黔渝两省市。联合调度前，船舶调度由贵州省构皮滩、思林、沙沱通航管理处和重庆市乌江航道管理处4家单位各自实施，调度流程复杂、机制不一，整体效率不高。联合调度后，由联合调度中心、分中心统一调度，依托联合调度信息平台，通过信息互联互通、船舶实时位置监测、水位统筹协调等，实现了船舶"一次申报、全线通过"，形成了黔渝两省市乌江全线通航调度一体化联动格局。

(二)黔渝两省市联动效率有了新提升

未实现联合调度前，乌江贵州段与重庆段未进行联动，船舶每闸申报、逢闸必检，船舶全线通过时间约需要7天，实现联合调度后，通过黔渝两省市联动，各部门合理规划时间，依托联合调度信息平台开展试运行试验，全线通过时间仅4天，通航效率得到大幅提升。

(三)"可视化通航"取得新进展

联合调度信息平台，通过船舶单北斗系统定位、区域视频监控、电子围栏等基础设施，实现了乌江通航调度可视化，切实保障船舶安全、高效、有序过闸。

(贵州省交通运输厅)

附　录

2024 年 14 省市航运基础数据表

长江水系14省市水路旅客货物运输量　　　　　　　　　　附表 1-1

地区	客运量			货运量		
	全年 （万人）	同比增长率 （%）	其中：内河	全年 （万吨）	同比增长率 （%）	其中：内河
合计	17076	0.7	11251	704888	4.8	414517
上海市	667	5.3	667	103006	0.8	5999
江苏省	2768	−2.2	2747	121650	3.5	74033
浙江省	5394	5.9	1700	122552	5.2	29039
安徽省	217	−2.8	217	162784	5.8	145130
江西省	262	14.7	262	17483	7.5	15076
山东省	2245	−12.0	261	27986	11.0	8212
河南省	301	3.3	301	21340	11.1	21340
湖北省	758	5.6	758	75958	8.9	63883
湖南省	1507	11.0	1507	23855	4.9	23639
重庆市	866	−0.7	866	20070	−4.4	19962
四川省	922	−16.8	922	7266	1.6	7266
贵州省	386	11.7	261	199	−25.2	199
云南省	659	7.1	659	662	0.1	662
陕西省	124	33.8	124	77	50.0	77

注：数据来源于交通运输部网站。

长江水系14省市港口货物吞吐量　　　　　　附表1-2

地区	总计		沿海港口		内河港口	
	全年 （万吨）	同比增长率 （%）	全年 （万吨）	同比增长率 （%）	全年 （万吨）	同比增长率 （%）
合计	1089472	4.1	512073	4.8	577399	3.6
上海市	86133	3.0	78959	4.0	7174	−6.0
江苏省	361052	2.8	56379	6.8	304673	2.1
浙江省	209623	3.5	169348	4.2	40275	0.7
安徽省	69432	3.4	—	—	69432	3.4
江西省	28356	5.5			28356	5.5
山东省	219923	6.1	207387	5.1	12536	25.7
河南省	1831	−29.2	—	—	1831	−29.2
湖北省	75335	8.6			75335	8.6
湖南省	17999	17.4			17999	17.4
重庆市	13497	−7.8	—	—	13497	−7.8
四川省	4988	11.6			4988	11.6
贵州省	7	−50.0			7	−50.0
云南省	1296	28.2	—	—	1296	28.2

注：数据来源于交通运输部网站。

长江水系14省市港口外贸货物吞吐量　　　　　　附表1-3

地区	总计		沿海港口		内河港口	
	全年 （万吨）	同比增长率 （%）	全年 （万吨）	同比增长率 （%）	全年 （万吨）	同比增长率 （%）
合计	294754	6.3	242168	5.9	52587	8.2
上海市	44672	5.0	44672	5.0	—	—
江苏省	67636	8.6	21273	10.5	46364	7.7
浙江省	67465	5.9	67137	5.9	328	20.9
安徽省	2042	12.7	—	—	2042	12.7
江西省	640	22.1	—	—	640	22.1
山东省	109090	5.5	109086	5.5	4	—
湖北省	2036	6.7	—	—	2036	6.7
湖南省	473	17.7	—	—	473	17.7
重庆市	535	6.5	—	—	535	6.5
四川省	165	34.1	—	—	165	34.1

注：数据来源于交通运输部网站。

长江水系14省市港口集装箱吞吐量　　　　附表1-4

地区	总计		沿海港口		内河港口	
	全年（万TEU）	同比增长率（%）	全年（万TEU）	同比增长率（%）	全年（万TEU）	同比增长率（%）
合计	18100	7.2	14929	7.8	3170	4.3
上海市	5151	4.8	5151	4.8	0	—
江苏省	2780	9.2	753	9.7	2027	9.1
浙江省	4735	11.3	4523	11.2	211	15.5
安徽省	284	14.8	—	—	284	14.8
江西省	115	15.1	—	—	115	15.1
山东省	4531	8.1	4502	7.8	29	60.0
河南省	6	13.0	—	—	6	13.0
湖北省	261	−21.0	—	—	261	−21.0
湖南省	93	−36.5	—	—	93	−36.5
重庆市	108	−9.5	—	—	108	−9.5
四川省	36	11.8	—	—	36	11.8

注：数据来源于交通运输部网站。

长江水系14省市沿海港口货物吞吐量(分港口)　　　　附表1-5

港口	货物吞吐量		其中:外贸货物吞吐量		集装箱吞吐量	
	全年（万吨）	同比增长率（%）	全年（万吨）	同比增长率（%）	全年（万TEU）	同比增长率（%）
上海港（不含内河）	78959	4.9	44672	5.0	5151	4.8
连云港港	34620	7.7	17783	11.6	669	9.0
盐城港	16767	7.0	2408	2.3	69	10.9
南通沿海	4992	0.2	1082	12.5	15	49.7
嘉兴港	14100	0.9	1717	5.1	370	8.8
宁波舟山港	137709	4.0	63400	5.7	3930	11.3
宁波港域	69377	3.2	41199	4.5	3578	10.8
舟山港域	68332	4.9	22201	7.8	352	17.4
台州港	8518	15.4	1202	−3.5	77	12.9
温州港	9021	2.4	818	53.0	145	11.6
滨州港	5230	4.2	278	450.8	—	—
东营港	9115	26.4	1670	338.0	—	—
潍坊港	4183	7.3	775	8.1	80	33.5
烟台港	50199	3.6	17364	4.2	509	10.0
威海港	5162	0.2	1264	4.5	155	3.9
青岛港	71227	4.2	50126	2.4	3087	7.3
日照港	62270	5.0	37609	6.1	671	7.2

长江干线港口货物吞吐量（分港口）

附表 1-6

港口	货物吞吐量		其中：外贸货物吞吐量		集装箱吞吐量	
	万吨	比上年增长率（%）	万吨	比上年增长率（%）	万TEU	比上年增长率（%）
苏州港	59781	1.5	20801	6.8	967	3.5
泰州港	42185	6.4	3376	14.3	36	5.4
江阴港	37900	0.3	6425	1.5	65	14.1
镇江港	28562	10.4	5182	7.6	43	8.1
南京港	26981	−1.9	4166	16.9	371	7.2
南通沿江港	25270	−2.3	3382	6.4	257	32.3
九江港	22257	10.8	546	20.5	101	15.2
芜湖港	15525	9.3	524	−3.9	163	14.9
池州港	14959	4.3	31	78.9	2	−11.4
宜昌港	14899	5.6	60	30.7	25	22.5
武汉港	14178	−1.4	1110	14.9	188	−32.8
重庆港	13497	−7.8	535	6.5	108	−9.6
扬州港	13483	0.9	1488	6.8	77	5.2
马鞍山港	12806	−4.2	1300	18.4	17	3.9
岳阳港	11886	14.5	356	7.1	68	−43.3
黄石港	10339	24.0	810	−4.2	6	12.0
铜陵港	10125	−1.5	51	25.4	5	25.6
荆州港	9023	12.6	55	24.6	26	26.5
常州港	4644	4.5	1370	10.5	36	26.8
鄂州港	4290	13.1	—	—	6	—
安庆港	2223	1.1	55	19.0	20	8.1
黄州港	1909	32.9	—	—	8	125.1
嘉鱼港	1454	4.6	—	—	—	—
昭通港	1296	28.1	—	—	3	—
宜宾港	957	21.0	21	29.8	12	12.2
泸州港	902	0.2	105	−2.0	23	10.9

注：数据来源于交通运输部网站。

长江水系14省市内河其他重点港口货物吞吐量 　　　　　　　　附表1-7

地区	港口	货物吞吐量		集装箱吞吐量	
		万吨	同比增长率(%)	万TEU	同比增长率(%)
上海市	上海内河	7174	−13.7	—	—
江苏省	徐州港	6007	1.0	29	14.4
	无锡港	7985	−2.4	8	−13.8
	宿迁港	2671	−6.3	24	3.0
	淮安港	8135	3.5	57	11.6
	扬州内河	1168	27.5	3	28.1
	镇江内河	920	11.7		
	苏州内河	16759	−2.9	22	25.0
	常州内河	8260	3.3	7	−4.8
浙江省	杭州港	6724	−16.0	29	74.2
	嘉兴内河	14592	0.1	77	11.7
	湖州港	14799	8.4	91	6.1
	宁波内河	244	−6.3	—	—
	绍兴港	2166	4.3	13	20.2
	金华港	389	38.1	—	—
	青田港	475	47.1	—	—
安徽省	阜阳港	586	−0.2	1	20.0
	合肥港	5415	17.0	50	10.1
	六安港	469	6.3	—	—
	滁州港	1831	−5.5	12	85.5
	淮南港	1747	24.0	—	—
	蚌埠港	1845	−4.8	14	19.0
	亳州港	182	9.7	—	—
江西省	南昌港	3863	−15.1	12	1.8
山东省	济宁港	9666	37.9	28	57.0
	枣庄港	2079	−10.5	—	—
湖北省	襄阳港	50	50.8	—	—
	潜江港	96	−10.2	—	—
	汉川港	574	74.0	—	—
湖南省	长沙港	2138	45.6	23	−6.7
	湘潭港	2418	1.3	—	—
	株洲港	205	985.8	—	—
	常德港	275	256.6	1	−26.9
四川省	乐山港	36	27.8	—	—
	南充港	1691	15.8	—	—

注：数据来源于交通运输部。

2024年长江干线(宜宾至浏河口)航道维护尺度标准表

2024年长江干线(宜宾至浏河口)航道维护尺度标准表 附表2-1

起止区段及里程			航道尺度 (深×宽×弯曲半径,单位:米)	航道维护水深 年保证率
宜宾合江门—重庆羊角滩(长江上游航道里程1044.0~660.0公里,384公里)			2.9×50×560	≥98%
重庆羊角滩—涪陵李渡长江大桥(长江上游航道里程660.0~547.6公里,112.4公里)			3.5×100×800	
涪陵李渡长江大桥—宜昌中水门(长江上游航道里程547.6~3.5公里,544.1公里)			4.5×150×1000	
其中	三峡船闸航道		4.5×180×1000	
	三峡升船机航道		3.5×80×600	
	葛洲坝三江航道		4.0×110×1000	
	葛洲坝大江航道		4.5×140×1000	
宜昌中水门—松滋跨宝山(长江上游航道里程3.5公里~长江中游航道里程555.1公里,74.4公里)			4.5×150×750	试运行, 不计保证率
松滋跨宝山—荆州港四码头(长江中游航道里程555.1~478.0公里,77.1公里)			4.3×150×1000	
荆州港四码头—岳阳城陵矶(长江中游航道里程478.0~230.0公里,248公里)			3.8×150×1000	≥98%
岳阳城陵矶—武汉长江大桥(长江中游航道里程230.0~2.5公里,227.5公里)			4.5×150×1000	≥98%
武汉长江大桥—安庆吉阳矶(长江下游航道里程844.0~669.0公里,376.7公里)			6.0×200×1050	≥98%
安庆吉阳矶—芜湖高安圩(长江下游航道里程669.0~475.0公里,194公里)			6.0×200×1050	≥98%
其中	安庆南水道	黄溢闸以上	2.5×100×1050	试运行, 不计保证率
		黄溢闸以下	4.5×100×1050	
	成德洲东港	新沟以上	6.0×150×1050	试运行, 不计保证率
		新沟以下	4.5×150×1050	
芜湖高安圩—芜湖长江大桥(长江下游航道里程475.0~438.0公里,37公里)			7.5×500×1050	≥98%

续上表

起止区段及里程			航道尺度（深×宽×弯曲半径，单位:米）	航道维护水深年保证率
芜湖长江大桥—南京燕子矶（长江下游航道里程438.0～337.0公里,101公里）			9.0×500×1050	≥98%
其中	裕溪口水道	运漕河口以上	自然水深	试运行,不计保证率
		运漕河口以下	3.0×100×1050	
	太平府水道	姑溪河口以上	3.0×100×1050	≥95%
		姑溪河口以下	3.5×150×1050	
南京燕子矶—南京新生圩（长江下游航道里程337.0～331.4公里,5.6公里）			10.5×500×1050	≥98%
其中	宝塔水道		4.5×100×1050	≥95%
南京新生圩—江阴长江公路大桥（长江下游航道里程331.4～153.6公里,177.8公里）			12.5×500×1050	≥95%
其中	仪征捷水道		4.5×150×1050	≥95%
	太平洲捷水道		3.5×100	
江阴长江公路大桥—南通天生港（长江下游航道里程153.6～104.4公里,49.2公里）			12.5×500×1050（理论最低潮面下）	≥95%
其中	福姜沙南水道		10.5×200×1050	
南通天生港—太仓浏河口（长江下游航道里程104.4～25.4公里,79公里）			12.5×500×1500（理论最低潮面下）	≥95%
其中	白茆沙北水道		4.5×150×1050	≥95%
	北支水道	北支口—灯杆港	1.6×100	试运行,不计保证率
		灯杆港—五仓港	3.0×100	
		五仓港—戤效港	4.0×100	
		戤效港—连兴港	6.0×100	
太仓浏河口—长江口（长江下游航道里程25.4公里～长江口灯船,125.2公里）			12.5×(350～460)×(W1:1500;W2:3000;W3:6500;W4:4500;Y3:2000)（理论最低潮面下）	≥95%
其中	长江口南槽航道		6.0×600(口内)/1000(口外)×1250	≥90%

注：1.上述各区段航道养护尺度计划为正常水文年情况下的计划，当局部河段出现异常特殊的水情时，相关河段航道养护尺度经上级批准后，可做适当调整。

2.松滋跨宝山—荆州港四码头，条件受限河段航宽不小于100米；安庆吉阳矶—芜湖高安圩，条件受限河段航宽不小于150米；芜湖高安圩—南京新生圩，条件受限河段航宽不小于200米；南京以下12.5米深水航道，优良河段双向通航宽度不小于500米，受限河段双向航道宽度不小于350米，分汊河段单向航道宽度为230~260米，其中福姜沙北水道最小航宽为260米，福姜沙中水道航宽为420米；鳗鱼沙河段左、右汊最小航宽为230米；落成洲左汊最小航宽为350米（其中92~94号红、黑浮航段最小航宽为450米）；和畅洲右汊最小航宽为250米。

3.养护计划尺度试运行期，不计航道维护水深年保证率。

4.南京新生圩至江阴长江公路大桥河段主航道为航行基准面以下水深；江阴长江公路大桥以下主航道为理论最低潮面下水深；南京新生圩以下副航道中，仪征捷水道、太平洲捷水道、白茆沙北水道为实际水深，福姜沙南水道、北支水道、长江口南槽航道为理论最低潮面下水深。

2024年长江航运大事记

一月

3日　长航局发布《长江航运信用行为清单（2024年版）》，自2月1日起施行。

14日　长江干线武穴水道历史碍航物清除工程完工，航宽由230米拓宽至460米。

15日　江苏省交通运输厅、江苏省商务厅、南京海关、江苏海事局等9部门和单位联合发布实施《江苏省加快推进多式联运"一单制""一箱制"发展实施方案》。

16日　"长江干线典型航段智能航运先导应用试点"项目通过交通运输部现场核验。

27日　长江中游新洲至九江河段航道整治二期工程通过交通运输部竣工验收，该河段最小维护水深由4.5米提升至6米，13000吨级内河船舶和10000吨级江海船舶可常年通航。

二月

2日　长航局"智慧长江建设与应用"交通强国建设试点任务获交通运输部批复。

10日　"长江贰号"游轮从武汉首发至三峡，开辟长江中游专属游轮旅游航线。

26日　扬州市人民政府、上海海事大学、江苏海事局共同签署战略合作协议，助推扬州实施"江河海"一体化、港产城深度融合发展战略。

三月

5日　2024年长江干线春运工作圆满收官。其间，未发生一般等级及以上事故，水路运输秩序良好，船舶进出港货物量为3.5亿吨，省际客运量为3.88万人次，渡船客运量为605.75万人次，渡运车辆174.75万台次，同比分别增长3.2%、518.78%、6.04%、0.19%；引航船舶5878艘次，同比下降4.2%。

13日　长航局印发实施《服务支持长三角航运一体化高质量发展工作方案

（2024—2025）》。

14日	山东省"智慧港口建设"交通强国建设试点任务通过交通运输部验收。
18日	长三角船检一体化（上海）工作站完成首艘船舶检验及发证工作，长三角地区船舶"通检互认"开启新篇。
20日	《长三角海事监管与服务保障一体化党建协作共建协议》签署仪式在上海举行，协议由长航局党委、部海事局党组牵头，上海、浙江、长江、江苏、连云港海事局，长江航道局、长江口航道管理局、东海航海保障中心8家单位党组织共同签署。
22日	江苏海事局发布通告，在全国率先启动船员"学法销分"新机制。28日，全国首个船员线上"学法销分"案例在江苏南通港落地。
24—25日	水利部在重庆巫山组织召开三峡库区危岩崩塌防治工作现场推进会。
25日	京杭运河最大吨位的集装箱专用船舶"华海宿迁"号在宿迁港正式启航。

四月

8日	中国水运建设行业协会航道分会第四届会员大会暨2024年推进航道现代化建设经验交流会在武汉召开。长江水系电子航道图服务联盟2024年联席会议在武汉召开，会议选举产生第一届理事会成员，审议通过联盟章程。
9日	长江中游荆江河段航道整治二期工程获国家发展改革委批复同意。
16日	全国首个水上应急救援领域专业协会在江苏成立，协会共有成员单位98家。
29日	长江干线武汉至安庆段6米水深航道整治工程竣工验收。
29日	财政部、交通运输部印发《关于支持引导公路水路交通基础设施数字化转型升级的通知》，将通过竞争性评审方式支持引导水路交通基础设施数字化转型升级。

五月

12日	万吨级江海直达船"创新5"轮从宁波舟山港直航抵达重庆珞璜港，开通"舟山—重庆"江海直达新航线，缩短运输时间约20天。
15日	长航局联合中国船级社印发《加快长江航运现代化推进绿色智能新发展工作要点（2024—2025年）》。
18日	长江内河首艘搭载自主驾驶系统的新能源智能游轮"和悦"号在宜昌首航。
19日	吃水达12.3米的中国香港籍散货船"诚信12"轮靠泊江阴黄田港码头，

刷新江阴港进江最大吃水船舶纪录。

21日　江苏省出台关于加快推进智慧港口和智慧航道建设的实施方案。

27日　国家综合交通运输信息平台长航子平台工程可行性研究报告获交通运输部审批同意。

六月

14日　"2024年长江航运新业态水上安全综合应急演习"在太仓港海通（太仓）汽车码头前沿水域成功举行，该演习是近年来国内首次针对新能源货物水上运输过程中发生事故的大型水上安全综合演习。

17日　长航局组织召开干部大会，宣布交通运输部党组和交通运输部关于长航局领导班子调整的决定，免去缪昌文同志长航局党委书记、党委委员、副局长职务。

18日　江苏海事局召开干部大会，宣布部党组和部有关任免决定，缪昌文同志任江苏海事局党组书记、局长，免去朱汝明同志江苏海事局党组书记、局长职务。

18日　长航局与南京市人民政府在南京签署战略合作协议，以及长江引航中心迁址南京协议。

24日　长航局举行杨保岑同志先进事迹报告会，号召系统干部职工学习杨保岑同志爱岗敬业、忘我实干的奉献精神，勇挑重担、迎难而上的担当精神，求真务实、追求卓越的专业精神，勤于探索、开拓进取的创新精神。

30日　我国自主设计建造的全球单罐容量最大的液化天然气储罐群——中国海油盐城"绿能港"项目6座27万立方米液化天然气储罐在江苏盐城建设完工，标志着我国规模最大的液化天然气储备基地全面建成。

30日　长江航道下游片区首个水上应急救助待命点在长江镇江航道处定易洲码头揭牌，将有效提升长江航道应急救助能力。

30日　长航局印发《长江经济带港口和船舶岸电监管与服务信息系统推广应用方案》。

七月

11日　400-80-12395全国海事服务电话开通启用仪式在江苏海事局举行。

11日　全国首个海事海商法律公益服务中心揭牌仪式在南京举行。

12日　江苏海事局推动全国首部水上交通安全监管与应急能力建设专项规划在南通发布实施。

19日　"长江e+"公共服务平台优化，将干线航道水位发布频次由8小时一次调整为1小时一次。

19日　　"信用长江"系统2.0版正式面向社会开放，标志着长江航运全流域开启规范化、数字化、便民化的信用管理与服务体验。

八月

1日　　全球最大海上浮式储油船（AT项目）从江苏南通拖航出江，刷新了长江引航史上相关类型船舶拖带引航作业最大吃水、最大宽度、最大高度三项纪录。

9日　　长航局在江苏省江阴市召开2024年长江航运高质量发展推进会，长航局局长刘亮作《向新图强　砥砺前行　全力推进长江航运高质量发展提质增效》主题报告。

10日　　"长江经济带港口和船舶岸电监管与服务信息系统"在长江经济带全面上线运行，标志着长江经济带岸电监管与服务全面实现信息化。

12日　　建成长江干线首个视频AI水尺，首次实现对虚拟水尺（无水尺）水位的实时智能监测。

23日　　长航局印发《长江航运信用信息管理办法（试行）》，自10月1日起试行。

26—27日　　山东省举办"世界级海洋港口群暨国际物流大通道建设推进会"，全国18家省级港口集团发起《打造世界级海洋港口群行动宣言》，沿黄九省区及新疆维吾尔自治区交通运输厅联合发布《积极构建国际物流大通道共同倡议》。

30日　　江苏海事局印发《服务"水运江苏"建设若干举措》，涵盖6个板块、18项举措、112条具体任务。

30日　　长航局印发《关于进一步加强长江干线植物油水路运输监管的通知》，保障植物油水路运输服务质量和运输安全。

九月

4日　　长航局印发《长江航运信用评价管理办法（试行）》，自10月8日起试行。

10日　　长江海事局制定印发《三峡库区地质灾害风险点影响长江航运安全一点（域）一策》，为辖区74处地灾风险点制定"一点（域）一策"。

11日　　浙江海事局联合上海海事局、江苏海事局、江苏省农业农村厅等单位签署《长三角区域商渔船信息数据共享协议》，成为全国首个商渔船信息数据区域共享协议。

13日　　长江上游朝天门至涪陵河段航道整治工程在重庆通过项目整体交工验

收，标志着工程全面建成，并投入试运行。

20 日　长三角船检一体化（马鞍山）工作站在长江干线马鞍山水域正式启用，标志着船舶检验一体化工作站点布设在长三角三省一市基本完成。

26 日　由铜陵、芜湖、马鞍山三市有代表性的港航单位、企业联合组成的芜湖船员行业党委在芜湖海事局揭牌成立，标志着全国首个跨市域船员行业党委正式运行。

26 日　长江中游荆江河段航道整治二期工程全面开工。

26 日　《重庆市船舶污染防治条例》经重庆市六届人大常委会第十一次会议审议通过，自 2025 年 1 月 1 日起实施。

十月

1 日　以"探寻江南胜景，品读长江文化"为主题的"长江贰号"武汉—南京旅游航线首航仪式在武汉举行。

8 日　"长江 e+"自 2023 年 4 月 3 日正式发布上线运行以来，总点击量突破 1 亿次。

8 日　四川省印发《嘉陵江通航建筑物维护保养实施方案》，进一步指导通航建筑物运行单位规范化实施保养内容。

18 日　江阴水上绿色综合服务区在长江下游江苏段揭牌，成为中国首个碳中和水上绿色综合服务区。

22 日　吃水达 11.8 米的"蓉达上海"轮安全靠泊南京新生圩港，刷新南京港靠泊海轮最大吃水纪录。

22—23 日　加快建设交通强国大会在江苏南京召开。大会全面贯彻落实党的二十大和二十届二中、三中全会精神，深入学习领会习近平总书记关于交通强国的重要论述，总结 5 年来加快建设交通强国成效，交流经验做法，分析研判形势，明确下一阶段重点任务。

23 日　南京区域性航运物流中心建设推进会举行，会上发布《南京区域性航运物流中心发展专项规划（2024—2035 年）》《南京港总体规划（2024—2035 年）》和航运物流中心重点项目清单。

25 日　最大吃水 12 米的希腊籍散货船"西比拉"轮安全靠泊镇江港。

25 日　湘江七里山至九华山 5 公里航道正式上线"长江 e+"。

十一月

3 日　以"新内河、新格局、新征程"为主题的第二届内河航运高质量发展论坛在湖北宜昌举行。其间，长航局、中国船级社、长江水系 14 省市交通运输主管部门以及上海组合港管委会办公室等共 17 家单位共同发出《推进长江航运高质量发展倡议》。

5日	三峡升船机2024年通过旅客突破50万人次，创2016年通航以来最高纪录。
15日	"中国太仓—秘鲁钱凯"新航线开通。
18日	"三峡氢舟1"通过一周年运行评估并转入正式运行，安全出航238次，航行超9200公里。
25日	长江干线最大汽车滚装码头——海通（太仓）汽车滚装码头顺利通过竣工验收。
30日	"印度尼西亚—中国（武汉）"直航航线正式开通。

十二月

2日	乌江航运扩能工程乌江渡—龚滩三级航道开工建设。按三级航道通航1000吨级船舶标准整治乌江干流407公里航道和清水河支流24公里航道。
4日	长江航运线上法律咨询服务平台——"江小法在线"上线。
12日	南京港开埠以来进港最大集装箱船巴拿马籍"麦迪鸿伟"轮靠泊龙潭集装箱码头，刷新进港集装箱船舶最长船舶尺度和最大装载量双项历史纪录。
15日	"江海直达11"轮装载8500吨豆粕靠泊荆州李埠港，标志着"舟山—荆州"粮食江海直达航线正式开通。
16日	世界最大吨位的"海上浮式生产储油船"（M026FPSO）从江苏启东码头交付离港，拖带作业采用"吊拖+绑拖"的方式，编队总长度为784.2米，刷新长江拖航尺度纪录。
19日	长江上游地区五省（市）航运高质量发展战略合作第四次会议在云南昆明召开。聚焦"强化协同合作，共同推进长江上游地区航运高质量发展"，重庆、四川、贵州、陕西、云南五个长江上游地区省（市）交通、航务海事部门强化协同合作，共同签署第四次会议合作备忘录。
26日	长江航运智能管理平台上线运行。
26日	长江口及黄浦江电子海图、上海地区电子航道图与长江干线电子航道图拼接融合实现互联互通，正式在"长江e+"发布服务。